推进江西内陆双向高水平开放研究

麻智辉 ——————— 等著

江西人民出版社
Jiangxi People's Publishing House
全国百佳出版社

图书在版编目（CIP）数据

推进江西内陆双向高水平开放研究／麻智辉等著
. -- 南昌：江西人民出版社，2022.10
ISBN 978-7-210-14212-6

Ⅰ．①推… Ⅱ．①麻… Ⅲ．①开放经济-区域经济发
展-研究-江西 Ⅳ．①F127.56

中国版本图书馆 CIP 数据核字（2022）第 237095 号

推进江西内陆双向高水平开放研究

麻智辉　等著

TUIJIN JIANGXI NEILU SHUANGXIANG GAOSHUIPING KAIFANG YANJIU

责 任 编 辑：邓丽红
书 籍 设 计：章 雷

江西人民出版社
Jiangxi People's Publishing House
全国百佳出版社
出版发行

地　　　址：江西省南昌市三经路 47 号附 1 号（邮编：330006）
网　　　址：www.jxpph.com
电 子 信 箱：551904078@qq.com
编辑部电话：0791-86898702
发行部电话：0791-86898815
承　印　厂：江西新华印刷发展集团有限公司
经　　　销：各地新华书店

开　　　本：787 毫米×1092 毫米　1/16
印　　　张：18.25
字　　　数：270 千字
版　　　次：2022 年 10 月第 1 版
印　　　次：2022 年 10 月第 1 次印刷
书　　　号：ISBN 978-7-210-14212-6
定　　　价：68.00 元
赣版权登字-01-2022-638

CONTENTS

目　录

第八章 提升招商引资质量和效益

第九章 增创外贸竞争新优势

第十章 江西加快实施"走出去"战略

第十一章 推动开放平台创新发展

第一章

绪　言

　　开放是一个国家或地区经济快速发展的必由之路,是内陆地区后发赶超的重要法宝。推进江西内陆双向高水平开放,是江西建设内陆开放型经济试验区的一项重大举措,也是促进江西经济高质量跨越式发展的一个重要方面。党的十九大以后,中国经济发展进入新时代,江西省开放型经济发展面临着新形势、新任务,江西省以主动深度参与"一带一路"、长江经济带建设和长三角一体化、京津冀一体化、粤港澳大湾区等国家战略为切入点,以创新和改革双轮驱动,实施双循环发展战略,充分地利用国际国内两个市场、两个资源,推动产业双向转移,投资双向流动,贸易双向发力,体制双向改革,推动开放平台创新发展,持之以恒优化营商环境,明确了江西省开放型经济高水平开放的基本思路、战略目标、重点任务。以高水平开放作为推进江西新一轮开放发展的主攻方向,全面融入全球合作分工体系,培育国际竞争新优势,拓展经济增长新空间,构建陆海内外联动、东西双向开放的全面开放新格局。

第一节　研究背景

　　江西省委在"十三五"规划时期提出打造内陆双向开放高地的目标,这是省委结合时代特征、江西区位和发展实际提出的开放发展方略。在省委、省政府的正确领导下,江西坚决贯彻落实开放发展新理念,以"一带一路"倡议为统领谋划开放全局,深度融入"长珠闽"经济板块,主动对接国家重大战略,积极探索不同于沿海、有别于沿边的内陆开放新路,内陆双向开放新高地建设取得明显成效。

一、发展背景

党的十九大以后,中国经济进入新时代,江西开放型经济发展进入新阶段,国际国内发展形势出现了新变化,中国处在世界百年未有之大变局之中,不可避免地对江西打造内陆双向开放高地提出了新的要求。新阶段推进江西内陆双向高水平开放,主要有四个方面的新内涵:

1.站在新起点。在江西省委、省政府的正确领导下,全省开放型经济发展迈上了新台阶。一是主动参与"一带一路"建设,江西在对外经贸交流、拓展"一带一路"国家市场等方面取得显著成效。二是深度融入"长珠闽"经济板块,江西80%以上的省外项目资金,80%以上创新型人才和创新企业,80%以上的省外游客都是来自"长珠闽"地区。三是在平台建设、通道建设上取得了显著成效,国家级赣江新区成功获批,赣欧班列运行、口岸经济发展等方面都实现了新突破。江西打造内陆双向开放高地取得了明显成效,迈向高水平开放的新阶段。

2.面临新形势。一是国际形势更加复杂。中美贸易摩擦具有长期性和日益严峻性特点,这就要求我们更加坚定不移地坚持扩大开放,不断提升对外开放水平。二是区域竞争日趋激烈。自贸区正式推广以来,国内已经有 12 个自由贸易试验区,其中河南、湖北、重庆、四川、陕西等地区走在内陆开放的前沿,改革创新进程加快。湾区经济成为区域开放的创新载体。粤港澳大湾区已经上升为国家战略,规划已经颁布实施;沪甬杭大湾区、环渤海大湾区虽然没有进入规划阶段,但在积极推进。江西省如不扩大对外开放,不仅难以抢占开放高地,而且面临被边缘化的风险。

3.明确新目标。针对江西省的发展基础和面临的新形势,分析江西省对外开放所处的方位,明确江西省高水平开放的基本思路、战略目标、重点任务。

4.提出新举措。围绕高水平开放这一基本目标,在深度参与国家重大战略,加快打造产业生态系统,持之以恒优化营商环境,加强创新能力开放合作,构建开放型经济新体制等方面提出新举措。

第二节　研究现状

开放型经济是与封闭型经济相对立的概念,是一种经济体制模式。开放型经济与外向型经济不同。外向型经济以出口导向为主;开放型经济强调把国内经济和整个国际市场联系起来,既参加国际分工,又要在国际分工中发挥出本国经济的比较优势。在经济全球化的趋势下,发展开放型经济已成为各国的主流选择。

一、开放型经济内涵的研究

郑吉昌(2003)认为开放型经济就是商品、资本、劳动力和技术等要素能够自由地跨越边境流动,按照市场规律实现资源优化配置的一种经济模式。杜庆霞(2010)认为开放型经济是建立在与外部经济广泛联系基础上的市场经济的典型形态和高度化形式,是积极吸引国内和国外资金、技术、管理等生产要素的全方位开放。李明武、袁玉琢(2011)认为开放型经济更多地体现为一种政策取向和制度安排,使资源配置突破本国区域性的限制,实现在世界范围内的最优配置。窦亮(2016)认为开放型经济作为一个专门的范畴,是由西方经济学家先使用的。开放型经济是生产、交换、分配、消费国际化的经济。郭周明、张晓磊(2019)认为高质量开放型经济发展的内涵包括三个层面:一是发展的速度目标以"稳"为基;二是发展的质量目标向国际一流看齐;三是发展的重点领域由出口和利用外资向进口和对外投资拓展。

二、开放型经济新体制研究

王海峰(2021)提出构建开放型经济新体制是破解百年未有之大变局、实行高水平对外开放的制度保证,要把推进贸易和投资自由化、便利化,深化商品和要素流动型开放,拓展规则、规制、管理、标准等制度型开放作为重点。王晓红(2021)认为建设更高水平开放型经济新体制,要以推动高水平国际经贸规则建设为抓手,继续深化贸易、投资、金融等领域的管理体制改革,加快推进制度型开放。谢琳灿(2021)提出建设更高水平开放型经济新体制,必须统筹国内国际两个大局,推动更大范围高水平开放。从国内来看,要坚持陆海统筹,推动形成东西双向互济、陆海内外联动的区域开放格局。积极参与全球治理体系改革,更加积极参与国际经贸规则制定,更加有效实施国际宏观经济政策协调,在国际规则制定中发出更多中国声音、注入更多中国元素。严宇珺(2022)认为建设更高水平开放型经济新体制的问题,必须通过"建设高水平对外贸易新体制研究""建设高水平国际投资新体制研究""建设推进人民币国际化新体制研究"这三个维度展开。庄芮、张晓静(2022)提出构建更高水平开放型经济新体制,必须突破现有瓶颈,立足"双循环"新发展格局,围绕制度型开放这一关键点,大力推进贸易创新发展、营商环境制度性优化、自贸试验区集成创新、主动对接并引领更高标准国际经贸规则,以高水平对外开放推动经济高质量发展。

三、开放型经济发展模式研究

王玉华、赵平(2012)提出中国开放型经济发展模式是由经济运行子系统、制度变革子系统与技术创新子系统等构成的经济系统,包含资本、劳动力、自然资源、知识和制度等众多因素。郭显光(2003)分析了苏南模式和温州模式,指出苏南模式执行的是以"集体经济为主,乡村企业为主,市场调节为主"的"三为主"的模式。在"苏南模式"的初期,大部分乡镇企业是由乡镇政府推动创办的,很多镇村两级的党政组织及代理人,既是乡镇企业的行政领导,又是集体资产的代表。"温州模式"的重点是发挥市场机制,政府起引导作用,发挥服务功能,提供制度环境和公共产品。欧阳有旺、刘佳琼、叶涛(2005)认为江西开放型经济模式应以经济全球化和区域经济一体化为着眼点和立足点,把对外开放与区域合作联系起来,建立全方位、多层次、宽领域、立体化的经济模式。刘朝(2013)从要素开放、产业开放、产品开放以及经济合作四个角度出发研究重庆内陆开放型经济发展的模式与路径,认为重庆的内陆开放型经济发展在探索过程中采用的开放模式是以产业开放为核心、以要素开放为基础、以产品开放为目的、以经济合作为保障的内陆开放模式。

四、开放型经济水平测度的研究

肖俊夫和林勇(2009)按照开放结构面、开放程度面、开放支撑面的细分项,构建了一套综合评价体系;陈子曦(2010)从开放基础、开放程度、开放潜力三个层面构建了涵盖13个指标的综合评价区域开放型经济水平的指标体系。王俊

(2022)基于国际开放度、国内开放度、开放经济支撑度以及开放基础支撑度视角构建内陆开放型经济发展水平的指标体系。杨春蕾、赵越(2021)从外贸、外资、创新、社会四个维度构建长三角区域开放型经济高质量发展水平指标体系,采用因子分析法对评价体系内的 3 级指标提取公共因子并计算公共因子得分,并运用熵值法对提取的公共因子进行赋权,分析长三角区域 41 个城市 2005—2019 年开放型经济高质量发展水平。奚萍子(2021)通过外贸规模、商品贸易结构和外资规模三方面,对安徽省开放型经济发展现状展开分析。基于开放基础、开放规模、开放效益和开放潜力四个层面构建 4 个一级指标 12 个二级指标的评价指标体系,并应用熵值法对安徽省开放型经济发展进行时间和空间测评,得出安徽省开放型经济发展总体呈现上升趋势。石岩(2022)从开放基础、开放程度、政府调控、开放潜力四个维度构建了开放型经济发展水平评价指标体系,采用基于熵权 TOPSIS 方法对河南省 2019 年十八个地市的开放型经济发展水平进行了测度与评价。

五、区域开放型经济研究

李光辉、黄华(2021)提出我国边疆开放型经济发展战略,即统筹推进内外畅通的交通网络体系建设,构建边疆地区开放型经济发展支撑体系,推进"一带一路"倡议的重点枢纽建设,推进边疆地区开放型经济体制机制建设,打造边疆地区跨境金融服务新体系,筑牢边疆开放型经济发展生态安全屏障,加快构建边疆地区文化旅游发展新体系,创新边疆与其他区域联动发展的新模式,推动边疆地区建设开放型人才支撑体系。刘英奎、任国萍、张文娅(2021)从思想观念、国际化人才、基础设施、开放通道、区域合作、营商环境六个角度进行比较分析东、中、西部地区之间的开放型经济发展状况,建议政府应加大政策扶持力度,东、中、西部地区之间应加强分工协作,同时西部地区要更新观念,创新体制机制,建设高素质人才队伍,营造一流营商环境,争取在新一轮改革开放和双循环新发展格局中走在全国前列。胡越秋、矫立军(2022)选取以 6 大经济带中的 60 个发达城市数据为研究依据,对其开放型经济发展状态进行评价。研究结果表明,京广京哈经济带与长江经济带中的城市开放型经济发展水平最高,沿海经济带次之,陇海兰新经济带、包昆经济带尚存在较大提升空间。

六、内陆开放型经济试验区研究

熊凌岗(2022)认为贵州内陆开放型经济试验区的战略定位是要统筹国内国际两个市场两种资源,统筹对外开放通道和平台载体建设,深入推进制度型开发,打造内陆开放型经济试验区升级版。陈健(2022)认为贵州打造内陆开放型经济试验区升级版,要大力扩大对外经济的接触面,抓住贸易投资便利化,促进进出口贸易、引资、对外投资、承包工程等快速发展。李俊艳(2013)认为建设宁夏内陆开放型经济试验区的重点是利用中阿博览会,建立综合保税区以及开展文化交流,搭建出最适合当今发展的经济战略平台,服务于国内外市场。郭斯华、郭新宇(2020)提出江西内陆开放型经济试验区的总体构想是贯彻新发展理念,落实高质量发展要求,主动对接国家重大战略,以体制机制改革为重点,以双向高水平开放为支撑,实施贸易便利化、外商投资自由化、承接境内外产业集群式转移等重大改革试验,走出一条以开放促发展、促改革、促创新的新路子。

七、开放型经济国外经验借鉴

卿定文(2001)认为美国外向型经济主要特点是以引进为基础,通过输出拉动,提升国际化水平。韩国开放型经济主要特点是采取利用外资先发展轻工业后发展重化工业,不断调整产业结构的经济发展战略。邱询旻(2003)认为美国模式的特点是以自由地最大限度地追求短期利润为目标,通过金融市场获得资本,实现经济增长。日本模式的主要特点是以出口为主导,通过政府干预,利用后发效益,追赶欧美,成为重工业化的先进工业国。德国模式主要特征是银行和公司间关系密切,银行以股东和放款人的双重身份对公司实行监督。胡国洪(2012)认为,新加坡模式是从发展劳动密集型工业起步,逐步过渡到具有高附加价值的资本、技术密集型工业和高科技产业,进而发展信息产业等知识密集型经济。

八、开放型经济发展趋势研究

武汉大学改革开放研究课题组(2021)认为,入世20年来,中国开放型经济实现了跨越式发展,呈现六大发展趋势:一是从更注重出口和引进外资,向注重进出口协同发展、引进外资和对外投资并重转变;二是以对外开放倒逼国内经济改革,从扩大商品和要素流动型开放到更加注重推进高水平制度型开放;三是开放成果由国有企业、民营企业、外资企业等多元市场主体共创共享,民营经济逐渐成长为外经外贸新增长极;四是创新驱动逐渐成为开放型经济发展的重要引擎,新模式新业态蓬勃发展;五是对外开放区域布局与结构持续优化、趋于均衡,更加注重统筹发展与安全;六是从被动融入全球化到积极主动引领新型全球化,以高质量共建"一带一路"为平台推动构建人类命运共同体。胡沐华(2021)提出高水平开放型经济的四大发展方向:一是积极拓展进口;二是提升国际竞争力;三是营造公平的营商环境;四是积极参与全球治理。

第三节　机遇和挑战

当前,新一轮科技革命和产业变革深入推进,政治多极化、经济全球化大趋势不可逆转。我国具有集中力量办大事的制度优势和超大规模的市场优势,经济韧性足,长期平稳增长具有充足的空间。特别是"一带一路"倡议进入高质量发展阶段,长三角一体化、粤港澳大湾区等国家战略深入实施,"十四五"时期中国开放的力度、步伐将进一步加大。与此同时,世界正处于百年未有之大变局,国际政治经济环境错综复杂,新旧力量的博弈竞争加剧,经济仍然面临较大的下行压力。江西实施全面开放战略,开放布局不断优化,开放层次水平不断提升,开放通道更加便捷高效。从总体上看,"十四五"时期江西对外开放仍处于大有可为的战略机遇期,对外开放既面临发展机遇,也面临新的风险和挑战。

一、机遇

一是新一轮科技革命加速成长,为对外开放带来新机遇。大数据、云计算、人工智能、5G、物联网等新一代信息技术的广泛运用,深入推动产业变革、业态更新、模式创新,甚至从根本上改变技术路径、产品形态、产业模式,进一步密切世界各国联系,为开放发展开辟了新领域。"十四五"时期,将是5G商用推广深化期,在推进传统产业数字化、云化、AI化的同时,还将进一步带动物联网、车联网、智慧城市的发展,引发世界经济和产业格局的重大调整。中国领先运用5G,将在"十四五"时期转化为重要生产力优势,进一步带动科技、人才和信息等要素资源的优化配置和流动,为全面开放提供新的发展机遇。

二是中国引领全球化新征程，为对外开放拓展新空间。当前正处于全球治理体系深刻变革中，新的国际秩序正在孕育的新时期。随着中国综合实力的不断提升，中国在国际经贸规则制定，国际公共产品提供等全球经济治理体系变革中发挥着越来越大的作用，成为引领全球化进程的中坚力量。共建"一带一路"倡议受到世界各方的认同，已经成为全球规模最大、最受关注的公共产品。截至2019年7月，中国已经与136个国家和30个国际组织签署了194份共建"一带一路"合作文件。中国已与25个国家和地区达成了17个自贸协定，涵盖了38%的对外贸易额，目前正与28个国家商谈13个新的自贸协定，将进一步提升中国对外开放的质量和水平。预计在"十四五"时期，中国将继续作为全球经贸发展的领头羊，国际政治、经济的地位进一步提升，将进一步拓展江西引进国外资本和技术、参与国际产能合作、拓展"走出去"发展空间。

三是国内新一轮扩大开放举措，为对外开放提供新活力。改革开放只有进行时没有完成时，改革开放永远在路上。近年来，中央出台了一系列扩大开放的新举措，粤港澳大湾区、长三角、海南自贸港等重大战略稳步推进。中央新批复山东、江苏、广西、河北、云南、黑龙江6省区设立自由贸易试验区，中国已经设立了18个自由贸易试验区，构建了新时代改革开放的新高地格局。中国正在致力于打造市场化、法治化、国际化的营商环境，《中华人民共和国外商投资法》于2020年1月1日正式施行。大幅压缩外资准入负面清单，《市场准入负面清单（2018年版）》，与此前的试点版负面清单相比，事项减少了177项，具体管理措施减少了288条。中国进口关税持续下调，关税总水平由9.8%降至7.5%。预计"十四五"时期，中国对外开放的层次水平将大幅提升，市场活力进一步激发，有效带动江西开放水平的提升。

四是江西经济发展水平持续提升，为对外开放提供新优势。江西拥有19家国家级园区、4个综合保税区，国家级开放平台达到了新的高度。江西进一步发挥毗邻"长珠闽"的区位交通优势，全方位融入共建"一带一路"倡议。南昌着力做大中心城市，打造南昌大都市圈。九江积极融入长江经济带，赣州全面对接粤港澳大湾区等，省内开放布局更加均衡。江西全面实施"2+6+N"产业跨越式发展五年行动计划，航空、电子信息、装备制造、中医药、新能源、新材料等优势产业日益壮大。这些有利因素，将为"十四五"时期江西实现高水平开放和高质量发展提供有力支撑。

二、挑战

一是全球经济复苏缓慢，全球治理体系面临新挑战。当前，各种利益诉求相互交织、博弈，给全球经济格局带来长期而深远的影响，全球经济复苏困难重重。据世界银行预计，2019 年到 2021 年，全球经济下行风险仍然十分严峻，随着贸易摩擦加剧和制造业复苏失去动力。英国脱欧，无论是对欧洲区域一体化还是全球化与全球治理进程，都是重大挫折。以美国为首的发达经济体推动国际经济秩序变革，新兴经济体在国际经济机制中话语权的提升仍然有限。

二是新兴大国与传统大国的竞争博弈加剧，开放外部环境趋紧。以美国为代表的传统大国和以中国为代表的新兴大国间的竞争博弈日益突出。尤其是特朗普政府挑起中美"贸易战"，是新时期我国经济发展首要外部风险和最大不确定因素。另外，贸易战背后还可能出现技术战、金融战，引发国际经济格局重构。美国联合澳大利亚、新西兰、加拿大和英国盟友拒绝中国的 5G 服务，试图与中国技术"脱钩"。日本、印度等国通过设立发展基金、开展"零利率贷款"、散布"债务陷阱论"、培植亲自己的势力等方式，阻挠、干扰共建"一带一路"倡议。与过去相对宽松的环境相比，"十四五"期间以美国为首的发达国家与中国经贸竞争将更加激烈，中国的对外开放的外部环境更加严峻。

三是国内高水平开放竞争日趋激烈。当前，地区的开放环境已经发生显著变化，过去拼资源、拼成本、拼优惠的粗放型模式已经难以持续。开放平台竞争已经转变为质量和效率的竞争。全国所有的沿海省市已获得自由贸易试验区开放平台，海南逐步推进自由贸易港建设。湖北、河南等省份在中部抢得自由贸易试验区的先机，开放程度进一步深化。预计"十四五"时期，各地将结合本地发展实际，谋划新的开放战略，开放平台、通道等竞争将更加激烈。江西缺乏高水平开放平台，其影响将在"十四五"期间进一步凸显。

四是江西高水平开放的实力较弱。江西地区的开放基础仍然比较薄弱，经济总体实力不强、产业层次偏低，传统产业比重较大、新兴产业规模较小，中小微企业多、高新技术企业少等问题还比较突出，在开放通道、开放平台、产业基础、市场条件等方面与沿海发达省份相比仍有一定的差距。劳动力、资金、能源等要素成本不断提升，传统的开放优势正在弱化，比较优势不再明显。

第四节　研究思路和方法

一、基本思路

本书作为开放型经济研究成果,具有较强的实践性与操作性,需要从整体上探讨开放型经济方向、目标、模式、路径与政策选择,因此本书将按以下研究思路展开:首先回顾江西开放型经济发展历程及现状,并从分析江西开放型经济发展的国内外环境和区域竞争力入手,通过与东、中、西部省份的比较分析,设计出江西开放型经济高质量发展总体思路和战略目标;围绕战略目标和任务的实现,突出对开放型经济布局的合理设计,进而提出构筑区域合作发展新格局、提升招商引资质量和效益、增创外贸竞争新优势、加快实施"走出去"战略、推动开放平台创新发展等对策建议。

二、研究方法

本书紧扣研究内容,把握新阶段内陆双向高水平开放的时代特征,采用宏观与微观相结合、定性研究与定量研究相结合、系统研究与实证研究相结合的方法,推进符合江西省情的内陆高水平开放的探索和研究。

1. 文献研究法。对国内外有关内陆双向高水平开放相关研究文献、中部各省开放型经济规划、研究报告等进行梳理和分析,充分吸收和借鉴其中的精华,确保本项目研究在站位、方法、路径与实际应用价值方面始终处于国内前沿。

2. 采用规范研究和实证研究相结合的方法。基于宏观经济学、区域经济学、城市经济学、数量经济学等相关的理论分析方法,对江西省开放型经济现状及发展面临的困难进行理性分析和判断,围绕着区域合作、招商引资、外贸竞争、"走出去"战略、开放平台创新等方面,提出新阶段江西省开放型经济高质量发展的总体思路和主要任务,实现理论和实践的相互补充。

3. 采用动态分析和静态分析相结合的方法。江西省开放型经济的发展和推进,实际上是从静态到动态发展的过程。在分析研究的过程中,既要有静态分析,也要把握动态变化。

4. 定量分析与定性分析相结合的方法。通过全面梳理我国内陆对内对外双向开放的支持政策,一方面采用定性分析方法,对其特色和问题进行分析;另一方面运用定量分析对江西推进内陆双向高水平开放指标体系进行科学测算。

5. 比较分析法。对现有的内陆省份和地区双向开放的支持政策体系进行分析总结,并与江西的情况进行比较分析,从而为设计江西新阶段推进内陆双向高水平开放提供战略思路。

6. 典型案例分析方法。以内陆双向开放相关政策理论研究为基础,以具有典型意义和特点的区域为样本,从政策支持的角度对如何推进内陆双向高水平开放进行整体性研究,同时选择不同扩大开放案例进行机制创新研究。

7. 其他研究方法。问卷调查、座谈会、统计分析等方法在本研究中均有应用,以建立更有力的实证支撑,以进一步增强本研究的科学性和直观性。

三、重点和难点

1. 如何运用定性与定量相结合的方法客观分析江西省开放型经济综合竞争力及各设区市开放型经济竞争力,针对各地特色提出不同的开放型经济模式和发展路径,是本课题研究的重点,亦是难点之一。

2. 如何设计江西内陆开放型经济试验区先行先试的机制、政策及有效的问责机制、奖惩机制,提高江西各地区发展开放型经济的效益,是本课题研究的又一重点和难点。

四、预期目标

1. 摸清江西开放型经济发展基本情况,通过与发达省市开放型经济主要指标的比较,找出差距,为江西打造内陆开放型经济试验区、出台先行先试的政策提供依据。

2. 通过对国内外经济形势的分析,以及江西开放型经济发展面临的机遇和挑战,考虑江西发展现状,提出未来江西开放型经济发展的基本思路、发展战略和总体目标,为"十四五"江西开放型经济高质量发展指明方向。

五、创新之处

1. 学术观点的创新。本课题以江西打造内陆开放型经济试验区为基础,根据江西开放型经济特点,从体制机制、先行先试政策、区域经济合作、对外开放平台、考核激励机制等方面提出了江西发展开放型经济的新观点和新思路。

2. 研究方法的创新。本课题将利用宏观数据和微观数据,应用现代经济学的实证分析方法构建江西开放型经济区域评估、考核指标体系,科学制定开放型经济落实机制。

3. 本课题研究的观点和思路具有一定的前瞻性和科学性,针对江西开放型经济存在的问题提出对策建议,具有较强的可行性和可操作性,对地方政府具有较好的参考作用。

第五节 研究内容

本书内容共分 11 章。第一章绪言。主要介绍了本书的选题依据、研究思路与方法、研究范围、研究内容和创新之处。

第二章"十三五"时期江西开放型经济发展历程及现状。认为改革开放以来的四十多年里,江西的对外开放取得了令人瞩目的成就。特别是党的十八大以来,习近平总书记站在全局和战略的高度为江西对外开放发展把脉定向、量体裁衣,是江西对外开放的最鲜明特色,为构建全面开发发展新格局注入了强大动力。按照习近平总书记"向改革开放要动力""推进改革开放走深走实"要求,江西坚持以融入"一带一路"建设为统领,积极主动融入国家战略,坚持"引进来"和"走出去"并重,推进全域、全面、全方位开放。十年来,江西对外开放迈上一个新时期,全省利用外资和省外项目资金、外贸进出口、对外投资、口岸经济等发展迅猛,另外,开放的平台、环境更加优化,为新时代全面对外开放提供了扎实的基础。

第三章江西开放型经济发展环境分析。从国际、国内两个维度对开放型经济面临的机遇与挑战进行了分析。认为在当前国际贸易中单边主义有所兴起,非关税壁垒不断增加,地缘政治冲突的不断发酵造成商品价格的持续上涨和金融市场动荡加剧,上述因素对我国贸易活动的开展造成较大的负面影响。从对外贸易发展的机遇来看,疫情倒逼数字经济的迅猛发展与服务贸易的兴起,促进了传统贸易转型升级。与此同时,近年来我国与 RCEP 区域贸易协定的签订、"一带一路"等互联互通政策的实施,为对外贸易发展打开了更广阔的市场,加快了人民币国际化发展进程,提升了中国参与全球治理的话语权。对于江西省而言,近年来进出口总额增速显著高于全国平均水平,然而江西省对外开放仍面临着经济体量小、发展基础薄弱等制约条件。

第四章江西开放型经济区域竞争力分析。从开放型经济发展的内涵出发,以科学性、一致性、可操作性、实用性为原则,通过对国内外学者构建开放型经济评价指标体系,以及主观赋权法、模型分析法、客观赋权法 3 种主要评估方法进行比较分析,在以往学者的指标体系构建研究的基础上,采纳当前前沿的研究观点,根据江西开放型经济发展的现状,增加了绿化覆盖面积和营商环境指数。最终构建了 4 个一级指标、18 个二级细化指标的指标测度体系,其中一级指标包括了开放基础、开放潜力、对外开放规模、对内开放规模四个层面,对江西开放型经济综合竞争力和区域竞争力进行客观分析和评价。

第五章国内外发展开放型经济的经验借鉴。在经济全球化背景下,发展开放型经济已成为世界各国经济发展的主流。本章总结了日本、韩国、新加坡等发达国家发展开放型经济以实现经济腾飞的成功经验,以及广东、浙江、福建等沿海发达省份通过发展开放型经济,使经济发展水平迅速提升的经验启示,并对中部各省开放型经济发展情况进行比较,发现江西省发展开放型经济存在的不足,在此基础上,提出江西省发展开放型经济,必须进一步承接长三角、粤港澳大湾区产业转移,创新体制机制,优化投资软环境,促进产业结构升级,发展现代服务业,促进产业结构升级,发展现代服务业等。

第六章江西开放型经济发展的总体思路。是以高质量发展,高水平开放为原则,主动适应经济全球化新趋势、国际贸易投资规则新变化,坚定不移地实施全方位大开放战略,以打造开放型经济升级版为目标,深度参与共建“一带一路”,积极融入长江经济带建设,突出向东向南开放,打通双向开放大通道,对接长三角经济区和粤港澳大湾区,加强与长江中游城市群及周边省份的区域合作,打造“三地两区一中心”。实施更加积极主动的经济国际化战略,以制度型开放为重点,深化市场化改革,推进各类开放平台高效协同发展,着力形成陆海内外联动、东西双向互济的全方位高水平开放新格局,加快构建互利共赢、多元平衡、安全高效的开放型经济新体制,拓展开放的广度和深度,提升开放型经济规模和效益,以开放促改革、促发展,为江西经济转型升级、建设富裕美丽幸福现代化江西提供强大动力和战略支撑。

第七章构筑区域合作发展新格局。认为“十四五”期间,区域经济合作作为改革开放和完善市场经济体制的重要手段,将成为未来我国经济社会发展的新趋势、新动力。在对江西省际区域合作进行全面分析的基础上,提出将长江经济带、京津冀地区、长三角地区、粤港澳大湾区、长江中游城市群作为江西区域发展与合作的重点区域;基础设施、产业、金融、旅游、公共服务、生态环保等作为合作的重点领域。构建区域合作机制,加强与长三角地区、粤港澳大湾区、长江中游城市群及长江经济带各省市之间的多方位合作,以此促进江西开放型经济高质量发展。

第八章提升招商引资质量和效益。回顾了改革开放以来江西省招商引资卓有成效的发展历程,分不同阶段介绍了引进外资和引进省外资金的情况;江西省通过创新体制机制,激活了招商引资工作人员活力,构建了一整套行之有效的招商引资机制;通过借鉴兄弟省份尤其是沿海发达地区的先进经验,总结提炼历年来江西招商引资过程的典型亮点,提出了未来招商引资的创新方法;通过研究分析,认为江西作为中部欠发达省份,更应勇于对标国际国内一流标准,整体构建"最优营商环境",以营商环境、制度供给的迭代升级和系统突破,助力产业转型升级,促进地区经济高质量发展。

第九章增创外贸竞争新优势。认为对外贸易是开放型经济体系的重要组成部分,是畅通国内国际双循环的关键环节,是国民经济发展的重要推动力量。"十四五"期间,世界经济处于后疫情时代的深度调整期,大国战略博弈不断加深,全球经贸格局与秩序面临重构,复苏艰难曲折,不稳定、不确定因素显著增多。但我国经济社会总体经受住了疫情带来的考验,经济长期向好的基本面没有改变。值得一提的是,近年来江西省主要经济指标增速连续多年稳居全国"第一方阵","一带一路"、长江经济带发展等国家战略在江西叠加,江西内陆开放型经济试验区、景德镇国家陶瓷文化传承创新试验区、赣江新区等区域战略在江西集成,江西对外贸易迎来了加速发展的重要"窗口期"和"机遇期"。我们应抓住机遇,加快创新发展,打造竞争新优势,实现对外贸易高质量发展。

第十章加快实施"走出去"战略。认为新世纪以来,江西省大力推进"走出去"战略的实施,为江西开放型经济发展提供了重要的政策支撑。近年来江西进出口总额与对外直接投资增长迅速,贸易结构不断优化升级,对外直接投资及对外工程承包规模不断扩大,国际产能合作区域不断拓展。与此同时,江西在"走出去"方面也碰到了一些发展瓶颈,主要是与江西合作的国家还有待进一步扩展,"走出去"的业务范围还有待进一步拓展,货物进出口贸易规模还有待进一步扩大,文化产品国际影响力有待提升。江西要利用地理优势和政策优势不断拓展开放空间,提升对外开放水平,全力推动江西由内陆腹地变为开放前沿,打造内陆双向开放新高地。江西还需进一步拓展"走出去"业务,主动参与国际竞争和产能合作,推动对外承包工程高质量发展,促进对外劳务合作质效提升,创新文化贸易模式,拓展发展新空间,加大金融服务力度。

第十一章推动开放平台创新发展。认为加速江西开放型经济高质量发展,就必须提升开放平台品质,完善开放平台功能,全面提升全省开放平台基础设施保障水平。通过对江西省开放平台发展现状的分析,提出进一步加强信息化体系建设、监管设施和监管体系建设,加大专业人才和管理团队的培育和引进力度;要推动开发区转型升级,充分发挥国家级新区、经济技术开发区、高新技术开发区、综合保税区等各类开放平台的集聚作用,有的放矢地推动各开放平台加快发展。要着力强化进出口平台建设,加快推进国家内陆开放型经济试验区建设,推进赣江新区先行先试,打造更高水平对外开放平台。

第二章

"十三五"时期江西开放型经济发展历程及现状

习近平总书记指出,改革开放是当代中国最鲜明的特色,是我们党在新的历史时期最鲜明的旗帜,改革开放是决定当代中国命运的关键抉择,是党和人民事业大踏步赶上时代的重要法宝[1]。开放带来进步,封闭导致落后,这是被历史反复证明的铁律。改革开放是决定当代中国命运的关键一招,也是决定实现"两个一百年"奋斗目标、实现中华民族伟大复兴的关键一招。党的十八大以来,以习近平同志为核心的党中央进一步明确了开放发展的新目标、新任务、新要求,开展了一系列富有开拓性、创造性的开放发展实践,开创了全方位对外开放的新局面、新气象,为实现"两个一百年"奋斗目标和中华民族伟大复兴的中国梦注入了源源不断的强大动力。

改革开放以来的四十多年里,江西的对外开放取得了令人瞩目的成就,特别是在"十三五"时期,江西对外开放迈上一个新台阶,通过进一步解放思想、扩大开放,走出了一条具有江西特色的内陆双向开放之路。

第一节 发展历程

自古以来,江西就是我国商业重地,是古代丝绸之路的重要货源地和重要起点之一,通过大庾岭商道,经广州出海南联通海外,通过赣江黄金水道,经鄱阳湖北上长江至上海。新中国成立以后,特别是鹰厦铁路修通后,江西经由浙赣线、

---

① 习近平. 在庆祝中国共产党成立 95 周年大会上的讲话. 人民日报,2016-07-02(02).

皖赣线与沪杭线和京广线相接,可直达上海、广州等口岸,且增加了厦门这一出海通道。但计划经济体制下,江西对外交往的脚步则止步于此。20世纪70年代末80年代初,随着中国改革开放政策的相继实施,对外经贸活动管理体制逐步调整,我国对外交流活动日趋活跃,经济取得了快速发展。在此背景下,中共江西省委、江西省人民政府主动走出国门,逐步恢复和加强了对外经济活动,新华轮5号的启航、"南门北港"开放开发等有序推进,拉开了江西改革开放的大幕,自此江西对外开放不断深入,经历了由浅到深、由点到面、由局部到全局的发展过程。党的十八大以来,习近平总书记对江西对外开放提出了总体要求,江西同时毗邻长三角、珠三角、闽东南三角区,扩大开放是江西实现区位优势的重要途径,要加强开放平台建设,构建开放大通道,畅通同长三角、珠三角、海西经济区的经济连接,积极参与"一带一路"建设和长江经济带发展,深度融入"长珠闽"经济板块,以大开放推动大发展。习近平总书记的重要讲话,为推进新一轮江西开放型经济发展指明了前进方向,中共江西省委、江西省人民政府遵照习近平总书记的指示,坚持大开放主战略不动摇,深入推进招大引强,加快"引进来""走出去"双向开放步伐,全方位开放格局逐步形成,为我国内陆开放提供了"江西行动"的具体实践样本。

一、开放型经济初步建设期(1978—1991年)

党的十一届三中全会以来,改革开放相关政策的先后实施,江西也开启了对外开放探索之路。这一阶段是江西改革开放的起步期,开放型经济发展取得了初步发展,为江西经济社会发展奠定了坚实的基础(详见表2-1)。

表 2-1 1978—1991 年江西省开放型经济主要指标情况

年份	进出口总额（万美元）	出口额（万美元）	进口额（万美元）	实际利用外资（万美元）	利用省外资金（亿元）	对外承包工程和劳务合作营业额（万美元）
1978	9100	7100	2000	—	—	—
1979	10000	8600	1400	220	—	—
1980	10864	9274	1590		—	—
1981	21270	19386	1884		—	—
1982	18084	16489	1595		—	—
1983	24317	21631	2686		—	—
1984	26413	23384	3029	204	0.36	—
1985	31855	25725	6130	1021	18.63	—
1986	37416	30527	6889	1611		—
1987	48396	40218	8178	3570		—
1988	59850	48938	10912	4116		—
1989	62487	46948	15539	4044		—
1990	71934	58023	13911	5378		—
1991	76568	50814	25754	9676	3.34	714

(一)开放经济思路初步打开

认识对外开放,经历了一个由浅入深、由少及多的过程。1979 年 1 月,中共江西省委召开常委扩大会议,传达党的十一届三中全会决议,吹响了江西改革开放的号角。1985 年,江西省委、省政府贯彻执行中央"对内更大胆地搞活,对外更大胆地开放"指示精神,提出"敞开南北两头,搞活中心城市,打开内陆山区,梯度推进开放"的方针,先后与当时的南斯拉夫马其顿共和国、美国肯塔基州、日本岐阜县、澳大利亚塔斯马尼亚州、美国犹他州、德国黑森州等国家或地方政府建立了友好合作关系。

（二）开放型经济规模稳步增长

1978年,江西全省进出口总额为9100万美元。至1991年,全省外贸进出口总额达到7.66亿美元,年均增长20.07%。其中,出口达5.08亿美元,是1978年的7.2倍;进口2.57亿美元,是1978年的12倍。实际利用外资1979年为220万美元,到1991年达到9676万美元;利用省外资金从1984年的0.36亿元增长到1991年的3.34亿元。对外承包工程和劳务合作从无到有,1991年营业额达到714万美元。

（三）开放型经济通道建设逐步开通

通道是对外开放的重要基础,是开放得以实施的基本前提。1980年4月1日,载有瓷器、食品罐头等出口货物的新华轮5号在欢声笑语和爆竹声中起航,驶往香港。新华轮5号的启航在江西的对外开放历程中具有里程碑的意义,标志着江西开启了对外贸易之路。但是,当时江西没有自己的海关,货物进出口只能经过转关运输,外轮的货柜必须经过上海或南京海关中转,再换乘运到省内,新华轮5号就是经过上海海关转运到香港的。1980年4月,国务院批准九江港为全国第二批对外贸易港口,结束了江西只能"借港出海"的历史。1983年,江西省首艘货轮满载江西出口商品从九江外贸码头首航日本,开启了江西省自营出口的先河。

（四）开放型经济平台建设取得初步成效

开发区是开放平台的主要形态,是引进外资的主要承载体。1987年12月,江西省人民政府颁布出台《关于赣州地区为经济体制改革试验区的决定》,将赣州地区（所辖18个县市）辟为经济体制改革试验区,并给予8%财政免于上交的优惠政策,并在计划管理、对外经济贸易、物资协作、信贷等方面扩大管理权限。1991年3月,江西省成立了第一个省级开发区——南昌高新技术产业开发区。

（五）对外开放区域不断扩大

1990年,丰城、樟树、铜鼓、靖安、宁冈、永新、遂川、泰和、新干、永丰、南城、黎川、广昌、金溪、东乡、瑞金、石城、兴国、安远、上犹、崇义21个市、县被列入对外开放市、县。

二、开放型经济深入推进期（1992—2000年）

这一时期,以中国改革开放的总设计师邓小平视察南方途经鹰潭提出"四个一点"和江西省委、省政府做出建设昌九工业走廊的战略决策为标志,是以政策引导为主要特征的开放深入推进期,重点解决江西如何继续扩大对内对外开放的问题。

1992年1月30日,邓小平视察南方途经鹰潭,在接见江西省委、省政府主要领导时,嘱咐江西干部群众"思想更解放一点,胆子更大一点,放得更开一点,发展更快一点"。中共江西省委常委会把邓小平同志重要谈话的精神和江西实际结合,提出"思想更解放一点,胆子更大一点,放得更开一点,发展更快一点"。同时,会上作出了建设昌九工业走廊的重大战略决策,这是江西版的经济特区。1992年7月15日,中共江西省委、江西省人民政府出台了《关于进一步扩大开放加速经济发展的决定》,江西对开放的重视程度不断深入,对外开放步伐不断加快。

1992年,国家确定九江为长江沿岸对外开放城市、南昌享受沿海开放城市有关政策。1994年6月13日,经国务院批准,江西有鄱阳、横峰、万年、余干、广丰、玉山、安义、莲花、武宁、修水、分宜、临川、资溪、峡江、吉水、万安、安福、信丰18个县、市、区对外国人开放旅游。

1992年6月,南昌市昌北开放开发区正式成立,紧接着九江市八里湖、共青城、永修云山、星火、金牛、南昌市桑海、南昌县银三角开放开发区相继成立,此外,还有赣州黄金岭、抚州金国、东乡红星、大茅山等省级开发区。1992年12月,江西获批了第一个国家级开发区——南昌高新技术产业开发区。

表2-2　1992—2000年江西省开放型经济主要指标情况

年份	进出口总额（万美元）	出口额（万美元）	进口额（万美元）	实际利用外资（万美元）	利用省外资金（亿元）	对外承包工程和劳务合作营业额（万美元）
1992	96533	64707	31826	19957	3.88	1089
1993	116740	61409	55331	34346	6.07	2561
1994	130457	80014	50443	45213	15.72	2692
1995	129044	101035	28009	45356	11.27	4003
1996	111672	85243	26429	47136	16.87	6940

续表

年份	进出口总额（万美元）	出口额（万美元）	进口额（万美元）	实际利用外资（万美元）	利用省外资金（亿元）	对外承包工程和劳务合作营业额（万美元）
1997	133284	111438	21846	65348	32.07	7270
1998	124720	101870	22850	70865	38.02	7615
1999	131387	90611	40776	56829	63.82	8537
2000	162399	119736	42663	32781	87.74	10949

在这一阶段江西开放型经济社会发展加快。货物进出口总额从 1992 年的 9.65 亿美元增长到 2000 年的 16.24 亿美元,年均增长 6.72%;实际利用外商直接投资额从 1992 年的 2.00 亿美元增长到 2000 年的 3.28 亿美元,年均增长 6.40%;江西对外开放通道逐步打开,开始融入全球市场。GDP 从 1992 年的 573 亿元增长到 2000 年的 2003 亿元,增长 2.5 倍;全社会固定资产投资完成额从 1992 年的 125.36 亿元增长到 2000 年的 516.08 亿元;公共财政预算收入从 1992 年的 49.39 亿元增长到 2000 年的 111.56 亿元(详见表 2-2)。

三、开放型经济快速发展期(2001—2012 年)

20 世纪 90 年代末至本世纪初,中国的国际国内开放环境得到大大改善,有两个标志性的事件:一是香港、澳门的胜利回归,为国内的招商引资工作带来了重大机遇;二是中国成功加入世界贸易组织,为中国有效对接世界市场提供了重大机遇。

在这种背景下,2001 年 8 月,中共江西省委在井冈山召开省委第十届第十三次全体(扩大)会议,会议提出,江西要紧紧抓住这一轮开放的机遇,深度融入国内外市场,并明确提出了以工业化为核心,以大开放为主战略,以体制机制改革为强动力,大力推进工业化、城市化、农村产业化,以及"实现江西在中部地区崛起"的奋斗目标。为此,江西省委、省政府决定要在全省县县建开发区,为此初步建设了 94 个工业园区,开启了江西经济社会发展的一轮高潮,带动了江西从传统农业大省向新兴工业省份的重大变革。

在这次会议上,江西省委还明确提出"三个基地、一个后花园"的战略定位,即把江西建设成为承接东部产业转移的基地、优质农副产品供应的基地、劳动力输出的基地和旅游观光的"后花园"。这个战略既是对外开放,也是对内开放,统筹协调两个市场,两种资源。

2003年7月,中共江西省委第十一届第四次全会提出"对接长珠闽,融入全球化"对外开放方针,2005年将这一方针扩大为"对接长珠闽,联结港澳台,融入全球化"。这个时期,江西把对外开放提到一个新高度,有力地促进了江西经济社会的发展。

香港是中国对外开放的前沿,也是连接中国与世界的桥梁。从2002年开始,江西开展赣港经济合作活动,连续不间断地在香港举办赣港经贸合作活动,宣传推介江西,引进项目。在2005年底,江西省约五成的外贸来源于中国香港或是通过中国香港进行的。一直以来,香港都是江西最重要的外资来源地,每年大约有80%的外资来自香港。此外,江西还连续举办赣台经贸合作研讨会,加强与台湾省的产业合作,把台湾省作为一个重要的招商引资对象。

表2-3　2001—2012年江西省开放型经济主要指标情况

年份	进出口总额（万美元）	出口额（万美元）	进口额（万美元）	实际利用外资（万美元）	利用省外资金（亿元）	对外承包工程和劳务合作营业额（万美元）
2001	153119	103930	49189	54046	183.0	13284
2002	169468	105232	64236	124725	426.0	13477
2003	252799	150569	102230	166353	700.0	14825
2004	353195	199539	153656	205238	383.5	16880
2005	405938	244004	161934	242258	472.4	21167
2006	619356	375307	244049	280657	583.1	30817
2007	944886	544473	400413	310358	828.6	44766
2008	1361793	772666	589127	360368	1100.9	56216
2009	1266456	736354	530102	402354	1367.1	75552

续表

年份	进出口总额（万美元）	出口额（万美元）	进口额（万美元）	实际利用外资（万美元）	利用省外资金（亿元）	对外承包工程和劳务合作营业额（万美元）
2010	2145300	1341600	803700	510084	1927.4	110900
2011	3146881	2187606	959275	605881	2579.2	158503
2012	3340911	2511054	829858	682431	3189.4	184082

这一阶段是江西开放型经济发展较快的时期,开始深度融入国际国内市场,并实现了从农业省份向工业省份的历史转变。货物进出口总额从 2001 年的 15.31 亿美元增长到 2012 年的 334.09 亿美元,年均增长 32.35%;实际利用外商直接投资额从 2001 年的 5.40 亿美元增长到 2012 年的 68.24 亿美元,年均增长 25.93%(详见表 2-3)。

在开放型经济的促进下,江西经济快速发展,GDP 从 2001 年的 2176 亿元增长到 2012 年的 12949 亿元,增长 4.95 倍,其中第二产业占 GDP 比重从 2001 年的 36% 增长到 2012 年的 54%;全社会固定资产投资完成额从 2001 年的 631.84 亿元增长到 2012 年的 10774.16 亿元,公共财政预算收入从 2001 年的 131.98 亿元增长到 2012 年的 1371.99 亿元。

四、开放型经济全面提升期(2012—2021 年)

党的十八大以来,以习近平同志为核心的党中央,准确把握和平、发展、合作、共赢的时代潮流和国际大势,加快建设开放型经济强国,提出了"一带一路"倡议和京津冀一体化、长江经济带、粤港澳大湾区等一系列新战略,以开放促改革、促发展、促创新,谱写了中国开放发展的新篇章。

(一)开放型经济得到前所未有的重视

2013 年 7 月,中共江西省委十三届七次全会提出,致力于打造具有江西特点的开放型经济升级版,以新一轮大开发促进新一轮大发展。尤其是 2014 年以来,中共江西省委、江西省人民政府作出了一系列全面参与"一带一路"和深度融入长江经济带战略的决策部署。2014 年 2 月,出台《中共江西省委 江西省人

民政府 关于全面扩大开放加快开放型经济发展升级的实施意见》;2014 年 7 月，中共江西省委十三届九次全会提出，要大力推进"昌九一体化"进程，尽快启动建设"昌九新区"的可行性研究;2015 年 5 月，中共江西省委、江西省人民政府制定《江西省参与丝绸之路经济带和 21 世纪海上丝绸之路建设实施方案》。

2016 年春节前夕，习近平总书记视察江西时，对江西工作提出"新的希望、三个着力、四个坚持"的重要要求，2016 年 5 月 24 日，中共江西省委、江西省人民政府正式印发了《关于深入贯彻开放发展新理念构建全面开放新格局的意见》，2016 年 6 月 6 日，国务院批复设立赣江新区。2016 年 11 月，江西省第十四次党代会提出要打造内陆双向开放高地。

2019 年，习近平总书记再次亲临江西视察，对江西工作提出了"加快革命老区高质量发展上作示范、在推动中部地区崛起上勇争先"的目标定位，为江西做好各项工作提供了总方针、总纲领、总遵循。"五个推进"要求中，有"推进改革开放走深走实"，为新时期江西开放工作提供了根本遵循。

2020 年，国务院正式批准设立江西内陆开放型经济试验区，这是全国第 3 个、中部首个国家级内陆开放型经济试验区。这是具有里程碑意义的重大国家战略，为江西高质量跨越式发展提供了新机遇，具有深远的历史意义和重大的现实意义。

（二）开放型经济战略格局全面形成

党的十八大以来，江西省主动融入"一带一路"、长江经济带等重大国家战略，构建开放型经济战略支点，重点打造南昌、赣州、九江、上饶四大开放门户，形成了以大南昌都市圈为核心，赣州、九江、上饶为副中心，各设区市为支点的开放型经济全面发展格局。

（三）对外开放通道不断拓展

通过沪昆高铁、赣深高铁开通，昌北机场扩建，赣州国际陆港、向塘国际陆港等基础设施建设，航空、铁路、公路、水运、管道等开发型经济综合通道不断完善，并形成了以航空货运、中欧班列、江海联运和铁海联运为重点的国际物流大通道。

（四）开放型经济平台不断提升

以国家内陆开放型经济试验区、赣江新区为龙头，19 个国家级开发区、4 个国家保税区为重点，全力推进高能级开放平台建设，形成多类型、多层次、广覆盖的对外开放平台载体。通过举办世界 VR 产业大会、世界赣商大会、景德镇国际陶瓷博览会等活动，提升经贸合作交流平台水平;通过发展南昌、赣州、九江、景德镇、上饶 5 个跨境电商综试区,提升江西特色功能平台。江西开放型经济平台功能更加完善,"两个市场、两种资源"的连接更加便捷高效。

（五）开放型经济环境不断优化

深入实施营商环境优化升级"一号改革工程",积极拥抱 RCEP。纵深推进"放管服"改革,全面提升政务服务标准化、规范化、智能化、便利化、专业化水平,持续打响"江西办事不用求人、江西办事依法依规、江西办事便捷高效、江西办事暖心爽心"的营商环境品牌,试行"极简审批"模式;深化口岸"三同"试点,完善国际贸易"单一窗口"功能,争当全国政务服务满意度一等省份。

（六）小结

党的十八大以来,江西推行更大范围、更宽领域、更深层次的对外开放,开放型经济全面提升,为全省经济增速连续多年居全国第一方阵作出重要贡献。全省进出口总额由 2012 年的 334.1 亿美元提高到 2021 年的 770.8 亿美元,实际利用外商投资由 2012 年的 68.24 亿美元提高到 2021 年的 157.8 亿美元,落户江西的世界 500 强企业超过 130 家,累计开行中欧班列超过 1700 列,对外贸易伙伴扩展到 227 个国家和地区,国际"朋友圈"不断扩大(详见表 2-4)。

江西经济增速逐渐跻身全国前列,年均增长 8.4%,规上工业增加值、固定资产投资总额等主要经济指标的增速也持续保持在全国"第一方阵"。总量实现进位,全省地区生产总值由 2012 年的 1.28 万亿美元上升到 2021 年的 2.96 万亿美元,由全国第 19 位前移至第 15 位,人均 GDP 突破 1 万美元,达到中等偏上收入国家(地区)水平,江西在全国发展格局中的位势进一步提升。结构不断优化,三次产业结构由 2012 年的 11.7:53.8:34.5 优化为 2021 年的 7.9:44.5:47.6,实现"二三一"到"三二一"的转折性变化。

表 2-4　2013—2021 年江西省开放型经济主要指标情况

年份	进出口总额（亿美元）	出口额（亿美元）	进口额（亿美元）	实际利用外资（亿美元）	利用省外资金（亿元）	对外承包工程和劳务合作营业额（亿美元）
2013	367.5	281.7	85.8	75.5	3859.6	22.7
2014	427.3	320.2	107.1	84.5	4540.5	28.5

续表

年份	进出口总额（亿美元）	出口额（亿美元）	进口额（亿美元）	实际利用外资（亿美元）	利用省外资金（亿元）	对外承包工程和劳务合作营业额（亿美元）
2015	424.0	331.2	92.8	94.7	5232.2	35.1
2016	400.3	298.0	102.3	104.4	5905.8	39.4
2017	443.4	324.9	118.5	114.6	6630.3	42.6
2018	481.9	339.4	142.5	125.7	7346.4	44.7
2019	508.9	361.9	147.0	135.8	8038.5	44.9
2020	580.3	420.6	159.7	146.0	8751.6	40.6
2021	770.8	568.2	202.6	157.8	9541.8	41.2

第二节　发展成效

习近平总书记站在全局和战略的高度为江西对外开放发展把脉定向、量体裁衣，是江西"十三五"对外开放的最鲜明特色，为构建全面开放发展新格局形成注入了强大动力。按照习近平总书记"向改革开放要动力""推进改革开放走深走实"要求，江西坚持以融入"一带一路"建设为统领，积极主动融入国家战略，坚持"引进来"和"走出去"并重，遵循共商共建共享原则，加强创新能力开放合作，推进全域、全面、全方位开放，基本形成了以"南下""东进"为开放主导方向、以"北上""西出"为广阔腹地的全面开放新格局。党的十八大以来，特别是在"十三五"时期，江西对外开放迈上一个新时期，开放型经济发展得到了进一步发展，全省利用外资和省外项目资金、外贸进出口、对外投资、口岸经济等发展迅猛，另外，开放的平台、环境更加优化，为新时代全面对外开放提供了扎实的基础。

一、对外开放布局基本形成

从对外开放布局看，江西的策略是"三个圈层"行动计划：一是核心圈，深化港澳台合作；二是深耕圈，重点是亚非拉；三是拓展圈，重点是欧美澳。

（一）全面融入"一带一路"建设

江西省委、省政府主动作为，出台了一系列政策措施，支持引导企业沿"一带一路"走出去。经过五年多的发展，江西企业走出去规模不断扩大，内涵更加丰富，质量和效益不断提高，"三外"融合发展的趋势更加明显。在"一带一路"建设带动下，江西开放型经济实现了快速发展。江西已在全球近100个国家和地区设立了700多家境外企业和机构，累计实现对外直接投资50多亿美元，带动江西打造了高水平、全方位的国际大通道，架构了对外开放大动脉。

（二）构建层次丰富的国际开放布局

江西积极全方位参与"一带一路"建设，以"一带一路"国家和地区为重点，多点布局、以点带面、以线扩面，构筑辐射全球的对外开放大格局。中东欧和中亚地区重点布局俄罗斯，辐射周边国家和地区。南亚地区以印度为中心，东南亚以新加坡为重点，编制覆盖南亚、东南亚地区的招商引资网络。东北亚、大洋洲重点布局与我国签署自贸协定的韩国和澳大利亚。非洲重点布局埃塞俄比亚、赞比亚、南非等国，以此辐射整个非洲其他地区。突出以德国为重点辐射整个欧洲，以美国为重点辐射北美，以巴西和古巴为中心辐射拉丁美洲。

（三）打造对外开放的"江西名片"

江西重点打造了5张对外开放的国际名片。一是"江西产品"名片，江西的陶瓷、茶叶、农产品、眼镜、箱包、建筑材料等优势产品基本覆盖了世界多数国家的主要市场。二是"江西建设"名片，积极发挥江西省龙头企业的带动作用，推进省内企业积极承揽非洲及"一带一路"国家地区的基础设施建设项目。截至2020年底，江西企业累计在国外承建"江西路"6000多公里、各类建筑物总建筑面积超1000万平方米，"江西建设"成为靓丽"名片"。三是"江西能源"名片。发挥江西省矿产勘探、采选、冶炼等优势，大力推动能源合作。四是"江西投资"名片。江西省农业、制造业、服务业、建筑业和矿业五大优势行业"走出去"实现大幅增长。2020年，江西企业对外直接投资18.45亿美元，总量居全国第10、中西部第1。2021年上半年，全省对外承包工程营业额13.4亿美元，同比增长23.2%，总量居全国第11、中西部第3；对外直接投资3.8亿美元，同比增长65.6%。五是"江西援外"名片。江西有全国首批四个"国际商务官员研修基地"。截至2021年，江西已成功举办202期援外培训，来自132个国家（地区）5314名政府官员和技术人员参加培训。来赣参训学员为发展中国家政府官员和专业技术人员,具有层次高、领域广等特点,这些官员成为向全世界宣传中国、推介江西的形象大使,成为世界各国知华、亲华、爱华的友好大使。

二、国内区域合作深入推进

推进省际区域合作是区域经济一体化背景下提升江西开放型经济发展水平的重要举措,对于融入全球经济发展大格局、利用国内外资源和市场具有重要意义。江西深化与长三角、珠三角、海西经济区和长江中游城市群合作,拓展与长江经济带沿岸地区、京津冀地区、"一带一路"沿线地区合作,全方位提升开放合作水平。

(一)构建区域合作新格局

以融入长珠闽经济板块为重点,积极参与长江经济带、长三角一体化建设,主动对接粤港澳大湾区,以深圳为战略支点,加强与港澳台地区文化交流、经贸合作。积极参与京津冀协同发展战略,承接北京非首都功能疏解和京津产业转移。加强与沿海沿边省份开放合作,深化与广东、浙江、福建、上海等省市的战略合作。探索产业转移合作模式,重点推进赣粤产业园区、赣闽产业园区、赣湘开放合作区建设。

加强口岸和通关合作,共同推进省际间海关、检验检疫区域通关一体化,共同促进江西与上海、福建、浙江、广东海铁联运业务发展。

(二)省内开放布局重点突出

在历届省委、省政府发展方针的基础上,省委十四届六次全会进一步明确了省内开放布局重点,着力打造"一圈引领、两轴驱动、三区协同"的区域发展新格局,形成重点突出、层次清晰、各具优势、竞相发展的区域发展新格局。

突出以建设南昌大都市圈为引领,以沪昆、京九高铁经济带为驱动轴,三区协同发展。推进南昌综合交通枢纽、九江江海直达区域性航运中心等建设,支持南昌创建国家 VR 创新中心,推进赣江新区国家"双创"示范基地建设,提升南昌大都市圈对全省经济发展的辐射力和吸引力。加快建设京九高铁沿线电子信息、新材料产业带和沪昆高铁沿线新能源、新材料、装备制造产业带。以赣南等原中央苏区振兴发展、赣东北扩大开放、赣西转型升级为三大协同发展区。

同时,江西按照"一平台、四门户"的开放思路,明确提出国家级赣江新区要充分发挥重大改革发展功能性平台作用,在先行先试中大胆创新、率先发展,把南昌、九江、赣州、上饶打造成为江西大开放的四个门户。

(三)对外开放持续快速发展

1. 招商引资稳步提升。江西招商引资质量较"十二五"时期有了更大提升。从资金引进数量来看,"十三五"期间全省实际使用外资从 94.7 亿美元增加到 146 亿美元,增长 54%,每年保持在 9% 以上的增长,基本稳定在全国第 12 位、中部第 2 位左右的水平。全省引进省外项目资金从 5232.2 亿元增加到 8751.6 亿元,增长 67.2%,连续三年保持在 10% 以上的增长。从引资来源看,"十三五"期间引进欧美日区域外资金额从 13.53 亿美元增长到 35.01 亿美元,增长158.76%。"十三五"期间,江西境外企业资产总额从 44.8 亿美元增长到 111.1亿美元,增长 110.1%。

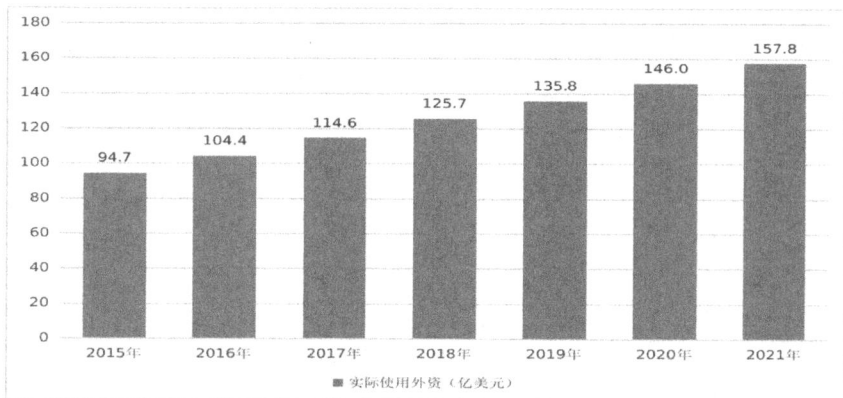

图 2-1　2015—2021 年江西省实际使用外资情况

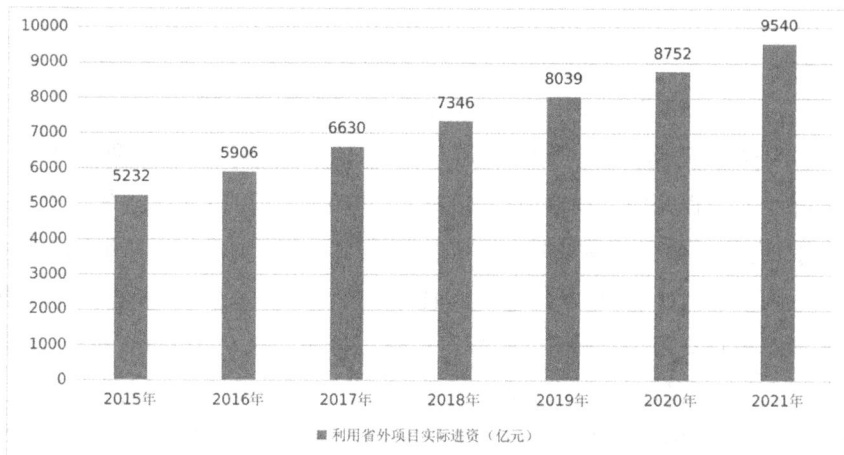

图 2-2　2015—2021 年江西省利用省外项目实际进资情况

2. 外贸出口稳定增长。"十三五"以来,江西外贸稳定发展的基本面没有变,出口保持稳中有进的态势。全省外贸进出口总额从2015年的2641.5亿元增加到2020年的10370亿元。特别是在中美贸易摩擦加剧的国际背景下,2020年全省实现外贸出口420.9亿美元,同比增长16.3%。外贸发展的韧劲十足,高新技术产品出口形成强大支撑。2020年,高新技术产品出口140.4亿美元,同比增长37.2%,占比33.4%,比重较2015年提升17.6个百分点。2020年全省外贸出口是2015年的1.3倍。"十三五"以来,全省外贸出口总量基本稳定在全国第13位、中部第2位左右的水平。

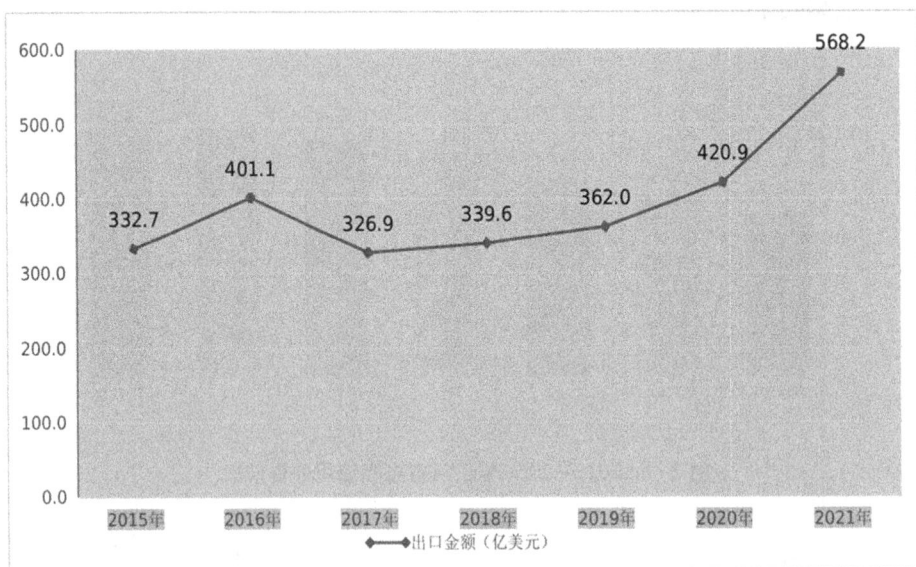

图2-3 2015—2021年江西省对外贸易出口情况

3. 对外投资迅速发展。"十三五"以来,江西对外投资稳健发展。2020年,全省对外承包工程完成营业额40.6亿美元,2016年至2020年呈逐年递增趋势。积极争取商务部、金融机构支持,支持企业顺利完成江铜哈萨克斯坦钨矿项目、赣锋锂业阿根廷锂矿项目、联创电子入股韩国美法思株式会社、华伍制动收购瑞士富尔卡摩擦片有限公司等项目,全省对外直接投资8.7亿美元。6家企业入选全球最大国际承包商250强,总量居全国第3,中西部第1。强化风险提示,制作《对外投资合作国别指南》《国家风险分析报告》(2020版),抓好"走出去"风险防控,推进对外投资健康发展。

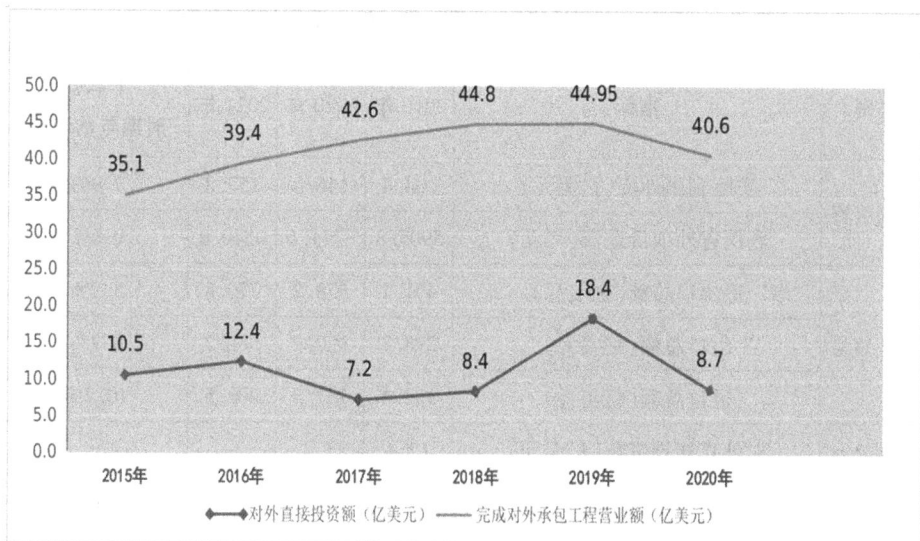

图 2-4　2015—2021 年江西省对外投资发展情况

4. 口岸经济不断壮大。"十三五"以来,江西省口岸经济发展呈现多点突破、蓬勃发展。五年来,新增功能性口岸 7 个,昌北机场"一货站三中心"建成运营,打通了 4 个沿边重要出入境陆运通道,开通了 20 多条中欧(中亚)班列线路,铁海联运线路增至 5 条,沿长珠闽对接"海上丝绸之路"的出海通道全部。全面深化口岸"三间"试点,打造南昌航空货运枢纽,恢复南昌至比利时列日全货机航线,开通南昌至大阪、洛杉矶、伦敦等航空货运包机(定班航线),昌北国际机场全货机航线达到 7 条,2020 年昌北国际机场货邮吞吐量 18.2 万吨,居全国第 18,前移 9位,旅客吞吐量 973 万人次,居全国 28,前移 3 位,成为欧洲航空货运第 2 热门询价地。畅通陆路通道,推动铁海联运、赣欧班列稳定开行,开行防疫物资跨境电商、地铁设备等跨境班列,2020 年打造了 5 条铁海联运、3 条赣欧班列精品线路,铁海联运累计开行 1700 列,同比增长 5.9%,开行列数和承运总量位居中部第1;赣欧班列开行 369 列。稳定水上运输,降低物流成本,推动九江港至上海洋山港水水联运"天天班"常态化开行,2020 年全年开行 740 班,九江水运口岸货运突破 60 万标箱,水运集装箱吞吐量增速居长江 15 个主要港口第 2 位。口岸通关时间压缩至 0.78 小时,下降 98.6%,通关时效居全国第 7 位、中部第 1 位。

表 2-5　2016—2021 年江西省开放型经济主要指标发展情况

类别	指标	2016 年	2020 年	2021 年	"十三五"时期年均增长
招商引资	实际利用外资(亿美元)	104.4	146.0	157.8	7.9%
	利用省外项目进资(亿元)	5905.8	8751.6	9540.0	9.6%
对外贸易	进出口总额(亿美元)	401.1	578.2	770.8	8.9%
	出口总额(亿美元)	298.7	420.9	568.2	8.2%
	进口总额(亿美元)	102.4	157.3	202.5	10.7%
对外经济技术合作	对外直接投资额(亿美元)	12.4	8.7	——	——
	完成对外承包工程营业额(亿美元)	39.4	40.6	41.2	0.6%
口岸发展	赣欧班列开行总数(列)	25	369	401	275.2%
	昌北机场货邮吞吐量(万吨)	5.1	18.2	—	51.4%

（四）开放平台建设更加完备

江西以国家重点开发开放试验区、跨境经济合作区、综合保税区等重大开发开放平台作为构建本地区全方位对外开放的关键抓手和重要途径,取得了显著成效。

1. 开发区功能稳步提升。一是开发区主战场地位凸显。全省 107 个开发区,聚集了 90% 的已投产工业企业,吸引了逾 80% 的外来投资,贡献了超过 80% 的工业税收,已经成为改革开放"主战场"、经济增长的"压舱石"。截至 2020 年末,全省开发区投产工业企业 14257 家,比上年末增加 1243 家;实际开发面积 677.0 平方公里,完成基础设施投入 1909.9 亿元,实现营业收入 32379.3 亿元,同比增长 10.1%;实现利润总额 2265.4 亿元,同比增长 15.4%。

2. 功能平台建设不断推进。"十三五"以来,全省功能平台建设取得长足发展。2016 年,国务院正式批复设立江西赣江新区,是中部地区第 2 个、全国第 18 个国家级新区,标志着江西开放平台建设迈上新台阶。2020 年,国务院批复设立江西内陆开放型经济试验区,是全国第 3 个、中部第 1 个内陆开放型经济试验区,为江西全面开放赋予了新机遇,增添了新动能,拓展了新空间。"十三五"期间,开放平台体系趋于完善,新增了 4 个综合保税区、3 个跨境电商综合试验区、

12 个外贸转型升级基地、7 个功能性口岸,昌北机场"一货站三中心"建成运营。2020 年,在国家级经开区全国考评中,南昌经开区在 2019 年进位 15 名的基础上,保持争先进位跨越发展势头,进位全国第 31 名。其中,实际使用外资专项考核挺进全国十强,位列第 8 名。国家级经开区竞争力总体跃升。科技部火炬中心公布的 2021 年度国家高新区评价结果显示,南昌高新区在全国 157 家国家高新区综合排名中列第 24 位,较 2020 年再前进 2 位,创历史最好成绩。南昌高新区从 2014 年排名第 61 位,到 2021 年排名第 24 位,在国家级高新区中排名实现了"七连升",站稳国家级高新区第一梯队。

3. 重大活动平台影响扩大。"十三五"以来,积极推动绿发会、世界赣商大会、赣港会、赣京会、赣深会、赣台会、世界 VR 产业发展大会、江西省与跨国公司(上海)合作交流会、瓷博会、药交会、中国赣菜美食节等重大平台能级不断提升,江西知名度、影响力大幅提升。第五届绿发会影响空前,无论在参会规模、嘉宾规格层次,还是展览面积、签约成果均为历届之最,不断扩大全省重大活动平台影响力。全国人大常委会副委员长张春贤出席第五届绿发会开幕式暨主旨论坛并致辞;共有 39 个国家和地区的政要、驻华使节、友好省州、专家学者和企业代表参会,参会嘉宾和客商突破 2400 人,参展企业 2200 多家;大会现场签约重大合作项目 118 个,投资总额高达 2094.51 亿元。

(五)开放通道更加畅通

2015 年 2 月,江西省商务部门出台《关于积极参与"一带一路"战略的措施和意见》,提出要拓宽陆上、海上、空中、数字四大通道,将江西打造成为"丝绸之路经济带"和"21 世纪海上丝绸之路"的战略连接点和内陆开放型经济战略高地。近年来,随着江西开放通道的不断完善,便捷高效、"陆海空数"相结合现代化开放通道体系基本形成。

1. 陆路通道进一步拓宽延伸。近年来,江西高速公路发展迅速,截至 2021 年 1 月,江西省公路总里程已经超 21 万公里,位居全国第 9 位。高速公路路网密度是全国平均水平的 2.5 倍,打通了 28 个出省通道,"四纵六横八射十七联"高速公路网基本建成,形成了"纵贯南北、横跨东西、覆盖全省、连接周边"的高速路网格局。

2. 铁海联运迅速发展。江西与上海、宁波、厦门、福州、深圳等沿海城市港口和口岸合作深入推进,基本形成九江港通江达海、南昌港"北通鄱阳湖九江、南连吉安赣州的"水运发展格局。新增至广州铁海联运快运班列,铁海联运线路增至 5 条,沿长珠闽对接"海上丝绸之路"的出海通道全部打通。赣欧班列运行线路全面畅通。江西打通了满洲里、二连浩特、阿拉山口、霍尔果斯 4 个沿边重要出入境陆运通道,开通了 20 多条中欧(含中亚)班列线路,实现全面辐射欧洲腹地与中亚、俄罗斯等国家和地区。

3. 航空通道建设实现新跨越。南昌、赣州两个中心机场引领作用进一步增强,"一干九支"空间格局初步形成。2018 年,南昌开通了首条中欧洲际航线"南昌—莫斯科",相继开通了至莫斯科、新加坡等国际、洲际航线,新增南昌—比利时的洲际全货机航线和南昌—香港的全货机航线。全省已开通"一带一路"国家和地区 15 条定期航线,空中通道进一步延伸。数字通道进一步完善,与沿海、沿边、沿江省份电子口岸互联互通。

4. 跨境电商迅速崛起。2019 年,南昌获批江西首个跨境电子商务综合试验区;随后,赣州、吉安、九江等城市先后共同成为跨境电商零售进口试点城市。跨境电商进口商品关税为零,并且有效降低人工、物流、房租等成本,提升跨境购物的通关效率和物流速度,方便全省居民"买全球""卖全球"。2021 年全省跨境电商规模居全国第 5 位,同比增长近 10 倍。

5. 口岸通关效率稳步提升。积极推进国际贸易"单一窗口"应用,国际贸易"单一窗口"货物申报率达 100%,通关效率大幅提升,整体通关时间压缩约 40%。2021 年上半年,江西通关效率持续位居全国前列,2021 年 6 月,江西进口整体通关时间(扣除国内运输段)18.63 小时,出口 0.43 小时,通关效率均位居中部六省第 1 位,通关与沿海同等效率基本实现。"三同"试点稳步推进,"货物进境与沿海同价到港、出境与沿海同价起运、通关与沿海同等效率"的目标正逐步实现。口岸通过效率的提升直接带动运输效率的提升。赣欧班列运输时间平均缩短约 30 天,极大地节省了企业财务成本;南昌至莫斯科洲际航线开通,航程从原来的 20 个小时缩短至 9 个小时,江西与欧洲的距离进一步拉近。

(六)开放环境持续优化

按照全面深化改革的总体要求,江西深入贯彻新发展理念,紧紧扭住高质量跨越式发展首要战略,以建设现代化经济体系为重点,着力打造透明化、法治化、公平化的制度环境,形成了富商亲商安商的开放环境。

1. 体制改革和政策深入推进。江西先后出台一系列政策措施,改革和开放交相辉映,体制机制改革与落实政策措施融合推进,释放出强大的开放活力。江西省委、省政府深入贯彻落实新发展理念,高度重视开放发展,在开放体制机制上深入改革。2017 年,出台了《江西省人民政府关于进一步扩大开放打造招商引资新优势的实施意见》等文件政策,旨在实行企业投资项目管理负面清单制度,进一步扩大对外开放,优化营商环境,打造招商引资新优势,吸引境内外投资者来赣投资。2018 年,在庆祝改革开放 40 周年之际,江西省委、省政府出台了《关于进一步扩大开放推动经济高质量发展的若干措施》,抢抓新一轮改革开放机遇,营造更加开放的投资贸易自由化、便利化环境,进一步破除体制机制障碍,加快构建开放型经济新体制。2020 年,江西省人民政府出台了《关于推进全省国家级开发区创新提升打造改革开放新高地的若干意见》,为进一步破解江西省国家级开发区体制机制障碍,提升对外开放水平,带动地区经济高质量发展。

2. 开放氛围更加浓厚。近年来,江西以"敢为人先、先行先试"的改革底气和开放锐气,持续推进思想再解放、改革再攻坚、开放再提升、环境再优化,开放的氛围更加浓厚,新时代江西内陆双向开放新高地正在形成。推动中部地区崛起工作座谈会、省第十四次党代会,省委十四届五次、六次、七次全会,全省全面深化改革开放工作现场推进会、全省开放型经济发展大会等进一步凝聚了全省开放发展的深度共识,汇聚了推进开放提升的强大动力。成功举办世界 VR 产业大会、第五届世界绿色发展投资贸易博览会、世界赣商大会、赣港经贸合作活动、赣台经贸文化合作交流大会、央企入赣投资合作洽谈会、亚布力中国企业家论坛 2018 年夏季高峰会、中部投资贸易博览会等开放活动,积极参加中国国际进口博览会,极大地提升了江西的知名度、认知度、美誉度,扩大了对外影响,树立了良好开放形象,营造了浓厚的开放氛围。

3. 营商环境持续优化。近年来,江西高度重视优化营商环境,提出打造"江西办事不用求人、依法依规、便捷高效、暖心爽心",建设全国政务服务满意度一等省份的目标,以打造"政策最优、成本最低、服务最好,办事最快"的"四最"营商环境和建设"忠诚型、创新型、担当型、服务型、过硬型"政府为抓手,深入推进营商环境优化升级"一号改革工程",制定了全省统一行政权力清单,推进"赣服通"升级服务,非行政许可审批事项全部取消,"一照含证"改革全面铺开,"六多合一"改革全国推广,"放管服"改革取得明显成效。

第三节　存在问题

江西作为经济欠发达的中部地区,在决定开放水平的基础设施、口岸建设、体制机制、开放平台等方面与发达地区均存在一定的差距。2021年,江西经济外向度仅为16.81%,比全国的低17.38个百分点,出口总量占全国的比重仅为1.69%。目前全国所有的沿海省市已获得自由贸易试验区开放平台,海南也在推进自由贸易港建设。湖北、河南、湖南、安徽等省份在中部抢得自由贸易试验区的先机,开放的集聚度将进一步提升,而江西缺乏自由贸易试验区这类高水平开放平台,其制约作用将在"十四五"时期愈发凸显。同时随着江西省劳动力、资金、能源等要素成本不断提升,比重较大的传统产业的开放优势正在弱化,而江西省新兴产业规模较小,中小微企业多、高新技术企业少等问题还比较突出,这些不足将影响江西开放质量的进一步提升。

一、开放领域有待进一步拓宽

江西属于内陆省份,经济外向度长期处于中低水平,对外开放的领域和开发的速度明显滞后于全国大部分地区。产业及要素的增量直接决定未来经济发展的质量。因此吸引外资及省外资金、加快产业向江西转移、提高现有产业的对外开放度是发展关键所在。一是处于本区域高峰的企业主体发展层次及治理水平具有明显差距。世界500强企业作为最高的企业等级,江西进驻的世界500强企业数目为129家,略高于安徽,但与湖南、湖北都有明显差距。江西拥有66家上市公司,仅为同处中部地区的安徽、湖南、湖北的44%、50%、51%。二是对外贸易规模存在差距,吸引外部资金要素能力有待提高。2021年江西全省外贸依存度向沿海省份缩小差距,而进出口总额为安徽、湖南的72%、83%,体现贸易出口等级的加工贸易出口为安徽、湖北的73%、84%,贸易规模、层次与隔壁中部省份尚有一定差距。三是江西外商直接投资、利用省外资金分别为安徽的82%和59%,在吸引外部资金要素的能力方面有待提高(详见表2-6)。

2018年国家发展改革委国际合作中心对外开放课题组对我国31个省(自治区、直辖市)经济开放度、技术开放度、社会开放度综合测算结果显示,江西对外开放指数综合得分为15.70,位居全国第19位,在中部地区位居第5位,高于山西。该结果说明,虽然江西一直在加快对外开放的步伐,但开放的速度和深度明显滞后于全国大部分地区,开放程度依然不足。尤其是在决定对外开放程度的基础设施、口岸建设、人才、市场体制等方面,与发达地区的差距较大,进一步扩大开放领域、提升开放层次的潜力巨大。

表 2-6　江西及周边省份经济开放度情况(2021)

指标 ＼ 省份	江西	安徽	湖南	湖北	浙江	福建	广东
外贸依存度	16.8%	16.1%	13%	10.7%	56.3%	37.8%	66.5%
进出口总额(亿元)	4980.4	6920.2	5988.5	5374.4	41400.0	18449.6	82700.0
出口额(亿元)	3671.8	4094.8	4212.7	3509.3	30100.0	10816.5	50528.7
其中:加工贸易出口额(亿元)	586.1	794.2	399.2	698.1	2992.5	2322.7	14560.2
外商直接投资(亿美元)	157.8	193.0	24.1	124.6	183.0	54.7	1840.02
利用省外资金(亿元)	9540.0	16207.2	11280.0	—	—	—	—
本省拥有的世界 500 强企业数量	1	2	0	1	8	7	16
本省拥有上市公司数量	66	149	132	128	499	100	390

二、对外开放质量依旧不高

1."引进来"方面。资金来源结构较为单一,来自欧美产业发达地区的资金投资较少,行业龙头领军企业特别是欧美制造业企业在江西省布局投资偏少。2021 年,引进香港、澳门、台湾地区资本占江西实际使用外资金额的 86.25%。

2."走出去"方面。一是产业外向度还不高,商品出口结构还不够优化。江西出口商品仍以劳动密集型、资本密集型产品为主,大多处于全球产业价值链中低端,国际竞争力不强。从江西 2021 年 1—12 月份商品出口结构看,机电产品和纺织服装所占比重最大,合计达到 60%,出口商品整体上表现出技术含量不高、附加值较低的特点(详见表 2-7)。

表 2-7　2021 年 1—12 月江西主要商品出口值情况

商品	累计出口		出口占比	
	金额（万美元）	增幅	累计占比	较上年同期变化（±）
机电产品（包括本目录已具体列名的机电产品）	2845152	22.6%	50.1%	−5.1%
高新技术产品	1480896	5.7%	26.1%	−7.3%
服装及衣着附件	411741	66.2%	7.2%	1.3%
手机	144960	−40.0%	2.6%	−3.1%
文化产品	412126	76%	7.3%	1.7%
二极管及类似半导体器件	227892	22.8%	4.0%	−0.4%
塑料制品	213503	48.7%	3.8%	−0.3%
家具及其零件	233777	37.3%	4.1%	0
太阳能电池	210639	25.2%	3.7%	−0.3%
纺织纱线、织物及其制品	153253	11.9%	2.7%	−0.6%

二是对外经济技术合作规模和布局结构还有待提升。截至 2020 年 12 月，江西省非金融类对外直接投资存量仅为 76.70 亿美元，在全国排名 18 位，中部地区排名第 4，而周边的安徽、湖南非金融类对外直接投资存量分别达到 147.45 亿美元、139.13 亿美元，分别位居全国第 10 位、第 11 位。截至 2020 年底，江西对外直接投资额为 8.7 亿美元，同比下降 52.6%，投资规模进一步缩小。从投资目的地看，主要集中在亚洲和非洲；在北美洲、欧洲、大洋洲等发达地区的投资较少。高质量的外资企业和价值链高端企业比重不高，具有国际影响力的跨国公司不多。

三、开放型经济区域发展还不够不平衡

我们采用三个指标衡量 2021 年江西省 11 个设区市对外开放程度，即对外贸易依存度（进出口总额/GDP）、外商投资依存度（实际利用外资额/GDP）、综合对外依存度(对外贸易依存度+外商投资依存度)。从对外贸易依存度看,鹰潭市、吉安市、南昌市排名前三,上饶市、宜春市、景德镇市位列后三位,其中景德镇市低于0.1;从外商投资依存度看,九江市、南昌市、吉安市、赣州市排名前四位,均超过0.035,景德镇、抚州市、宜春市、鹰潭市排名后四位,其中景德镇市仅为0.016;从综合对外依存度指标看,鹰潭市、抚州市、南昌市位列前三位,抚州市、宜春市、景德镇市位列后三位(详见表2-8)。

表2-8　2021年江西设区市对外开放程度排名

地级市	对外贸易依存度	外商投资依存度	综合对外依存度	排名
鹰潭市	0.376	0.023	0.399	1
吉安市	0.210	0.038	0.249	2
南昌市	0.195	0.044	0.238	3
九江市	0.174	0.048	0.223	4
新余市	0.188	0.033	0.221	5
赣州市	0.177	0.037	0.214	6
萍乡市	0.167	0.029	0.196	7
上饶市	0.105	0.034	0.139	8
抚州市	0.119	0.017	0.137	9
宜春市	0.100	0.022	0.122	10
景德镇市	0.076	0.016	0.092	11

四、平台作用还有待进一步发挥

截至2020年底,江西省共有各类开发区107个,其中国家级新区1个(赣江新区),国家级经开区10个(数量居全国第5位,中部第2位,仅次于安徽12个),国家级高新区9个(数量居全国第5位,中部第2位,仅次于湖北12个),海关特殊监管区域5个(综合保税区4个、保税物流中心1个),跨境电子商务综合试验区3个。此外,有全国加工贸易承接转移示范地1个(赣州,全国共3个),

国家级加工贸易梯度转移重点承接地 5 个,国家科技兴贸创新基地 6 个,国家外贸转型升级示范基地 4 个(详见表 2-9)。

表 2-9　江西省开放型经济发展平台情况

平台类型	具体名称
国家级经济试验区	江西内陆开放型经济试验区*、赣江新区*、九江共青城高新技术产业开发区*、宜春丰城高新技术产业开发区*
综合保税区	赣州综合保税区、南昌综合保税区*、九江综合保税区*、井冈山综合保税区*
保税物流中心	赣州龙南保税物流中心(B 型)*
跨境电商发展平台	南昌跨境电商综合试验区*、赣州跨境电商综合试验区*、九江跨境电商综合试验区*、南昌跨境电商零售进口试点、赣州跨境电商零售进口试点、九江跨境电商零售进口试点、吉安跨境电商零售进口试点*
国家外贸转型升级基地	赣州家具*、南昌纺织服装*、上饶茶叶*、鹰潭眼镜*、景德镇陶瓷*、芦溪电瓷*、赣州新型材料*、鹰潭新型材料*、新余锂电新能源*、南昌电子信息*、南昌医疗器械*、赣州纺织服装*
开放口岸	九江水运口岸、南昌空运口岸、赣州铁路口岸(临时)*、赣州航运口岸(临时)*
特殊商品指定监管场地	南昌昌北机场进境食用水生动物、冰鲜水产品和进口水果指定监管场地*,九江、赣州进口肉类指定监管场地*,赣州汽车整车进口口岸*,九江粮食进口指定监管场地*
外贸综合服务平台(省级)	江西省金控外贸股份有限公司*、赣州市祥通进出口贸易有限公司*、江西烟花爆竹物流中心有限公司*、南昌一干通供应链管理有限公司*、南昌综保外贸综合服务有限公司*、鹰潭市柏森贸易有限公司*
境外经贸合作区	赞比亚江西多功能经济区*

注:*为"十三五"时期新增的开放平台。

江西省开放平台多而不强,综合实力在全国排名靠后。从数据来看,江西拥有的开放平台数量在中部地区是占优势的,但从总量规模和质量效益来看,江西的开放平台主体功能作用没有完全发挥出来。在商务部发布的 2020 年国家级经开区考核评价综合排名前 30 名中,江西省 10 个国家级经开区无一入围,周边的湖北省有 1 个入围(武汉经济技术开发区排名第 14 名),安徽省有 2 个入围(合肥经济技术开发区排名第 11 名、芜湖经济技术开发区排名第 13 名),湖南省有 1 个入围(长沙经济技术开发区排名第 17 名)。全国排名第一的苏州工业园区,2020 年实现地区生产总值约 2900 亿元;进出口总额 920 亿美元。江西省综评排名第一的南昌经开区地区生产总值(GDP)为 563.76 亿元,进出口总额 17.47 亿美元,规模差距十分明显。赣江新区与其他国家级新区比较,在发展速度与质量上也还有差异。2019 年赛迪智库工业经济研究所从基础条件、产业效能、发展潜能、产业创新、产业政策五大方面,对 18 个国家级新区(统计不包括雄安新区)产业综合竞争力进行了综合分析,结果显示目前赣江新区综合的得分为 65.39 分,位于第二梯队的最后一位,在 18 个国家级新区中排名 13 名。从经济总量来看,2021 年赣江新区地区生产总值为 969 亿元(按增速计算),在 19 个国家级新区中排名第 12 位,同处长江中游的湘江新区地区生产总值为 3674 亿元,排名第 6 位。

五、对外开放环境还有提升空间

与周边省市比较,江西省供气不足,人工成本中的社保成本偏高,在用地方面一些地方存在土地批而未供、供而未用的现象,在融资方面存在融资难、融资贵的问题,在招工方面存在招技术骨干、熟练员工难的问题。外贸综合服务水平还有待提升。与沿海国际港相比,江西省港口在功能、成本、效率方面存在一定的差距。对标沿海国际港的功能要素,江西省港口还有较大差距,特别是在功能性口岸申报、加强基础设施建设、加密国际航路航线、加强港口配套服务水平等方面,需要加大力度,补齐短板。市场开放还存在隐性"门槛"。有的地方审批权限下放不同步、不配套。虽然江西省绝大部分市、县、园区已建有行政服务大厅,相关部门也有人员在大厅办公,但真正涉及审批、报批等环节时还需回相关部门具体办理,项目落地手续在行政服务大厅不能一次性办结,出现"多头跑""来回跑"的现象,无形中增添了项目落地的难度。

六、开放型经济人才严重短缺

一是高级产业人才集聚的氛围尚未形成。从江西现有的人才池来看,可以胜任研发、市场、管理岗位的人才供应并不充分,与沿海地区,乃至湖北、湖南等中部省份相比,江西的新兴产业人才集聚氛围尚未形成,在技能型人才和中高级管理人才供给方面存在明显差距,对江西进一步扩大开放提出挑战。

二是江西人才吸纳度低,外流现象明显。与沿海发达经济地区相比,江西的人才吸纳度整体偏低,呈现人才净流出的态势,这与省内当前的管理、研发岗位就业机会相对稀少有关,导致大批量的中高层次人才纷纷流失到深圳、广州等一线城市,不可避免地造成当前江西省内中高级人才招聘难度大的困境,而在中部地区,湖北、安徽、湖南等省份纷纷密集出台人才招引政策,大力实施一系列促进人才优先发展的措施,力度空前,相比之下江西的人才激励政策力度偏小,人才吸引力与湖北、安徽等中部省份存在明显差距。与此同时,江西目前对赣籍劳动力返乡的准备也还不充分,例如企业反映由于在社保衔接方面存在较大制度限制,成为影响其雇佣返乡技工的主要障碍。

第三章

江西开放型经济发展环境分析

近年来随着全球经济增速不断放缓,江西开放型经济发展面临着新的机遇和挑战,国际单边主义有所兴起,非关税壁垒不断增加,地缘政治冲突的不断发酵造成商品价格持续上涨和金融市场动荡加剧。同时,疫情倒逼数字经济的迅猛发展与服务贸易的兴起,促进了传统贸易转型升级。我国与 RCEP 区域贸易协定的签订、"一带一路"等互联互通政策的实施,为对外贸易发展打开了更广阔的市场,加快了人民币国际化发展进程,促进了中国参与全球治理的话语权提升。

第一节　国际环境

当今世界正经历百年未有之大变局,和平与发展仍然是时代主题,同时国际环境日趋复杂,不稳定性、不确定性明显增加。世界经济持续低迷,经济全球化遭受逆流,"一带一路"为开放拓展了新空间。

一、世界经济持续低迷

(一)2008 年国际金融危机深远

2008 年金融危机的发生,引发了全球金融恐慌。之后的十余年,全球陷入经济衰退和十年修复的过程之中。从经济增速来看,金融危机发生前 5 年时间全球平均经济增速为 5.1%,金融危机爆发后各国经济受到严重冲击,虽然在各国经济刺激政策作用下全球经济增速有所反弹,2010年后一度达到5.4%,但2011年后各国经济增速再度下降,2016年后降至3%以下。同时,金融危机又导致了全球经济格局的重新分配,发达经济体对全球经济贡献逐年下降,中国GDP占全球GDP的比重由金融危机前不足7%的水平上升至15%以上,同时在国际经济活动之中话语权有所提升。

后金融危机时代,全球贸易总额迅速收缩,贸易增速远低于全球经济的增速水平,但与此同时全球贸易结构存在的失衡问题在金融危机之后得到了一定的缓解,中国经常账户顺差连续多年低于3%的水平,美国经常账户逆差同样显著下降。全球贸易对经济发展的贡献下降,以及贸易结构的优化,是后金融危机时代全球贸易发展的主要特征。

同时,各国采取的量化宽松货币政策,导致通胀率不断提升,各国通胀水平升至2011年以来的最高水平,同时造成了资产泡沫化、金融脱离实体等问题的发生,对未来货币政策的作用空间产生了较大制约,主要发达经济体未来存在多次加息的可能。对于美国等主要发达经济体来说,需求拉动型核心通胀压力是其面对的主要问题,而对于新兴经济体来讲,输入型通胀压力和能源价格推动型通胀压力,是其未来面对的主要问题。IMF在2022年4月发布的《世界经济展望》中,下调2022年全球经济增长预期至4%以下,各国为控制通胀水平和过剩流动性进行的货币政策转向,可能使得全球经济进一步陷入"滞涨"的状况。

(二)新冠疫情引发全球危机

新冠疫情的影响冲击到人类健康、经济增长、社会发展、国家安全和国际关系等诸多方面,是全人类面临的一场全面性、综合性挑战。对于目前深陷泥潭的全球经济来说,新冠疫情的全球大流行,破坏了全球供应链与产业链分工,使得各类资源的正常流动受到疫情防控政策影响。首先,行业之间的要素流动受到破坏,同时由于疫情防控措施,国际贸易受到更大的冲击,对全球经济增速造成了更大的负面影响;其次,相关行业的发展受到疫情的巨大冲击,航空、旅游、住宿、餐饮等行业受到购买力下降、游客人数下降和各地疫情防控措施的影响开始收缩;最后,金融市场发生剧烈动荡,市场流动性收缩造成更多避险资金进入大宗商品之中并推高其价格,进而造成资产泡沫化趋势进一步增加,同时造成金融市场动荡的加剧,以及对实体经济支持能力出现下降。

同时新冠疫情的持续蔓延带来了一些经济发展新业态的改变。服务贸易由线下转至线上,数字经济发展背景下相关服务商的数字化转型成为趋势。因全球各国采取的封控措施,零售、卫生、教育、电信等各部门更加注重线上客户和业务的拓展。一方面,数字经济的发展降低了原有服务贸易的成本,通过供应商线上化方式,提高了服务贸易产品的质量和竞争力水平;另一方面,疫情影响又会倒逼服务外包行业数字化转型,同时云服务的加速发展,高端制造业服务化趋势明显,数字技术应用需求有所增加。

　　综合来看,世界发展格局不太可能在疫情之后有根本性、颠覆性的改变,但疫情也加剧了一些全球经济发展的消极趋势,也倒逼了一些积极趋势,总体上疫情的暴发将加速世界格局的变化,国际形势也将因此变得更为复杂。疫情之前就已存在的大国竞争加剧、经济全球化出现逆流、民粹主义思潮蔓延等问题,疫情之后国际形势更不容乐观。

二、经济全球化遭遇逆流

(一)单边主义、保护主义抬头

　　世界百年变局和世纪疫情交织,全球经济增长陷入泥潭,新冠疫情全球肆虐对经济增长造成的负面影响背景下,各国贸易发展受到严重冲击,在全球经济发展不确定性增强的背景下,单边主义、保护主义抬头,经济全球化遭遇逆流。特别是受疫情影响,全球产业链、供应链循环受阻。部分发达国家破坏自由贸易规则,在自身经济下滑和失业率高企的背景下,通过提升关税水平,打压他国经济,同时保护本国就业和初创产业发展,避免进口产品对本国经济造成的冲击。除此之外,发达国家还通过科技壁垒提升对进口产品的技术要求,最终达到保证国家经济安全并实现国际收支平衡的目的。近年来,全球贸易壁垒不断升温,而技术性壁垒手段成为常态化的手段。

　　IATA 数据显示,近年来全球贸易干预数量显著上升。IMF 预测,贸易摩擦趋势的抬头导致全球经济增长率下降 1.14%。2017 年之后,美国政府对贸易政策进行了大幅调整,以"国家安全"为借口对世界各国进口产品加征关税,对几乎所有国家太阳能板、洗衣机、钢铝等产品加征了关税,对中国、土耳其等国专门加征关税。由于美国等发达国家利用关税政策作为"本土优先"发展战略的实现方式,各国纷纷对美国进行了反制,同样对美国进口产品加征 10% 至 178% 不等的报复性关税。关税的加征一方面会导致进口产品价格上升,价格转嫁至下游消费者,进而导致产销萎缩,另一方面又会对企业自身投资决策产生负面影响,对全球经济增长进一步造成负面影响。对于美国本土消费者来说,更高的进口产品价格降低了消费者自身福利状况;而对于被加征报复性关税的美国农产品生产商来说,更高的市场价格造成农产品滞销等问题,拖累了国内经济的发展。

(二)非关税壁垒大幅度增加

从非关税壁垒发展来看,20 年来数量大幅增加,可视作非关税壁垒的政策措施数量由 1996 年的 1677 项增加到 2016 年的 3771 项,同时非关税壁垒披着合法外衣运用越来越广泛,甚至形成了以非关税壁垒为主、关税壁垒为辅的新贸易保护主义格局。同时,发达国家的关税壁垒主要针对发展中国家,由于新兴经济体出口持续扩张,对世界既定贸易格局产生了前所未有的冲击。同时,亚洲地区地域辽阔,经济发展潜力巨大,但区域治理框架结构相对缺位,区域合作与协调相对较弱,使得内部各国互相设置非关税壁垒,同时导致世界其他国家进行针对性壁垒的设置。

总体来说,后金融危机时代经济减速和新冠疫情的交织影响,使得逆全球化趋势发生,全球供应链受到冲击的背景下,贸易保护主义有所抬头,发达国家"本土优先"发展战略引发了关税加征为主要方式的贸易战,而非关税壁垒在金融危机后同样成为贸易保护的主流方式。

三、俄乌冲突加速世界经济格局演变

2022 年 2 月,俄罗斯和乌克兰冲突爆发,使循环不畅的世界经济面临严峻挑战,加剧全球供应链重构和经济金融网络碎片化,搅动地缘经济秩序和世界经济格局加速演变。

(一)西方对俄经济制裁导致全球产业链危机

在俄乌战争爆发伊始,以美国为首的西方国家就立即宣布冻结俄罗斯央行资产,禁止对俄罗斯出口重要原材料、钢铁、飞机零部件及通信设备等高科技产品,将俄罗斯银行踢出 SWIFT 国际结算系统,对俄罗斯飞机关闭领空,禁止本国企业在俄罗斯投资,诸多西方跨国公司也纷纷撤出俄罗斯市场,全球统一市场因此变得分裂。俄乌爆发战争,美欧对俄实施贸易制裁、禁运石油、关闭领空等,迫使各国紧急调整紧缺物品的进口计划。油价和粮价高位运行,导致制造业和中

下游行业预期紊乱;对俄禁止出口尖端科技产品以及取消最惠国待遇,都催生了逆全球化思潮再起,加剧了全球供应链危机。从中长远看,西方国家制裁俄罗斯的行径,对全球经济的负面影响可能远远超过俄乌冲突本身。西方国家的行为不仅破坏了多边贸易规则,助长单边主义,还扰乱全球生产和供应链,干扰市场的正常运行,全球经济发展将充满更多不确定因素。

(二)金融市场加剧动荡

俄乌开战以来,全球金融市场一片恐慌,德国、英国、法国、中国沪深、美国纳斯达克和道琼斯股价指数都出现急剧下跌。其中,中国在美国上市的中概股市值一度蒸发 1 万多亿美元。西方对俄石油的禁运和对俄央行外汇储备的冻结,引起俄国股市暴跌,卢布汇率贬值,资本外逃,政府外债面临违约风险,迫使俄央行史无前例地将利率从 9.5% 提升到 20%。这一系列连锁反应,必将引起俄罗斯的恶性通胀和经济衰退,或将成为新兴市场金融风暴的导火索。大宗商品价格上涨,恶化新兴经济体的国际收支,促使了资本外流和货币贬值,美欧加息又加剧资本外流,并威胁其债务的可持续性,进而加剧了金融市场动荡。

(三)世界经济陷入滞胀风险

一战、二战之后,世界经济都经历过恶性通货膨胀。俄罗斯和乌克兰是重要的资源出口国和农业出口国,主要的贸易商品为石油、天然气、煤、铁矿石、铝矿石、钢铁、铝、铜、镍、小麦、大麦、玉米等。资源品和农产品供给受阻抬高通胀。截至 2022 年 3 月 11 日,各项大宗商品相较 2 月低点均有不同程度上涨。其中,镍 111%、煤炭 110%、天然气 96%、小麦 47%、原油 26%、玉米 24%、铁矿石 21%、铝 16%、螺纹钢 6%、铜 4%。随着俄乌冲突持续,可以预见欧洲、英国、日本以及韩国等对俄罗斯资源品进口依赖度较高国家的通胀将进一步加剧,波及全球经济体。俄乌冲突直接将俄罗斯 2022 年通胀率推升至 20% 以上,可能对 2022 年和 2023 年全球通胀分别提升 3 个和 2 个百分点。叠加美欧央行加息,对经济产生收缩效应,可能会使世界经济增速下降 1 个百分点。俄乌冲突和对俄制裁,打击了欧洲消费者和投资者信心。加之欧盟高度依赖俄罗斯能源进口,能源价格高企,迫使欧盟加快退出宽松货币政策,致使世界经济陷入滞胀。

(四)人民币国际化迎来新机遇

俄乌战争对国际货币体系的最大冲击,在于美国与部分欧洲国家冻结了俄罗斯的外汇储备与黄金储备,这就破坏了迄今为止全球最重要资产(美国国债)

的安全性。例如,中国、沙特阿拉伯、印度等持有大量外汇储备资产,这意味着投资于美国国债未来将不再安全。一旦美国国债失去了全球最重要安全资产的地位,那么美元在国际货币体系中的地位也将显著下降。自 2009 年中国央行推动人民币国际化以来,人民币国际化已经经历了 13 年时间,目前在全球结算、外汇交易、储备货币方面都能占到至少2%的份额,已经成为继美元、欧元、日元、英镑之后的全球第五大国际货币。根据笔者的总结,中国央行推动人民币国际化的策略,已经由旧"三位一体"(鼓励对外贸易与投资中的人民币结算、大力发展香港等离岸人民币金融中心、积极推动与其他央行签署双边本币互换)转为新"三位一体"(大力拓展人民币的计价功能、加大向外国机构投资者开放国内金融市场的力度、努力在中国周边与"一带一路"国家培育对于人民币的真实需求)。

俄乌冲突为人民币国际化提供了如下机遇。第一,目前非俄罗斯的大宗商品价格暴涨,但俄罗斯的大宗商品目前遭遇了西方国家的制裁,这为中国以相对合理价格购入俄罗斯大宗商品提供了较好的机会;第二,俄罗斯、伊朗等大宗商品出口国目前对美元资产的安全性产生了疑虑,这为中国推动大宗商品进口的人民币计价与结算提供了良好的机遇;第三,迄今为止,中国经济的持续较快增长、中国政府对财政赤字、政府债务与货币供应的克制、人民币汇率的相对强劲表现,海外投资者对人民币资产投资兴趣不断增加,人民币国债与金融债在一定程度上开始具备国际安全资产的特征;第四,美国对俄罗斯与伊朗的很多金融机构切断了 SWIFT 系统,为我国政府推动 CIPS(人民币跨境支付系统)的国际化与普及化提供了难得的机遇。

(五)全球经济重心加速东移

西方制裁俄罗斯经济的企图只能助推俄罗斯经济全面东进,全球经济重心东移的趋势将更加明显。亚洲作为全球经济中最活跃、最具潜力的地区的地位将更加巩固,而中国作为亚洲市场的中心,欧洲将重心转向中国将是经济发展的必然选择。从长远发展来看,西方与我国经贸合作将会进一步增加,特别是在进出口贸易、相互投资和在第四次工业革命中将进一步加强合作。

四、"一带一路"为开放拓展了新空间

"一带一路"倡议是以中国为主线,以优化经济空间格局为坐标,与沿海地区打造的国际合作新平台。

（一）"一带一路"促进对外开放和各国之间对外直接投资和贸易交流

2015年3月，国家发改委、外交部、商务部共同发布《推动共建丝绸之路经济带和21世纪海上丝绸之路的愿景与行动》，提出六大经济走廊的顶层设计，同时搭建了交通、通信、能源通道等网络体系，通过"一带一路"体系设计，为对外开放搭建了新的平台，实现了各国之间的优势互补，形成了发达国家先进技术和发展中国家自身需求之间的有机整合，搭建了新的全球价值链体系，并且超越传统的地缘政治，推动各国携手建立命运共同体。

1."一带一路"计划有利于资源配置的进一步优化，更好地实现"双循环"发展格局。实行优势要素资源的全球配置，充分发挥"规模经济"带来的积极作用。通过将发达国家拥有的先进技术、中国优势产能和发展中国家需求三者有机整合，实现"1+1+1＞3"的效果。

2."一带一路"计划的实施，有利于改变共建国家点状分布、缺乏联通的状况，通过物流网络、交通网络的建设，打通不同国家之间的地理阻隔，建设六大经济走廊。

3."一带一路"的建设有利于促进金融融通，将金融开放与贸易开放相结合，为对外投资与贸易发展提供更多的资金支持，例如放宽外资持股金融机构比例、扩大外资金融机构在华业务范围等。同时，"一带一路"有利于人民币国际化的发展，进一步推进人民币跨境结算的应用范围，达到降低交易成本、防范汇率风险等作用，进而通过人民币国际化助推经济对外开放的步伐。

4."一带一路"的建设有利于区域经济一体化的推进，改善当前亚洲与欧洲各国存在的利益纷争、政策沟通问题，促进更多区域贸易协定的达成。目前，中国与138个国家和31个国际组织签署了201份共建"一带一路"合作文件，与27个国家和地区达成了自贸协定。我国与有关国家成功签署区域全面经济伙伴关系协定（RCEP）、如期完成中欧投资协定谈判，为新阶段高水平对外开放拓展了战略空间。

（二）新冠疫情的不断蔓延，也为提升中国参与全球治理话语权提供了机遇

1.当前疫情防控中，中国采取的战略措施取得了显著的成效，表现出了国际担当，为未来提升全球治理体系中的话语权奠定了较好的基础。随着中国在全球公共卫生治理规则体系中起到越来越重要的作用，中国在全球经济体系中的作用同样将有所提升，通过公共卫生治理拉动全球治理制度的创新和完善，推

动新规则的制定。

2. 当前国际经济发展形势下,中国倡导设立的亚投行、丝路基金等为全球经济发展提振了信心,为欠发达地区的基础设施建设和抗疫合作提供了资金支持,为"一带一路"建设提供了金融支持,助力共建国家地区基础设施建设并推动区域经济更好的发展。新冠疫情发生后,亚投行设立了新冠肺炎疫情恢复基金,向成员提供紧急融资支持,帮助成员进行疫情防控,为各国提供抗疫优惠贷款。2022 年 3 月,亚投行宣布将"新冠疫情危机恢复基金"融资申请期限延长至2023 年底,以帮助成员继续应对严峻的全球疫情形势和经济复苏的挑战,同时规模也由 130 亿美元扩大到 200 亿美元。目前亚投行已批准 46 个抗疫项目,总额达到 115 亿美元。亚投行在抗疫合作中,致力于与世界银行、国际货币基金组织一道建立疫情协调机制,带动更多国家参与东南亚地区的建设,同时与亚洲开发银行、世界银行、国际货币基金组织相互配合、相互补充,共同为相关国际项目提供资金支持和援助,重构地区经贸格局。

3. 新冠疫情的不断蔓延、单边主义和贸易保护主义不断加剧的背景,也为自由贸易区的发展提供了机遇和土壤,有利于自贸区内各国经济发展信心的提升。2020 年,区域全面经济伙伴关系(RCEP)的签署,标志着全球最大的自由贸易区宣告成立和启航。同时,RCEP 协议的签订,也起到了区域内贸易规则整合作用,更好地促进区域经贸合作的开展。中国加入 RCEP 后,能够更高效地配置现有资源和要素,推进"双循环"发展格局的建设,目前自贸伙伴达到 26 个,与自贸伙伴的贸易覆盖率由之前的 27% 提升至 35%,为对外开放提供了更好的平台。

第二节　国内环境

一、双循环新发展格局意义凸显

中国加入 WTO 以来,积极参与全球价值链分工,贸易自由化不断推进的背景下,中国出口企业通过自身低要素成本和加工贸易的开展,带动了中国经济的高速增长,同时广泛开拓国外市场,向世界推广"中国制造"品牌。由于加工贸易自身存在的低附加值水平,以及贸易保护政策对出口造成的冲击,此种发展模式存在不可持续性。促进出口贸易转型升级,提升出口产品附加值水平,避免出口产品处于价值链低端,是对外开放关注的重点。与此同时,后金融危机时代,世界主要经济体增速缓慢,为保护本国国内产品市场占有率和本土就业率,各国纷纷采取贸易保护措施限制中国产品出口海外,各类贸易壁垒加剧了出口企业面临的摩擦成本,使得依赖于低廉劳动力成本和要素成本优势的出口模式无法长期维系。

一方面,出口作为拉动经济增长的主要力量,将面临不确定的情况;另一方面,国内需求潜力仍然无法得到有效释放,内需不足问题仍然是目前中国经济面临的结构性问题,国内需求得不到有效满足,虽然中国经济经历了长期高速增长,但消费对内需拉动作用长期较低、过度依赖于投资拉动的问题也引发了各方的探讨。同时,产业基础薄弱、产业链现代化水平较低等问题也制约了出口扩张步伐。从金融领域来看,单一依赖成本优势的出口发展,也造成了长期经常项目顺差和人民币持续升值的趋势,后金融危机时代对国内宏观经济造成了严重冲击,出口转型升级成为中国经济发展迫切需要解决的问题。

"双循环"发展理念的提出,正是顺应了上述政策背景与发展背景。一方面,我国经济发展逐步由出口导向向国内、国外两个市场转化,同时通过数字经济技术和居民收入水平的不断提升,以及营商环境的不断改善,大幅刺激国内消费水平的提升,营造国内、国外大市场。除了两个市场之间相互替代之外,二者之间同样存在一定的关联性。从技术上来看,国内市场的发展,充分吸收国外市场的经验,通过加快关键核心技术的研发攻关,提升国内产品市场竞争力水平,充分发挥国外市场的技术溢出效应,吸取国际先进经验。与此同时,通过国内知识产权保护和研发能力的不断提升,促进国内大市场发展的同时,提升出口产品质量和国际竞争力水平,通过更高质量的产品,提高出口产品市场占有率水平,进而实现"国际—国内"两个市场双循环的良好格局。

二、国内出口市场处于重要战略机遇期

虽然在新冠疫情全球肆虐的背景下,主要经济体经济增速放缓,同时国内出口面临着转型升级的挑战,但国内出口市场仍然处于重要的战略机遇期。首先,从战略上看,区域性战略政策的实施,为稳外贸、调结构、增质量提供了重要的政策支持。"一带一路"、京津冀协同发展、长江经济带三大政策的实施,以及自贸

区建设的不断推进,为外贸发展注入了强劲动力;从工业体系来看,我国工业体系比较完整,仍然具有较强的配套能力,装备制造业中有 56 个企业已经进入了全球 500 强,民营企业同样高速发展,后疫情时期表现出了较强的韧性和发展动力;货物贸易呈现出多元化趋势,目前我国有 230 多个贸易伙伴,同时也是 130 多个贸易伙伴的重要进口来源地,欧盟、东盟、美国三大贸易伙伴出口额仍然呈现出逐年大幅增长的态势。同时从货物种类来看,手机、电脑、彩电、音响等消费电子产品领域,中国出口产品仍然具有较高的国际市场占有率,产品技术服务能力全球领先,中国逐渐从"中国制造"向"中国创造"转变;营商环境来看,近年来出口退税时间大幅缩短,出口信保面不断扩大,营商环境世界排名已提升至第 15 位,良好的营商环境为出口转型升级提供了环境保障。

三、开放型经济转型升级加快

传统比较利益阶段理论认为,一国发展初期会将出口集中在劳动密集型产品之上,而当一国经济发展到一定阶段,有形资本增加和教育不断普及的背景下,出口产品不断向资本密集型、知识密集型转变,出口转型升级是一国贸易发展的必然趋势。

(一)新业态、新模式成为我国出口贸易发展的主流

从传统贸易来看,后疫情时代传统贸易模式面临着更大冲击,国内生产制造企业从加工制造向研发设计、检测维修等价值链两端延伸,同时提供管理咨询、技术服务等,2021 年我国货物贸易进出口增速达到 6.9%,远高于全球 2.3% 的平均水平。同时,服务贸易比重逐渐增加,"十三五"时期我国服务进出口累计达到 3.6 万亿美元,同比"十二五"时期增长 29.1%,2021 年服务贸易位居全球第 14 位,规模指数升至第 4 位。同时我国持续加大服务贸易对外开放的步伐和配套制度建设,出台多项支持服务贸易开放的政策措施,未来我国将进一步加快融入区域贸易组织协定,同时参与高水平服务贸易规则制定,上述背景将为我国开放型经济不断转型升级提供更好的发展环境。

(二)绿色发展理念是开放型经济转型升级的重要推动力量

"双碳"发展理念的提出,改变了传统经济发展对于资源的过度依赖,环境考量成为经济发展中的重要因素。对于我国贸易发展来说,长期以来,贸易总量高速增长的同时,也付出了巨大的环境代价,出口引致的二氧化碳排放占我国总

排放量的 20% 左右,开放型经济发展亟须通过技术革新和绿色创新,改变目前贸易发展粗放型特点,提升出口质量和附加值水平,一方面降低碳排放对于环境产生的负面影响,另一方面通过绿色转型发展,更好地应对国外绿色壁垒对贸易产生的影响。随着"双碳"发展目标的提出,绿色发展也成了高质量发展的主旋律,连结国内国际双循环的重要枢纽,推进对外贸易绿色发展,是实现"双碳"目标、建设生态友好型经济社会发展的重要举措。从具体措施来看,我国主要通过贸易结构的优化和传统产品转型升级,推进绿色贸易发展。除了传统出口低附加值产品通过技术革新、新能源与新技术变革提升自身出口产品质量和环保水平之外,还通过服务贸易的大幅开展,提升节能环保技术、清洁技术和出口规模,打造绿色贸易平台,进行绿色产品认证体系建设,引导企业降低出口产品生产的碳排放水平。与此同时,我国通过自由贸易区建设和绿色金融体系的建设,倒逼企业通过自身研发能力的提升,进而提升出口产品质量,降低碳排放水平。自由贸易区内企业大力打造绿色发展示范样板,充分发挥自由贸易试验区改革开放试验田的作用,探索环境与贸易相互促进发展的机制,同时鼓励企业加入碳排放交易市场,对碳排放实行合理定价,开发出更多碳金融产品,进而通过碳排放交易机制给予企业市场激励,同时通过绿色信贷"优胜劣汰"机制给予企业研发激励,将产能落后的企业淘汰出出口市场,实现整体贸易的绿色转型升级。

四、开放型经济面临激烈竞争

(一)贸易壁垒对我国贸易产生巨大冲击

当前国际贸易面临着全球价值链和供应链重构的问题,国内劳动力生产成本的高企,造成传统贸易面临激烈的外部竞争。近年来中美贸易摩擦的持续发酵,使得跨国公司重新在全世界范围内进行生产布局,大幅提升中间品及产业链成本,部分产业链进行了回迁与转移。劳动密集型加工贸易企业逐步向东南亚、南亚等地迁移,而资本与技术含量较高的企业又逐步转向日韩、欧洲等地区,价值链重构对国内贸易产生较大冲击。在此种背景下,中国具有的传统低廉劳动力成本优势逐渐丧失,劳动密集型产业梯次向越南、马来西亚、印度尼西亚等国转移,同时美国等发达国家进口份额发生了重新分配,从中国进口产品的份额大幅下降,从越南等新兴经济体进口的份额有所提升。

（二）美国在科技领域采取的全面竞争对抗性政策

美国签署的《2019财年国防授权法案》之中,提高了对外国控股公司的出口产品的限制条件,增加了对"新兴和基础技术"的出口管制,涵盖了"具有代表性的新兴技术"清单,涵盖5G、人工智能、3D打印等,将部分中国机构列入"实体清单"之中,强化对华的技术出口封锁。上述措施的实施,改变了我国出口企业"以出口市场换技术"的发展轨道,对我国出口企业后发赶超产生了巨大影响。未来我国贸易发展只能通过自主研发的加强、区域贸易合作体系内扩大开放和资源整合、双边及多边自由贸易协定的签订等方式,应对上述挑战,重拾贸易市场并促进出口产品竞争力水平的提升,以科技强国和自贸区发展,作为应对技术壁垒的主要方式。

五、数字经济引领高水平对外开放

虽然新冠疫情的蔓延,造成了世界经济衰退预期的进一步增加和贸易保护措施的进一步升级,不可避免地对中国对外开放产生负面影响,但与此同时又催生了更多的发展机遇。新冠疫情的不断蔓延,倒逼数字经济快速发展,为国内企业数字化转型提供了一定的机遇和市场。数字经济的快速发展,为我国贸易发展和转型升级提供了重要的助推力,从需求侧和供给侧两方面改变了传统贸易业态,通过数字技术作为载体,推进了传统贸易的转型升级,同时也促进了出口总量的增加和出口质量的提升。2020年,中国数字经济发展规模达到13.6万亿美元,位居世界第二,同时数字经济增速达到9.6%,位居世界第一。疫情后传统企业更有动机通过大数据、云计算等新兴技术,改造传统生产模式与办公模式。使用人工智能和现代互联网技术的创新型企业,通过灵活就业、线上办公等方式,有效规避风险。同时,疫情对于企业数字化转型的倒逼效应,关乎企业生死存亡。

与此同时,数字技术的快速发展,同样为我国外贸提供了良好的发展机遇。以信息技术、人工智能为代表的新兴科技产业快速发展,加快了企业数字化和绿色转型的步伐,数字贸易迎来巨大发展机遇。"十三五"时期,我国数字经济增速达到13%以上,其中北京数字经济增加值占GDP比重达到40%以上,预计到2025年,可数字化的服务贸易进出口总额将达到服务贸易总额的50%以上,数字贸易的发展,同样成为后疫情时代中国传统贸易转型升级的重要推力。同时,云计算、人工智能、大数据等新一代信息技术与中国传统制造业相融合,会带动产业数字化转型升级,进而推进中国外贸发展由货物贸易向"数字+服务贸易"转型升级。同时,疫情期间各地封控政策也进一步催生了电子商务和跨境电商的逆势增长。2020 年 4 月,国务院决定新设 46 个跨境电商综合试验区,跨境电商试验区总数达到 105 个,通过跨境电商转型能够进一步从消费者自身需求入手进行产品量身打造,同时提升自身定价权,并通过跨境直发、建立海外仓库等方式,降低物流成本,解决出口成本高企等问题,最终实现惠及消费者的目的。同时跨境电商发展也会更好地帮助出口企业了解客户需求,避免盲目生产与进军国外市场造成的贸易摩擦成本,对贸易渠道、定价、当地政策、消费者需求等加深了解,第一时间获取国际市场变动与发展趋势,通过 B2B、B2C 等手段,提升企业内部、供应商、客户与合作伙伴等沟通与交流。

第三节　江西开放型经济发展机遇与挑战

一、发展机遇与优势

(一)区位优势

江西地处沿海腹地、内陆前沿,紧邻粤港澳大湾区、长三角等发达地区,是全国范围内唯一一个与长三角经济区、粤港澳大湾区和闽南三角区毗邻的省份,具有明显的区位优势。江西又是长江经济带、中三角的一员,是横贯东西的交汇集中区,境内资源丰富、要素成本较低、承载空间较大,发展潜力较强。

(二)平台优势

2020 年 4 月 6 日,国务院正式批复同意设立江西内陆开放型经济试验区,江西开放发展迎来了重大契机,为高质量跨越式发展赋予了新机遇,增添了新动能。截至 2020 年末,全省共有 107 个开发区,其中国家级开发区 19 个,各类开发区聚集了 90%以上的已投产工业企业,吸引了 80%以上的外部投资,贡献了超过 80%的工业税收,成为全省改革开放的"主战场"和经济增长的"压舱石"。获批国家级赣江新区,新增南昌、九江和井冈山 3 个综合保税区,获批设立赣州龙南保税物流中心和南昌、赣州、九江、吉安、上饶跨境电商综合试验区。同时,江西还积极搭建世界绿色发展投资贸易博览会、世界 VR 产业发展大会、世界赣商大会、赣京会、赣台会、江西省与跨国公司(上海)合作交流会、瓷博会、药交会等重大开放合作平台,平台能级不断提升,江西知名度、影响力不断扩大。

(三)新兴产业先发优势

近年来,江西着力推进数字经济"一号工程",以数字技术赋能传统产业,加快数字江西建设。鼓励企业实施数字化转型,加快推动企业工业化与信息化"两化融合"、先进制造业和现代服务业"两业融合"。强化新型基础设施建设,持续实施5G"万站工程",统筹推进各行业大数据中心建设。推进数字化平台建设,实施新一代信息技术与制造业融合发展行动,以"科技新基建"助力经济数字化转型。江西集聚壮大先发优势数字产业,加速布局前沿新兴数字产业,加快培育数字经济新业态新模式。例如VR、移动物联网、LED等新兴领域取得先发优势,这些新兴产业位列全国前列,发展潜力巨大。

根据江西省工业和信息化厅发布数据,2021年,江西电子信息制造业规模以上企业营业收入达6688亿元,列全国第7位、中部第1位,为全省高质量发展提供了有力支撑。物联网、虚拟现实等产业连续3年实现翻番增长,营业收入分别达到1614亿元和600亿元。南昌"一城两园多点"VR产业格局成形,2021年全省VR产业营业收入突破600亿元,2021年世界VR产业大会云峰会招商取得丰硕成果,大会达成投资合作项目114个,总金额704.15亿元;鹰潭国家03专项试点示范成效明显,2021年全省移动物联网产业规模预计突破1500亿元。5个项目入选工业和信息化部2021年移动物联网应用优秀案例,占全国总数的近1/8,位居全国第2。

(四)高水平对外开放跑出"加速度"

2021年江西GDP增速达8.8%,高出全国平均水平0.7个百分点,在全国排名第4,在与广东、浙江、福建、安徽、湖南、湖北、山西、河南8个省比较中,江西GDP增速排第3,进出口值增长比以23.7%排名第5,出口值增长比排名第6,进口值增长比排名第6,实际使用外商直接投资金额增长比排名第5。近年来,江西在对外开放上增长迅速,进出口、出口增速分别高出全国平均水平2.3个和4.6个百分点。2021年,江西在外贸市场取得新拓展,与全球224个国家及地区有贸易往来,其中,对"一带一路"国家合计进出口1424.3亿元(详见表3-1)。

表 3-1　2021 年 9 省对外开放指标增速对比

省份	GDP 增速（%）	进出口值增长比（%）	出口值增长比（%）	进口值增长比（%）	实际使用外商直接投资金额增长比（%）
广东	8.0	16.7	16.2	17.4	13.6
浙江	8.5	22.4	19.7	30.3	16.2
福建	8.0	30.9	27.7	35.7	6.1
安徽	8.3	26.9	29.5	23.4	5.4
湖南	7.7	22.6	27.5	12.3	72.3
湖北	12.9	24.8	29.9	16.3	20.3
山西	9.1	48.3	56.3	37.1	0.6
河南	6.3	22.9	23.3	22.3	5.0
江西	8.8	23.7	25.8	18.3	8.1
全国平均水平	8.1	21.4	21.2	21.5	14.9
江西排名	3	5	6	6	5

二、发展困难与挑战

（一）经济基础薄弱,总量偏小

从经济总量来看,江西周边的 6 个省份均在全国排名靠前,其中,广东省排名第 1、浙江省排名第 4、福建省排名第 8、湖北省排名第 7、湖南省排名第 9、安徽省排名第 11。中部省份河南排名第 5,江西排名第 15。江西经济总量偏小,GDP总量不及广东省的 25%,在与中部省份比较中,仅高于山西,仅占安徽总量的69%。实际使用外商直接投资金额不高,仅为 157.8 亿美元,在与周边 9 省对比中仅排第 6,与广东、福建、河南差距颇大(详见表 3-2)。

表3-2 2021年9省对外开放指标对比表

省份	GDP总量（亿元）	进出口总值（亿元）	出口值（亿元）	进口值（亿元）	实际使用外商直接投资金额（亿美元）
广东	124369.67	82680.3	50528.7	32151.6	288.7
浙江	73516	41429	30121	11308	183
福建	48810.36	18449.58	10816.50	7633.08	369.1
安徽	42959.2	6920.2	4094.8	2825.4	193
湖南	46063.1	5988.6	4212.7	1775.8	24.1
湖北	50012.94	5374.4	3509.3	1865.1	124.6
山西	22590.16	2230.3	1365.9	864.3	17.0
河南	58887.41	8208.07	5024.06	3184.02	210.73
江西	29619.7	4980.4	3671.8	1308.6	157.8
江西排名	8	8	6	7	6

(二)区域竞争日趋激烈

当前,全国的开放环境发生了显著变化,过去拼资源、拼成本、拼优惠的粗放型开放模式将难以持续,省际竞争转变为拼实力、拼服务、拼环境、拼创新。全国所有的沿海省市已获得自由贸易试验区开放平台,湖北、河南、湖南、安徽等省份在中部抢得自由贸易试验区的先机,"十四五"时期,各地谋划新的开放战略,区域之间形成你追我赶、争先恐后的竞争态势,发展机遇稍纵即逝。

2020年江西跨省流出人口为633.97万人,跨省流入人口为127.90万人。2021年年末全省常住人口4517.4万人,比2020年第七次全国人口普查减少1.5万人,在周边9省中排名第7。通过比较江西与周边省份居民收入发现,2021年江西城镇居民人均可支配收入为41684元,相当于浙江的61%、广东的76%、福建的82%,2021年江西新增就业人员与周边8省相比,排名倒数第1,仅为广东省的34%,与周边省份相比存在一定差距,由此可见江西省的产业发展对就业的吸纳能力不足、为劳动者提供的报酬不高。营商环境满意度也低于周边省份(详见表3-3)。

表3-3　2021年9省区域竞争对比

省份	常住人口数量 (万人)	城镇居民 可支配收入(元)	新增就业人员 (万人)	营商环境满意度 全国排名
广东	12684	54854	140.33	2
浙江	6540	68487	122.4	1
福建	4187	51140	52.01	10
安徽	6113	43009	70.9	
湖南	6622	44866	75.3	8
湖北	5830	40278	93.77	
山西	3480.48	21965	50.6	
河南	9883	37095	125.39	
江西	4517.4	41684	48	11
江西排名	7	6	9	

第四章
江西开放型经济区域竞争力分析

当前,我国的开放型经济活动和体制变革是全方位、宽领域、多层次的变化过程,如何发展区域开放型经济,也是一个摸着石头过河的探索和提升的阶段。2020年4月,国家出于支持中部省份扩大开放的战略层面考虑,正式宣布设立江西内陆开放型经济试验区。江西作为中部省份,提出了"不以江西为世界,而以世界谋江西"的口号,致力于打造内陆双向开放新高地,实现区域经济高质量跨越式发展。所以,现阶段对江西开放型经济竞争力进行客观评价,具有重要的现实意义。

第一节　构建指标体系

一、开放型经济的涵义

开放型经济是一种经济体制的模式,与封闭型经济相反,开放型经济的商品、服务和各种生产要素都可以在不同地域自由流通,类似于完全竞争市场,有利于经济效率和资源配置的最优化。现实阶段,开放型经济是积极对接范围更大的区域和国际市场,尽量参与国际生产和国际分工,充分发挥自己国家的比较优势。

与外向型经济比较,开放型经济的侧重点不同。开放型经济以资本和商品的自由流动为主,方向上既可以出口商品,也可以进口商品,既吸引外资,也鼓励资金对外投资,双向自由发展,不存在单方向限制的情况;而外向型经济的侧重点是出口导向。

二、指标构建的原则

评价指标体系构建需要从开放型经济发展的内涵出发,对区域竞争力进行客观分析和评价。由于开放型经济区域竞争力涉及的领域广泛,可以选择的因素很多且十分复杂,所以,构建它的评价体系特别是选择评价指标是一项需要审慎对待的工作。为了尽可能保证指标体系的客观性、科学性和有效性,需要遵守以下主要原则。

一是科学性原则。区域竞争力评价指标体系的构建以理论分析模型为基础,从而尽量保证其全面性和科学性。江西省各设区市开放型经济竞争力的评价体系要切实地对评价对象,即对区域开放型产业的长久发展和参加市场竞争的能力作出反映,要符合理论研究所形成的逻辑性。因此,其评价指标体系必须能够全面涵盖这一系统的各个侧面,不同方面需要不同指标予以分析和评价。

二是一致性原则。在对不同区域的开放型经济竞争力进行比较评价时,同一指标数据的基本含义、形成方法和数据时间等必须是一样的。同时,对相关原始数据要进行标准化或者归一化的处理,使相关数据通过有效转化来进行相互比较。

三是可操作性原则。这主要是指评价指标体系的指标容易用数值表示、指标对应的数据容易获得、指标不违背现在使用的统计方法且容易进行对比分析。同时,要避免指标的相互重叠,以使指标体系既客观真实、没有信息遗漏,又简洁明了、易于理解和应用。

四是实用性原则。区域竞争力指标体系包含社会经济的各个方面,在构建过程中,没有必要网罗各个领域的每个指标。在全面考虑,抓大放小的基础上,选取最重要、最具代表性的直观性指标,才能使指标体系便于观测、分析和解读。

概括来讲,开放型经济区域竞争力评价的方法选取时需要关注四个问题:一是综合指标体系的全面性和完整性,这实际上是以开放型经济竞争力影响因素的深入分析为基础的;二是评价指标选取的实际价值和操作可行性,这里涉及评价指标的替代性问题,众多学者对此研究较少;三是赋权方法的客观性,主观赋权法相对简单但带有较强的主观色彩,因子分析法、主成分分析和聚类分析法等客观赋权法相对客观但过程更为复杂,模型分析法在特定情况下适用,存在适用范围偏窄的问题;四是评价数据的类型问题,大部分已有相关研究主要是运用截面数据进行静态分析,研究结果通常无法有效反映区域旅游产业竞争力的动态变化和未来趋势。

三、国内外指标体系比较分析

开放型经济发展思路自党的十四届三中全会提及以来就受到各方热议,学术界已有诸多研究,关于指标体系的研究方面,主要集中在开放型经济评价指标体系的构建研究;开放型经济发展水平的测度研究,即关于经济开放度的测度研究。

(一)开放型经济评价指标体系的构建研究

近年来,国内外学者对如何构建开放型经济评价指标体系进行了深入的研究。Akhter 与 Beno(2011)在测度开放型经济发展水平的重要指标这个领域进行了探索,将通信交通、技术发展、公司发展战略、贸易投资政策等引入了指标体系。肖俊夫和林勇(2009)按照开放结构面、开放程度面、开放支撑面的细分项,构建了一套综合评价体系,涵盖了 3 个一级指标、22 个二级指标。张应武(2011)主张在分析对外开放的基础上,需要加入对内开放的维度。王晓亮和王英(2013)构建了包含规模、结构、基础、效益四个层面共有 24 个二级指标的开放型经济测度评价体系。裴长洪(2015)认为随着我国对外开放的深入,需要将参与世界经济、人类关怀、我国对外开放的三大目标等加入评价体系。

(二)开放型经济发展水平的测度研究

目前,开放型经济的测度研究较多,其中最为常见的三种方法是主观赋权法、模型分析法和客观赋权法。

主观赋权法方面:李罡(1990)探索了将对外投资比、贸易依存度、对外金融比率赋予相应的权重,对经济开放度进行测度。吴园一(1998)在此基础上进行了延伸与推广,权重细分为内部资金供求比率、成品依存度、外资利用占协议比率、外资利用率、出口依存度五个维度。陈辉和牛叔文(2010)、隆国强和邱薇(2010)等学者都从各自的角度对经济开放度采用主观赋权法进行了研究。由于主观赋权法具有较大的随意性,在后面的研究中逐渐被其他的方法代替。

客观赋权法方面：蔡波等（2008）在研究测度江苏省经济发展水平的时候，选用了主成分分析法。何剑和刘琳（2013）研究西北五省的区域经济开放度，选用了TOSIS方法进行比较分析。王鑫（2014）研究中原城市群的开放度，采用因子分析法进行了分析比较。郭旭红和陈三攀（2014）测度中国经济开放度，采用了更为复杂的熵权法和AHP层次分析法进行指标赋权。此外，何智恒（2008），王洪庆（2015）、殷阿娜和王厚双（2015）等学者在不同的样本中选用不同的客观赋权法进行了探索和测度。由于客观赋权法结构严谨、方法和操作结果的可复制性，已经成为现实研究中选用广泛的方法。

模型分析法方面：王国松和曹燕飞（2012）在深入研究Helmut、Helene的资本与金融账户开放测度模型后，根据现实情况的不同，建立了新的资本与金融账户开放测度模型。杨少文和熊启泉（2014）选用1994—2011年的中国经济数据，采用了GDP份额法进行了开放度研究。吕志鹏、王红云和赵彦云（2015）从新的角度进行了经济开放度研究，构建了潜变量模型来进行测度研究。从近些年的研究成果来看，构建模型进行开放型经济测度的研究方法越来越受到广大学者的重视。

四、构建开放型经济区域竞争力指标体系

开放型经济区域竞争力测度指标体系构建严格遵从合理性、全面性、可比性和可操作性原理，在以往学者的指标体系构建研究的基础上，采纳当前前沿的研究观点，根据江西开放型经济发展的现状，增加了绿化覆盖面积和营商环境指数。最终构建了4个一级指标、18个二级细化指标的指标测度体系，其中一级指标包括了开放基础、开放潜力、对外开放规模、对内开放规模四个层面。同时，由于江西属于内陆省份，经济规模小、起步较晚，省内各设区市范围差距大，所以构建的指标体系中各设区市的数据都除去了规模效应，体现了各个区域数据的公平性和合理性。指标体系主体框架如表4-1所示。

表 4-1 开放型经济区域竞争力综合评价指标体系

一级指标	二级指标	指标内容	指标属性
开放基础	X_1:人均地区生产总值	地区生产总值/常住人口	正向
	X_2:第三产业比重	第三产业产值/GDP	正向
	X_3:人均本外币存款余额	本外币存款余额/常住人口	正向
	X_4:地区邮电业务量比重	地区邮电业务总量/常住人口	正向
对内开放规模	X_5:国内贸易相对规模	社会消费品零售总额/GDP	正向
	X_6:内资依存度	内资投资额/GDP	正向
	X_7:国内旅游人数	国内旅游人数	正向
	X_8:国内旅游收入比	国内旅游收入/GDP	正向
对外开放规模	X_9:外贸依存度	货物进出口总额/GDP	正向
	X_{10}:外资依存度	FDI(实际利用外资)/GDP	正向
	X_{11}:合同外资金依存度	合同外资金额/GDP	正向
	X_{12}:国际旅游收入比	国际旅游收入/GDP	正向
	X_{13}:国际入境旅游人数	国际入境旅游人数	正向
开放潜力	X_{14}:R&D 投入比重	企业研发费用/GDP	正向
	X_{15}:高校在校学生数量比	高校在校学生数量/常住人口	正向
	X_{16}:专利授权量	专利授权量	正向
	X_{17}:绿化覆盖面积	绿化覆盖面积	正向
	X_{18}:营商环境指数	营商环境指数	正向

第二节 评估方法

一、数据选择

（一）数据选取时间段

2020 年,国务院正式批复同意设立江西内陆开放型经济试验区。该年度具有重要的里程碑意义,同时 2020 年还是第十三个五年规划的最后一年,数据利于取得和比较。因此本文选取 2020 年作为评估的时间段。

（二）数据来源

数据来源于江西省统计年鉴、江西各设区市统计局网站、江西省商务厅等政府部门,其中营商环境指数来源于中国社会科学院对江西省各设区市的营商环境考核报告,并经过了笔者仔细的加总核算。

二、数据的解析

人均地区生产总值,指的是某个时间段内(通常为一年),某个地区内全部常住人口产生的平均地区生产总值。该指标主要是反映某个地区的经济发展水平和人民群众的生活水平。计算公式为:

人均地区生产总值=地区生产总值/常住人口

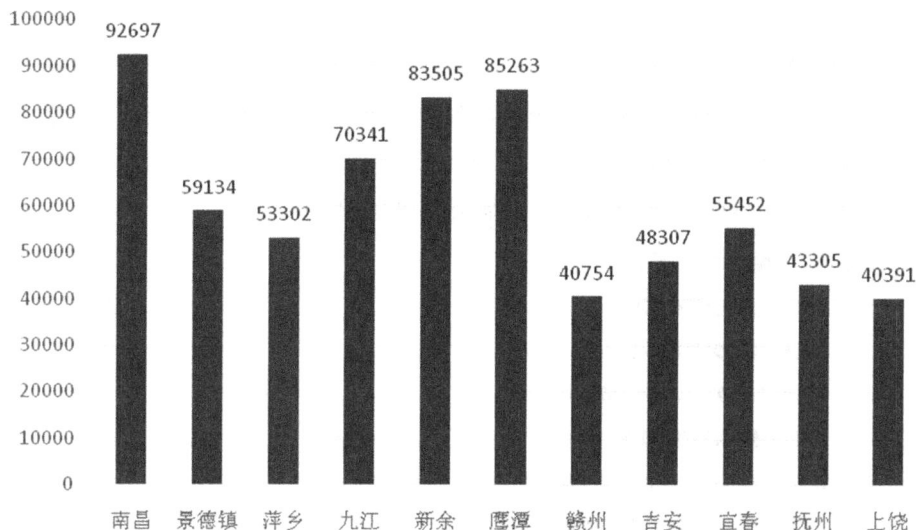

图 4-1 2020 年江西各地区人均地区生产总值(元/人)

第三产业比重,是指一个地区在一定时期(一般为一年)内,按第三产业产值占地区生产总值的比率。该指标是反映一个地区第三产业产值与地区生产总值关系的重要指标。计算公式为:

第三产业比重=第三产业产值/地区生产总值

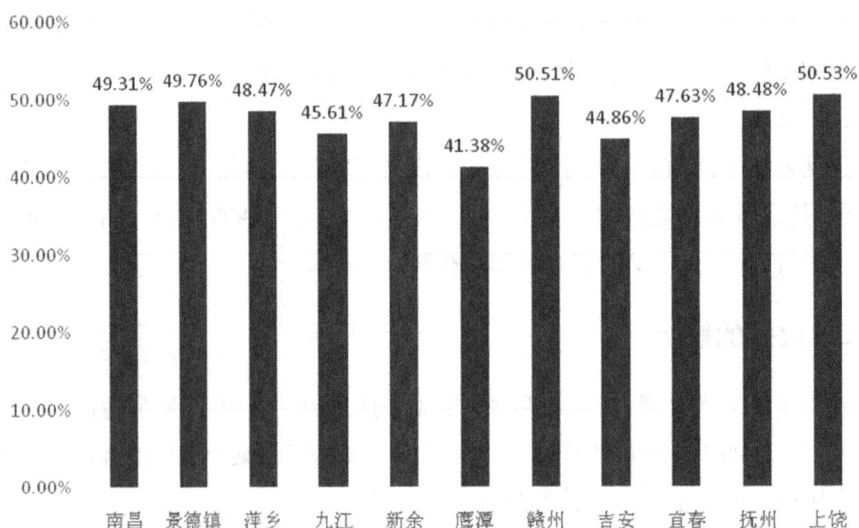

图 4-2   2020 年江西各地区第三产业比重

人均本外币存款余额,是指在一定时期(一般为一年)内,按全部常住人口平均计算的人民币贷款余额和外币贷款余额。该指标是反映一个地区人民生活水平的重要指标。计算公式为:

人均本外币存款余额=本外币存款余额/常住人口

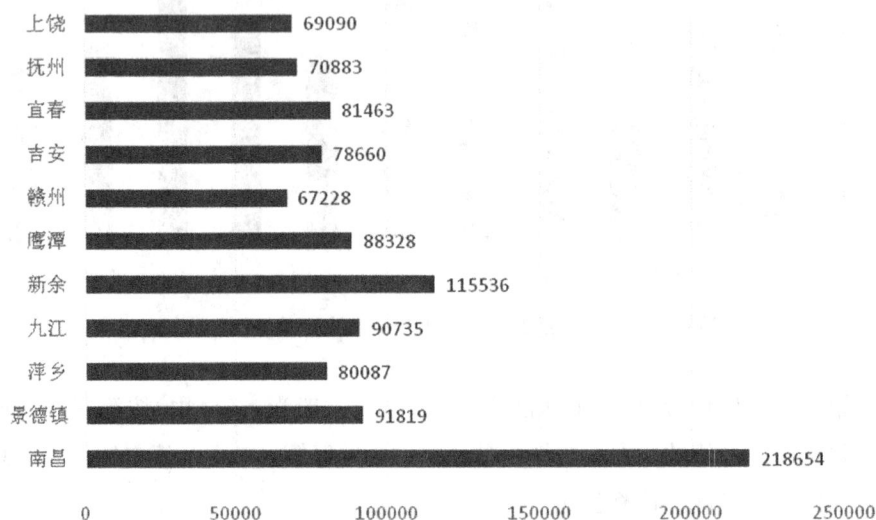

图 4-3   2020 年江西各地区人均本外币存款余额(元/人)

地区邮电业务量比重,指的是在某个时期(通常为一年)内,某个地区按全部常住人口平均计算的邮电业务量。计算公式为:

地区邮电业务量比重=地区邮电业务总量/常住人口

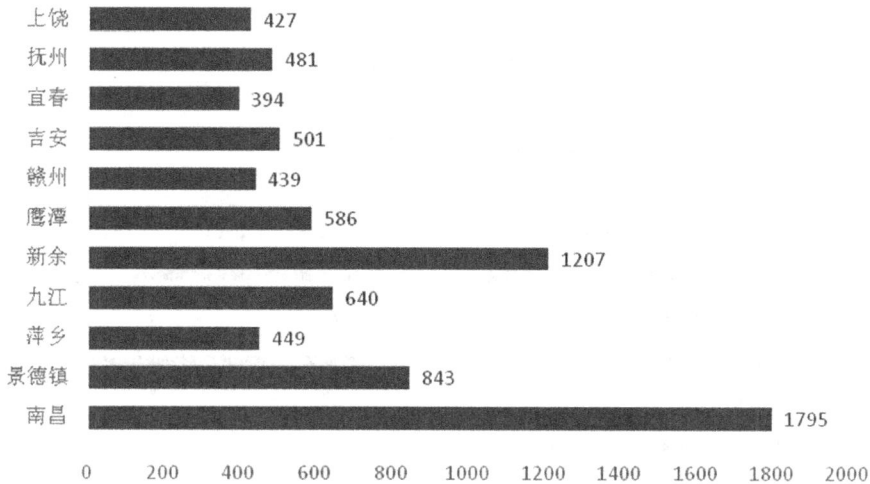

图4-4　2020年江西各地区地区邮电业务量比重(元/人)

国内贸易相对规模,是指一个地区在一定时期(一般为一年)内,社会消费品零售总额与地区生产总值的比值。计算公式为:

国内贸易相对规模=社会消费品零售总额/GDP

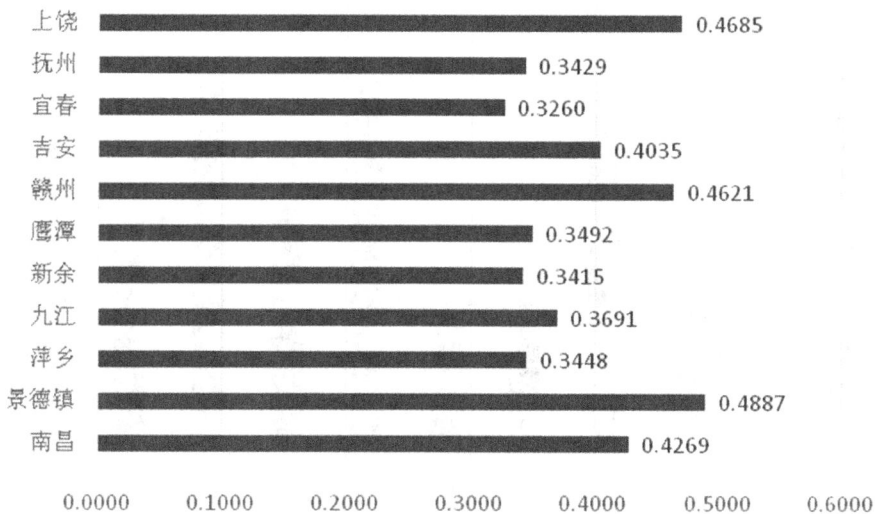

图4-5　2020年江西各地区国内贸易相对规模

内资依存度,是指一个地区在一定时期(一般为一年)内,利用省外项目资金实际进资与地区生产总值的比值。计算公式为:

内资依存度=省外项目资金实际进资/GDP

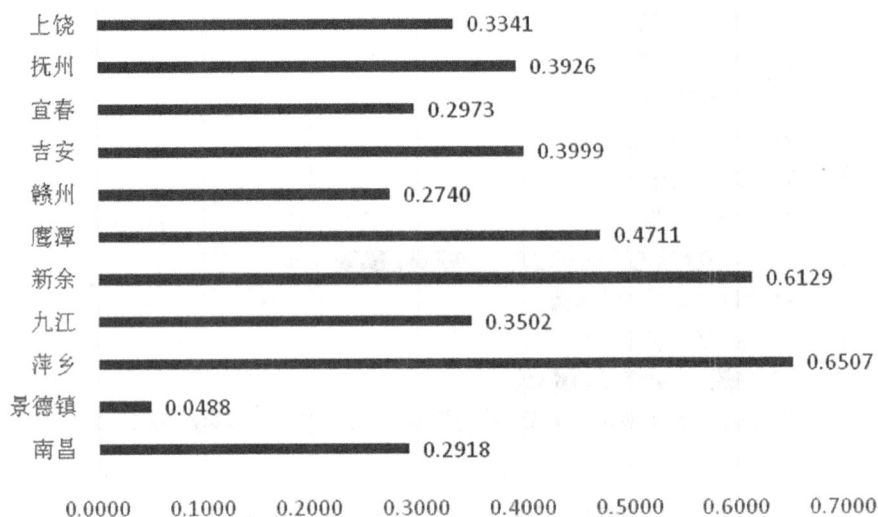

图4-6　2020年江西各地区内资依存度(亿元)

国内旅游人数,是指一个地区在一定时期(一般为一年)内,全国其他区域来该地区旅游的人数。

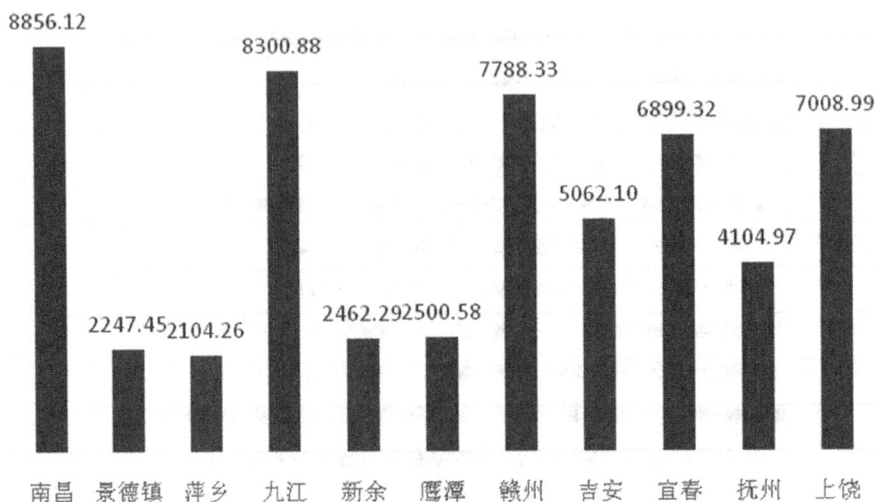

图4-7　2020年江西各地区国内旅游人数(万人次)

国内旅游收入比,是指在某个时期(通常为一年)内,全国其他区域来该地区的旅游收入与地区生产总值的比值。计算公式为:

国内旅游收入比=国内旅游收入/GDP

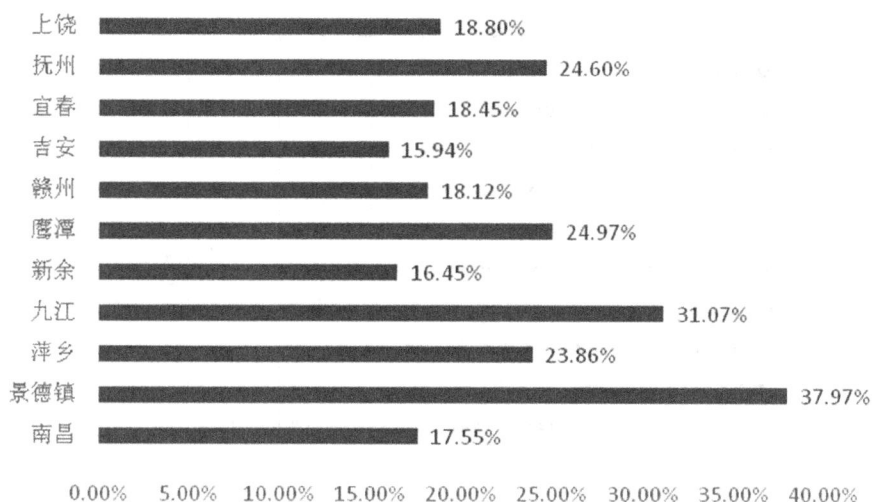

图4-8 2020年江西各地区国内旅游收入比

外贸依存度,是指一个地区在一定时期(一般为一年)内,货物进出口总额与地区生产总值的比值。计算公式为:

外贸依存度=货物进出口总额/GDP

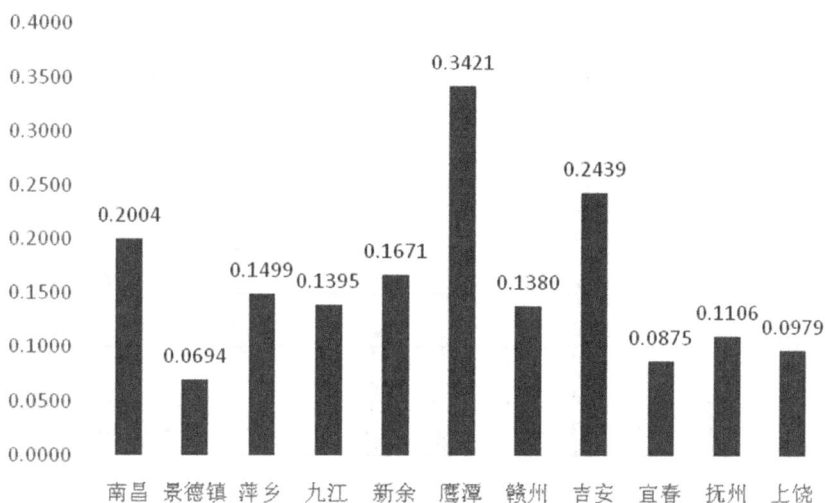

图4-9 2020年江西各地区外贸依存度

外资依存度,是指一个地区在一定时期(一般为一年)内,实际利用外资与地区生产总值的比值。计算公式为:

外资依存度=FDI(实际利用外资)/GDP

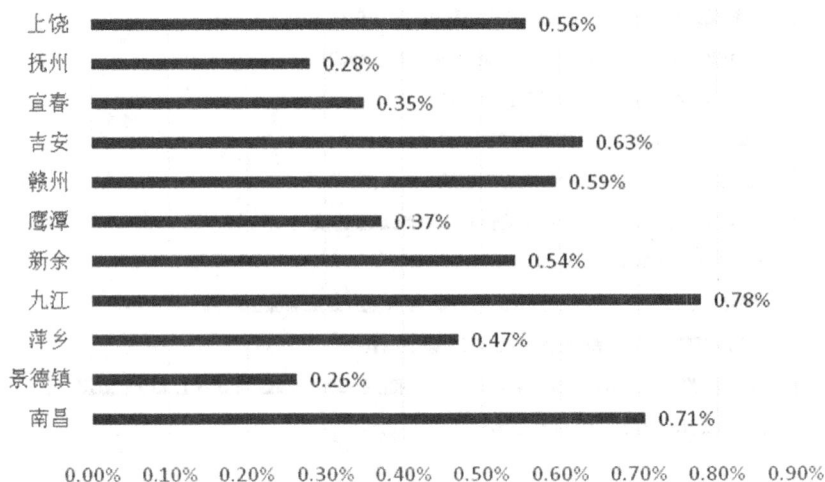

图 4-10　2020 年江西各地区外资依存度

合同外资金依存度,是指一个地区在一定时期(一般为一年)内,合同外资金额与地区生产总值的比值。计算公式为:

合同外资金依存度=合同外资金额/GDP

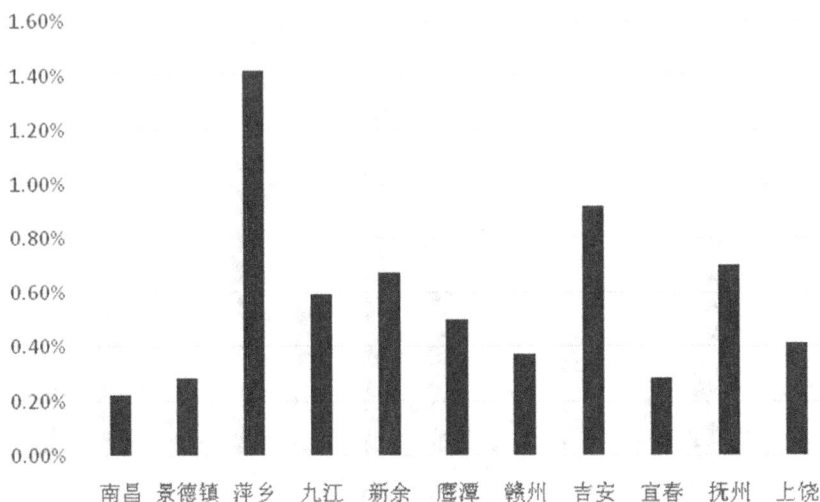

图 4-11　2020 年江西各地区合同外资金依存度

国际旅游收入比,是指一个地区在一定时期(一般为一年)内,其他国家和地区来该地区旅游的收入与地区生产总值的比值。计算公式为:

国际旅游收入比=国际旅游收入/GDP

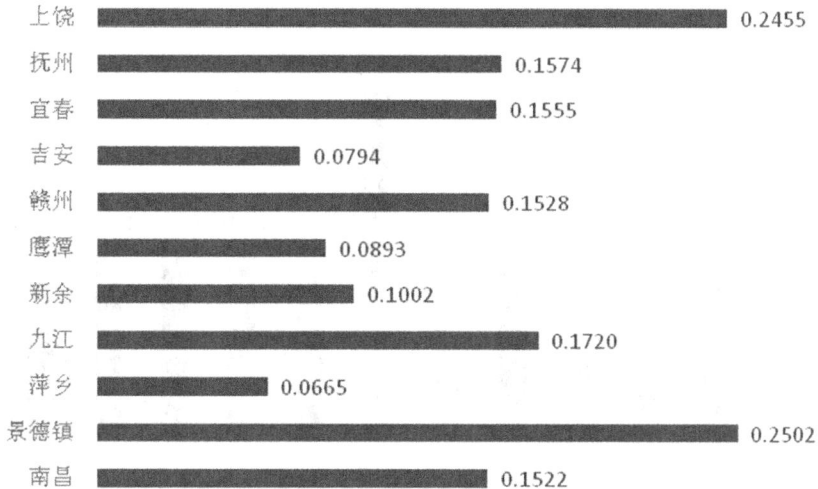

图4-12　2020年江西各地区国际旅游收入比

国际入境旅游人数,是指一个地区在一定时期(一般为一年)内,从其他国家和地区入境该地区旅游的总人数。

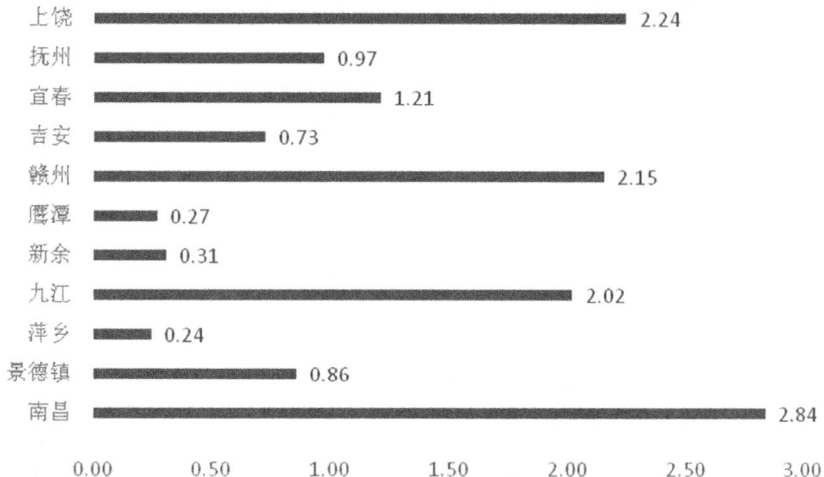

图4-13　2020年江西各地区国际旅游人数(万人次)

R&D 投入比重,是指一个地区在一定时期(一般为一年)内,企业研发费用与地区生产总值的比值。计算公式为:

R&D 投入比重=企业研发费用/GDP

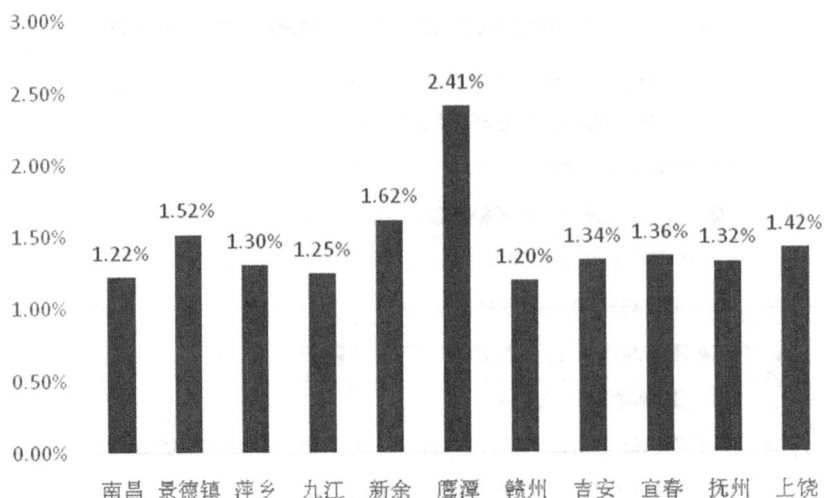

图 4-14 2020 年江西各地区 R&D 投入比重

高校在校学生数量比,一般指某个时期(通常为一年)内,某个地区高校在校学生数量与常住人口的比值。计算公式为:

高校在校学生数量比=高校在校学生数量/常住人口

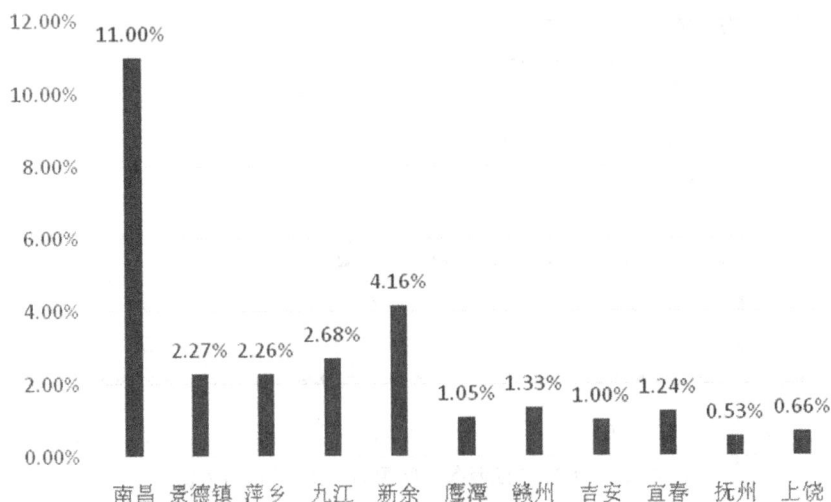

图 4-15 2020 年江西各地区高校在校学生数量比

专利授权量,是指一个地区在一定时期(一般为一年)内,专利授权数量。

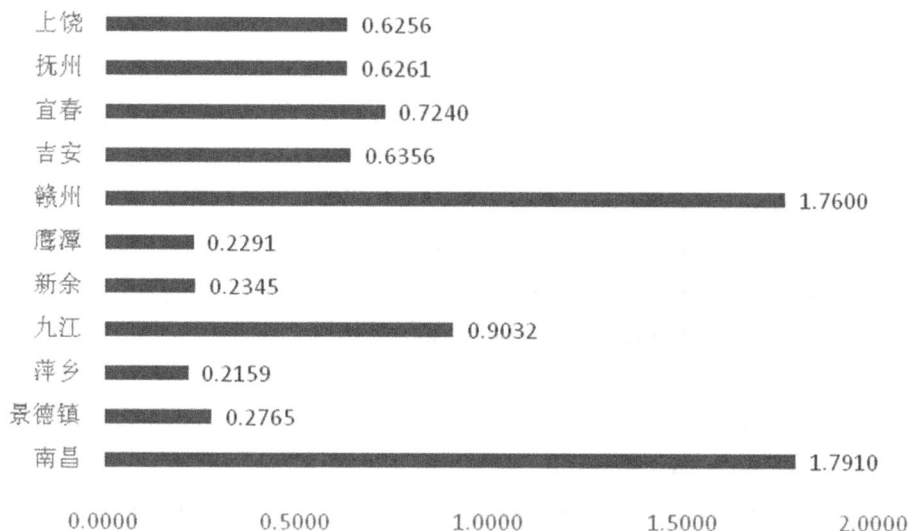

图 4-16　2020 年江西各地区专利授权量(万件)

绿化覆盖面积,是指一个地区在一定时期(一般为一年)内,绿化覆盖面积。

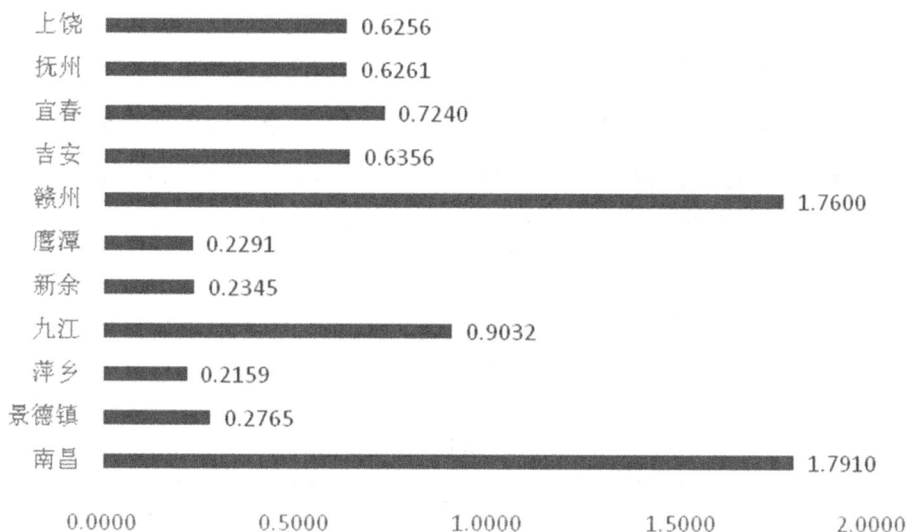

图 4-17　2020 年江西各地区绿化覆盖面积(万公顷)

营商环境指数,是指在一定时期(一般为一年)内,一个地区营商环境的评估打分。

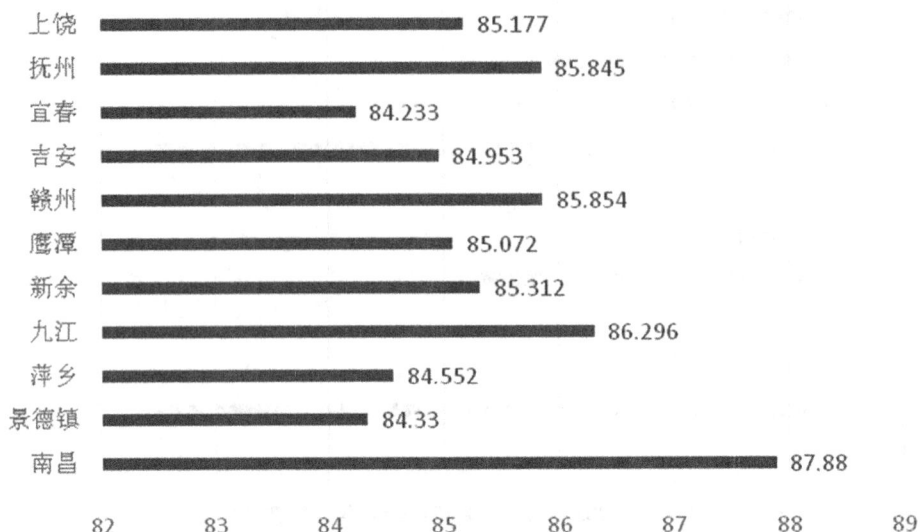

图 4-18 2020 年江西各地区营商环境指数

三、评价方法与分析

由于二级指标变量有 18 项,而数据有 11 个(11 个设区市),变量数量多于数据数量,为了更好地分析数据,通过参考前期研究成果,本文采取主成分分析方法(PCA)。运用 SPSS 软件进行计算,得出的具体结果如下:

(一)因子分析

鉴于指标原始数据繁杂且数据单位不一致,首先需要将指标数据标准化(SPSS 软件自动执行),并进行因子分析。

表 4-2 公因子方差

	初始值	提取值
X_1	1.000	0.936
X_2	1.000	0.878
X_3	1.000	0.970

续表

	初始值	提取值
X_4	1.000	0.947
X_5	1.000	0.581
X_6	1.000	0.890
X_7	1.000	0.912
X_8	1.000	0.566
X_9	1.000	0.895
X_{10}	1.000	0.705
X_{11}	1.000	0.827
X_{12}	1.000	0.908
X_{13}	1.000	0.959
X_{14}	1.000	0.914
X_{15}	1.000	0.977
X_{16}	1.000	0.868
X_{17}	1.000	0.887
X_{18}	1.000	0.822

提取方法:主成分分析。

公因子是表示各变量中所含原始信息能被公共因子所能解释的程度,表4-2中,除国内贸易相对规模(X_5)、国内旅游收入比(X_8)共同度较小以外,其余变量共同度都在70%以上。上述数据结果,说明公共因子对变量的解释是充分有效的。

(二)得到主成分的方差贡献率

表 4-3　解释的总方差

成分	初始特征值			提取平方和载入		
	合计	方差百分比%	累积%	合计	方差百分比%	累积%
1	6.938	38.544	38.544	6.938	38.544	38.544
2	4.526	25.145	63.689	4.526	25.145	63.689
3	2.464	13.688	77.377	2.464	13.688	77.377
4	1.513	8.408	85.785	1.513	8.408	85.785
5	0.806	4.476	90.261			
6	0.715	3.970	94.230			
7	0.415	2.304	96.534			
8	0.299	1.661	98.195			
9	0.218	1.213	99.408			
10	0.107	0.592	100.000			
11	6.656E-16	3.698E-15	100.000			
12	2.977E-16	1.654E-15	100.000			
13	1.751E-16	9.727E-16	100.000			
14	1.243E-16	6.908E-16	100.000			
15	4.746E-17	2.637E-16	100.000			
16	-7.234E-17	-4.019E-16	100.000			
17	-1.241E-16	-6.896E-16	100.000			
18	-3.004E-16	-1.669E-15	100.000			

提取方法:主成分分析。

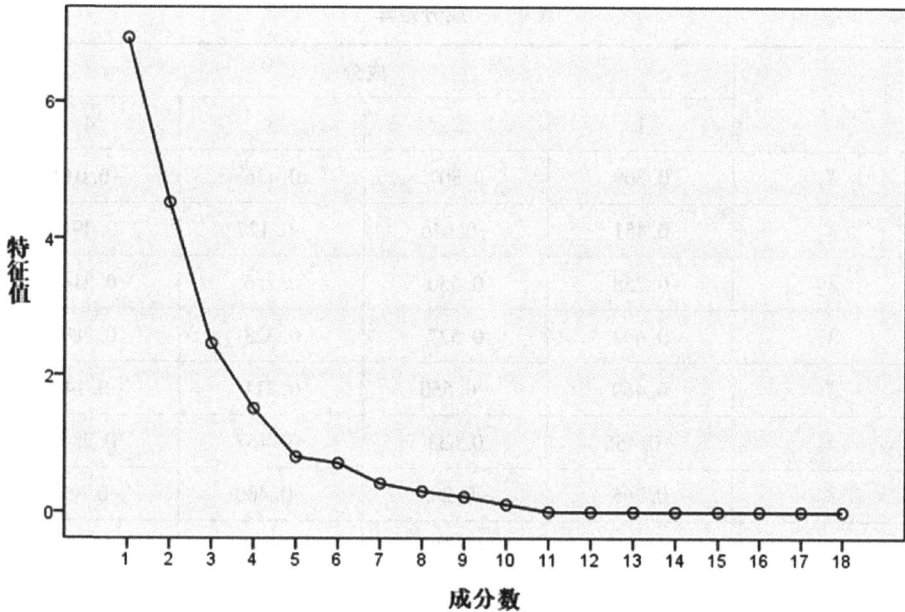

图 4-19   碎石图

由表 4-3 和图 4-19 可以看出,前四个特征根大于 1,所以从程序中提取了前四个公共因子。其中第一、第二公共因子的方差占比多于 50%,高达 63.689%,前四个公共因子的方差累计贡献率超过 80%,达到 85.785%。所以,从程序输出结果来看,选取前四个公共因子完全可以评价各地区开放型经济区域竞争力水平。

(三)得出成分矩阵

经过正交化旋转,得到公共因子系数矩阵。

表4-4　成分矩阵^a

	成分			
	1	2	3	4
X_1	0.309	0.807	0.436	−0.012
X_2	0.451	−0.646	−0.127	0.491
X_3	0.758	0.550	0.216	0.214
X_4	0.694	0.527	0.323	0.289
X_5	0.460	−0.550	0.211	−0.148
X_6	−0.455	0.633	−0.467	0.254
X_7	0.765	−0.203	−0.400	−0.354
X_8	−0.150	−0.300	0.664	0.111
X_9	−0.166	0.786	−0.003	−0.500
X_{10}	0.570	0.283	−0.521	−0.168
X_{11}	−0.582	0.267	−0.475	0.437
X_{12}	0.403	−0.746	0.433	−0.036
X_{13}	0.887	−0.292	−0.190	−0.224
X_{14}	−0.483	0.439	0.538	−0.445
X_{15}	0.788	0.500	0.135	0.296
X_{16}	0.820	−0.096	−0.354	−0.248
X_{17}	0.844	0.251	0.255	0.216
X_{18}	0.823	0.342	−0.153	−0.068

提取方法：主成分分析法。

a. 已提取了4个成分。

表4-4为SPSS软件输出的公共因子系数矩阵，可说明各公共因子在各变量上的载荷。第一公共因子中，人均本外币存款余额（X_3）、国际入境旅游人数（X_{13}）、国内旅游人数（X_7）、高校在校学生数量比（X_{15}）、专利授权量（X_{16}）、绿化

覆盖面积(X_{17})、营商环境指数(X_{18})等指标有较大载荷,从国内外旅游人流量、科技发展基础、开放型经济软环境等方面体现了各区域竞争力水平,可以将其定义为开放型经济综合实力因子。

第二公共因子中,人均地区生产总值(X_1)、地区邮电业务量比重(X_4)、内资依存度(X_6)、外贸依存度(X_9)等指标有较大载荷,体现了国内外资金对该地区的青睐程度,也奠定了该地区发展开放型经济的投资基础,称其为开放型经济发展投资因子。

第三公共因子中,国内旅游收入比(X_8)、R&D 投入比重(X_{14})、国际旅游收入比(X_{12})等指标有较大载荷,反映了该地区开放型经济发展受国内外旅游行业、企业的研发投入比重等多方面的因素影响,体现了发展潜力,称其为开放型经济发展潜力因子。

第四公共因子中,第三产业比重(X_2)、合同外资金依存度(X_{11})等指标有较大载荷,而载荷比前面三个因子明显偏小,反映了服务业比重、国外项目等因素对开放型经济的辅助性影响,称其为开放型经济发展辅助因子。

(四)得出主成分得分系数矩阵

采用回归方法求出因子得分函数,对其进行分析和综合评价,进而研究各区域开放型经济竞争力水平,SPSS 输出的函数系数矩阵如表 4-5 所示。

表 4-5　成分得分系数矩阵

变量	成分			
	F_1	F_2	F_3	F_4
X_1	0.045	0.178	0.177	-0.008
X_2	0.065	-0.143	-0.052	0.325
X_3	0.109	0.121	0.088	0.141
X_4	0.100	0.117	0.131	0.191
X_5	0.066	-0.122	0.086	-0.098
X_6	-0.066	0.140	-0.190	0.168
X_7	0.110	-0.045	-0.162	-0.234

续表

变量	成分			
	F_1	F_2	F_3	F_4
X_8	−0.022	−0.066	0.270	0.074
X_9	−0.024	0.174	−0.001	−0.330
X_{10}	0.082	0.062	−0.212	−0.111
X_{11}	−0.084	0.059	−0.193	0.289
X_{12}	0.058	−0.165	0.176	−0.024
X_{13}	0.128	−0.064	−0.077	−0.148
X_{14}	−0.070	0.097	0.218	−0.294
X_{15}	0.114	0.111	0.055	0.195
X_{16}	0.118	−0.021	−0.144	−0.164
X_{17}	0.122	0.056	0.104	0.143
X_{18}	0.119	0.076	−0.062	−0.045

提取方法:主成分分析法。

用18个指标通过线性形式把四个公共因子表示出来,进而得到系数矩阵,其中,因子得分函数为

$F_1 = 0.045 * X_1 + 0.065 * X_2 + 0.109 * X_3 + 0.1 * X_4 + 0.066 * X_5 - 0.066 * X_6 + 0.11 * X_7 - 0.022 * X_8 - 0.024 * X_9 + 0.082 * X_{10} - 0.084 * X_{11} + 0.058 * X_{12} + 0.128 * X_{13} - 0.07 * X_{14} + 0.114 * X_{15} + 0.118 * X_{16} + 0.122 * X_{17} + 0.119 * X_{18}$

$F_2 = 0.178 * X_1 - 0.143 * X_2 + 0.121 * X_3 + 0.117 * X_4 - 0.122 * X_5 + 0.140 * X_6 - 0.045 * X_7 - 0.066 * X_8 + 0.174 * X_9 + 0.062 * X_{10} + 0.059 * X_{11} - 0.165 * X_{12} - 0.064 * X_{13} + 0.097 * X_{14} + 0.111 * X_{15} - 0.021 * X_{16} + 0.056 * X_{17} + 0.076 * X_{18}$

$F_3 = 0.177 * X_1 - 0.052 * X_2 + 0.088 * X_3 + 0.131 * X_4 + 0.086 * X_5 - 0.190 * X_6 - 0.162 * X_7 + .270 * X_8 - 0.001 * X_9 - 0.212 * X_{10} - 0.193 * X_{11} + 0.176 * X_{12} - 0.077 * X_{13} + 0.218 * X_{14} + 0.055 * X_{15} - 0.144 * X_{16} + 0.104 * X_{17} - 0.062 * X_{18}$

$F_4 = -0.008 * X_1 + 0.325 * X_2 + 0.141 * X_3 + 0.191 * X_4 - 0.098 * X_5 + 0.168 *$

$X_6-0.234*X_7+0.074*X_8-0.330*X_9-0.111*X_{10}+0.289*X_{11}-0.024*X_{12}-$
$0.148*X_{13}-0.294*X_{14}+0.195*X_{15}-0.164*X_{16}+0.143*X_{17}-0.045*X_{18}$

接着,按四个公共因子对应的方差贡献率(a_1、a_2、a_3、a_4)为权重,从不同层面,按重要程度、关联程度,得出计算表达式:

$$F=a_1F_1/(a_1+a_2+a_3+a_4)+a_2F_2/(a_1+a_2+a_3+a_4)+a_3F_3/(a_1+a_2+a_3+a_4)+$$
$$a_4F_4/(a_1+a_2+a_3+a_4)。$$

第三节　设区市竞争力测评

一、总体竞争力测评

经过 SPSS 程序运行,得到江西省 11 个设区市的公共因子得分和综合得分(详见表4-6)。

表4-6　江西设区市开放型经济竞争力得分表

排名	地　区	F_1 综合实力	F_2 投资因子	F_3 潜力因子	F_4 辅助因子	综合得分
1	南昌	6.5923	2.5681	0.4095	0.5056	3.8296
2	九江	1.4693	0.0698	−0.4142	−0.6007	0.5556
3	新余	−0.8757	2.5208	0.1432	1.2277	0.4886
4	景德镇	−0.1546	−2.7517	3.6089	0.8343	−0.2184
5	鹰潭	−2.954	3.0327	1.8109	−2.2305	−0.368
6	赣州	1.2978	−2.1899	−1.7831	−1.2033	−0.4612
7	上饶	0.7161	−2.6553	−0.4378	−0.4933	−0.5748
8	宜春	−0.6859	−1.1729	−0.1619	−0.2181	−0.6992
9	吉安	−1.3679	0.7421	−1.5905	−0.7128	−0.7207
10	抚州	−1.1366	−1.0186	−0.1688	0.7666	−0.7610
11	萍乡	−2.9008	0.8548	−1.4162	2.1244	−1.0706

经过整理分析,从开放型经济的总体情况来看,江西省 11 个设区市可以分为三个梯队:第一梯队是南昌、九江和新余市;第二梯队是景德镇、鹰潭、赣州;第三梯队是上饶、宜春、吉安、萍乡、抚州。三个梯队差距较为明显,并与现实情况相符(详见表 4-7)。

表 4-7　江西设区市开放型经济综合竞争力梯队表

梯　队	城　　市
第一梯队	南昌、九江、新余
第二梯队	景德镇、鹰潭、赣州
第三梯队	上饶、宜春、吉安、萍乡、抚州

从排位名次来看,南昌市排名第一,综合得分为 3.8296,遥遥领先第二名。其中综合实力因子高达 6.5923,说明其开放型经济的综合实力远远高于其他地区。从原始数据可以看出,人均本外币存款余额(X_3)、国际入境旅游人数(X_{13})、国内旅游人数(X_7)、高校在校学生数量比(X_{15})、专利授权量(X_{16})、绿化覆盖面积(X_{17})、营商环境指数(X_{18})等指标远远高于其他地区,这都充分说明了南昌市开放型经济竞争力水平的综合实力。

九江市排名第二,综合得分为 0.5556,经过分析,主要原因有两个方面:一是在第一因子上九江市得分较高,该因子说明九江开放型经济综合实力较强;二是第一因子、第三因子和第四因子与其他地区相比,不算很突出,但数值较为平均,说明九江开放型经济的投资、潜力、辅助的环节都较为平均。四项因子综合下来,九江的开放型经济发展均衡,不存在明显的短板。

新余市排名第三位,其中第二因子、第四因子得分在全部设区市中排名靠前,说明新余市开放型经济发展的投资力度、辅助环节的优势很大,建议下一步就是要采取得力的政策措施,加强投资引导,充分地把单项的优势转化为开放型经济发展的全面优势。如果持续下去,新余市的开放型经济的综合实力能够显著增强。

在 11 个设区市中,文化产业竞争力水平排名最后的是萍乡,虽然第四因子排名第一,但第一因子、第三因子排名靠后,最后的综合得分为 -1.0706。从原始数据中可以看出,国内旅游收入比(X_8)、R&D 投入比重(X_{14})、国际旅游收入比(X_{12})等指标排名均靠后,说明萍乡要发展开放型经济,既要扩大国内外交流,也要加强科研投入,补足产业短板,打造产业优势,需要从供需两端全方位地延伸开放型经济产业链。

二、各子维度竞争力测评

(一)开放基础评估排名

根据评估(见表4-8),南昌市得分遥遥领先其他设区市,新余市和景德镇市排在第二、三名,按照人均数据来看,地域小的城市的各项数据反而较好。赣州市、抚州市、吉安市分别排在倒数第三、第二、第一位。从地域面积看,赣州市有18 个县市区、吉安市有 13 个县市区、抚州有 11 个县市区,这三个市都是江西省境内面积大的设区市。从选取的指标看,人均地区生产总值、第三产业比重、人均本外币存款余额、地区邮电业务量比重等指标,赣州市、抚州市、吉安市均有指标排名末位。

表4-8　江西设区市开放基础评估排名表

地区	南昌	新余	景德镇	九江	鹰潭	萍乡	宜春	上饶	赣州	抚州	吉安
得分	3.13	1.06	0.25	-0.15	-0.36	-0.5	-0.58	-0.66	-0.67	-0.71	-0.82
排名	1	2	3	4	5	6	7	8	9	10	11

(二)对内开放规模评估排名

根据评估(见表4-9),赣州市后来居上,超越了省会南昌市,排名第一。南昌市和上饶市排在第二、三名。从指标看,赣州市的国内贸易相对规模、国内旅游人数、国内旅游收入比指标,排名靠前。赣州市在近几年中,借助国家级政策发布的东风,顺势而为,在对内对外开放上积极作为,后来居上,已经排在全省第一。鹰潭市、新余市、萍乡市分别排在倒数第三、第二、第一位。从选取的指标看,在国内贸易相对规模、内资依存度、国内旅游人数、国内旅游收入比等指标中,鹰潭市、新余市、萍乡市均有指标排名末位。

表4-9 江西设区市对内开放规模评估排名表

地区	赣州	南昌	上饶	景德镇	九江	宜春	吉安	抚州	鹰潭	新余	萍乡
得分	1.2	1.13	0.96	0.59	0.31	0.11	0.09	-0.59	-1.02	-1.26	-1.51
排名	1	2	3	4	5	6	7	8	9	10	11

(三)对外开放规模评估排名

根据评估(见表4-10),南昌市排名榜首,从原始数据可以看出,外资依存度、国际入境旅游人数这两项指标排名第一。上饶市和九江市排名第二、三位。这说明南昌市作为省会城市,是外资投资江西、国际友人旅游江西的首选地。吉安市、鹰潭市、萍乡市排在后三位,在外贸依存度、外资依存度、合同外资金依存度、国际旅游收入比、国际入境旅游人数等指标中,多项指标排名垫底。

表4-10 江西设区市对外开放规模评估排名表

地区	南昌	上饶	九江	赣州	景德镇	宜春	抚州	新余	吉安	鹰潭	萍乡
得分	1.52	1.3	1.06	0.89	0.17	0.08	-0.59	-0.73	-0.77	-1.21	-1.72
排名	1	2	3	4	5	6	7	8	9	10	11

(四)开放潜力评估排名

根据评估,南昌市排名第一,与第二名九江市差距明显,赣州市排在第三位(见表4-11)。从原始数据可以看出,高校在校学生数量/常住人口数据是第二名的2.6倍、绿化覆盖面积是第二名的2倍,专利授权量和营商环境指数都排名靠前。这说明南昌市作为省会城市,聚集了江西省主要的人才资源、科技资源,同时营商环境和自然绿化环境较好,显示出了远高于其他地区的开放潜力。景德镇市、萍乡市、鹰潭市排名靠后。

表4-11　江西设区市开放潜力评估排名表

地区	南昌	九江	赣州	抚州	新余	上饶	吉安	宜春	景德镇	萍乡	鹰潭
得分	4.86	1.06	0.51	-0.11	-0.4	-0.49	-0.68	-0.84	-0.87	-1.09	-1.94
排名	1	2	3	4	5	6	7	8	9	10	11

第四节　结论和建议

从以上对江西各地区的评估分析,立足江西处于欠发达的发展阶段,结合我国其他发达地区的发展轨迹,可以得到以下结论和建议。

一、提升总体竞争力的结论和建议

江西各地区开放型经济发展在内外双向开放、发展潜力、综合实力、发展速度等方面各不相同,进而表现出开放型经济竞争力强弱不同的现象。南昌市处于一枝独秀的情况,远远强于其他地区;而九江市、新余市地区开放型经济竞争力高,其他地区开放型经济发展还较为落后,以上说明江西省开放型经济竞争力总体发展不均衡、不够协调。在当前发展阶段,经济越发达,开放型经济的发展才可能越好。江西应该顺应历史潮流,积极汇入开放型经济发展浪潮,立足现有资源优势和区位优势,通过外向型产业与科技、金融、旅游等融合发展,消除行业管理壁垒,积极引导外向型产业与相关产业的科学对接、互助发展,把开放型经济发展作为区域经济发展的重要抓手,积极培育新的经济增长点,一定能够走出一条独特的发展道路。

二、提升各子维度竞争力的结论和建议

省会城市南昌,在开放基础、对外开放规模、开放潜力这三项子维度指标竞争力方面远远领先江西其他地区,但是对内开放规模排在第二位,说明当地政府对国内其他地区的开放交流的重视程度是不够的。

在开放基础指标方面,南昌市、新余市、景德镇市排名前三。在人均本外币存款余额指标方面,南昌市、新余市、景德镇市排名靠前,说明这些地区的对

外市场培育良好,当地外向型经济活跃度较强。从地区邮电业务量比重指标来看,南昌市、新余市、景德镇市排名前三,说明当地政府很重视外向型产业的发展。新余市和景德镇市虽然经济实力在江西省不突出,但是开放基础排进了全省前三甲。这恰好说明开放型经济与地区面积的大小关系不大,小城市只要措施得力,发挥好船小好调头的优势,落后地区的开放型经济也能另辟蹊径,蓬勃发展。

在对内开放规模指标方面,赣州市排名全省第一。作为江西面积最大,历史贫困人口最多的赣州地区,开放度不够导致经济社会发展落后。随着《国务院关于支持赣南等原中央苏区振兴发展的若干意见》等政策措施的出台,赣州积极引进北京、广东、浙江、上海等地区的资金和项目,进入经济社会发展最快、城乡面貌变化最大、群众获益最多的时期。江西其他地区的发展,完全可以借鉴赣州模式,在经济、文化、旅游、技术等方面积极开展与国内其他省份合作。开放型经济的发展大有可为、前景广阔。

在对外开放规模指标和开放潜力方面,排名前列的是南昌市、九江市、上饶市、赣州市,这四个城市也是近几年江西省重点打造的门户城市。从区位看,除省会南昌外,九江市、上饶市、赣州市都与其他省份相邻,是江西省对接粤港澳大湾区、长三角、长江中游城市群的重要节点。所以,对于其他有区位优势的地区,如鹰潭、抚州、萍乡等城市,需要确定好对接方向,拿出专精一点的钻研精神,积极承接产业转移,完善产业链延伸。

第五章
国内外发展开放型经济的经验借鉴

党的十九大提出"推动形成全面开放新格局""推动建设开放型世界经济"的战略部署,在经济全球化背景下,发展开放型经济已成为世界各国经济发展的主流。分析和总结国内外发达国家、发达省市发展开放型经济实现经济腾飞的成功经验,并从中得到有益的启示,对于江西未来发展开放型经济具有较大的借鉴作用。

第一节　发达国家发展开放型经济的经验启示

从国际经验来看,日本、韩国、新加坡是国际上成功转型的"典范"。总结国外发展开放型经济的做法,对我国开放型经济发展具有借鉴意义。

一、新加坡开放型经济发展经验

新加坡以创新精神引领开放型经济发展,对其开放型经济发展的成功经验进行总结,对我国开放型经济发展具有借鉴意义。

（一）开放型经济发展历程

新加坡是亚洲重要的服务贸易中心之一。20 世纪 80 年代末,新加坡失去了发展制造业的优势,外向型经济发展又受到冲击,面对当时内忧外患的经济形势,积极调整了新加坡的开放发展战略,由制造业向现代服务业转型发展,坚持开放型经济的发展战略、产业转型战略、精英人才战略,凭借完善基础设施建设、港口管理体系,依赖转口贸易发展优势产业,发展成为重要国际金融和贸易中心。

(二)开放型经济政策

体制简约、高度法治、高水平开放、服务高效是新加坡营商环境的优势所在。

1. 简约的体制。16个部委已下辖65个机构组成了新加坡法定机构,法定机构的主要职责是负责完成新加坡公共管理或公共服务。

2. 高度的法治。陆续出台了《竞争法案》《专利法案》《商标法案》和《版权法》等。

3. 高水平开放的投资环境。新加坡在投资准入方面,实行自由港政策,对其他外商投资企业限制甚少。

4. 高效的服务。新加坡在企业注册方面,实现全程电子化,成立公司最快可在24小时内拿到执照,与进口、出口贸易有关的全部手续均可通过网络处理,实现一站式的"单一窗口"服务。

(三)开放型经济模式

成功开放型经济增长模式使得新加坡在短时间内迅速崛起,发展成为世界第一大货柜码头、第二大电子工业中心、第三大炼油国、世界第四大国际金融中心。

1. 坚持开放发展

国家经济发展战略是发展开放型经济,基于国际大背景考虑部署重大战略,放眼世界进行部署,在全球范围进行运作。

2. 加快转型创新

经济发展战略不是一成不变的。开放型经济是随着经济发展而发展变化的,不同时期有不同的内涵,开放和创新在本质上具有一致性。新加坡依靠创新,在开放型经济发展中,面向全球、面向时代、面向未来调整产业转型战略,不断创新开放型经济,使其更加具有竞争优势,例如:进口替代的转型、出口导向的转型、现代服务业主导的转型。

3. 精心谋划优势产业

根据本国的地理优势,选择能够发挥特长的产业,作为国家扶持的重点产业。从20世纪60—70年代发展转口贸易,打造港口物流产业,到20世纪70—90年代发展石化产业、生物医药产业,再到新世纪以来,发展互联网、海洋、环境产业、生命科学等产业,这些都具有一定的前瞻性、科学性。

4. 树立合作共赢新理念

开放型经济在于合作共赢。新加坡把自身的利益与周边国家或关联国家利益紧密联系,互惠互利,合作共赢。例如:新加坡与马来西亚共同开发油气田项目,与印度尼西亚合作开发巴丹岛,拓展地理空间;走出国门,在中国、越南、非洲等地合作建设工业园、科技园等等。

二、日本开放型经济发展经验

(一)开放型经济发展历程

日本开放型经济发展历程可以分为四个阶段。第一阶段是 1945—1954 年经济恢复阶段。经过二战,日本从战前的工业发达国成为满目疮痍的欠发达国,但他们利用抗美援朝时期,作为美国的中转站,大力发展转口贸易和劳动密集型产业,迅速恢复了经济。第二阶段是 1955—1970 年经济快速发展时期。日本利用冷战时期,东西方对抗,抓住契机,引进吸收欧美国家先进技术,发挥后发优势,实现后发赶超,连续 15 年 GDP 年均达到两位数增长,经济总量超过德国,成为世界第二大经济体和发达国家。第三阶段是 1970—1989 年稳步发展阶段。日本通过模仿—创新,产业结构不断优化,在高科技领域逐渐缩小了与美国的差距,GDP 达到美国的四分之三,出现全面领先的态势,使日本成为亚洲地区的领头雁。第四阶段是 1990 年以后为停滞发展阶段,经过股市崩盘、房地产泡沫、亚洲金融危机、新冠疫情等一系列打击,日本经济进入徘徊期和盘整期,GDP 连续 30 年低速增长,经济总量降到世界第三位,且与前两位差距不断扩大。

(二)开放型经济政策

1. 遵循产业发展规律,掌握产业发展方向,实施产业政策,促进产业结构向合理化、高度化转型升级。

2. 制定重点产业发展的法律法规,以立法形式来确立重点发展产业地位,确保产业政策的顺利实施。

3. 发挥市场竞争机制作用,企业依靠自身能力促进产业发展,防止大企业垄断,保护中小企业,防范过度竞争。

(三)开放型经济模式

1. 贸易立国

20 世纪 50—70 年代,日本坚持贸易立国的政策,经济发展以对外贸易为主,对外贸易规模不断增长,贸易顺差持续保持,GDP 保持了两位数增长的趋势,迅速发展成高收入国家。

2. 技术立国

从 20 世纪 80 年代开始,日本政府为了促进产业结构转型升级的发展,大力实施科技创新政策,增加科研经费,大力发展高科技产业,提升出口产品附加值,使开放型经济发展实现良性转化。

三、韩国开放型经济发展经验

韩国是亚洲经济发展较快的国家之一。韩国经济起飞始于 20 世纪 60 年代初期,开放型经济是韩国经济起飞成功的因素之一。韩国从实际出发,遵循开放型经济发展的规律,制定开放型经济发展战略以及相应的配套政策,以出口主导型为经济发展战略,经济保持持续高速发展势头,迅速发展成为东北亚的新兴工业化国家。

（一）开放型经济发展历程

20 世纪 60 年代初,韩国开始实行出口主导型经济发展战略,成为日本成熟产业承接者;70 年代后,韩国的劳动密集型出口产业面临激烈的市场竞争,韩国实行经济转型政策,致力于转型创新,发展知识密集型产业,GDP 实现了年均两位数持续增长,创造了"汉江奇迹"。80 年代以后,高技术化成为韩国产业结构发展的方向,产业结构组织升级是以大型国际化集团企业为中心进行的,现代、三星、LG、大宇、起亚、乐天等国际化企业集团纷纷诞生,企业技术优势明显,开始走向世界。2020 年韩国名义 GDP 达到 1.64 万亿美元,人均 GDP3.2 万美元,进入发达国家行列。

（二）开放型经济政策

韩国主要通过税收减免、租赁减免、现金支援、雇佣支援等制度法规提升整体投资环境。

(1)出台《税收资料提供法》,完善了第三方信息交换制度和诚信申报制度。同时,发布《2020 年中小企业税收》政策,对初创的中小企业实施税收减免。

(2)高效的政务服务。韩国不断简化开办企业和办理施工许可证等方面的办事及监管程序,减轻企业的负担,对保护投资者的产权给予强有力的法律保护。

（3）放松管制与行政支持。对外资企业在工厂建设与扩建方面放松管制，对中小企业的商务限制取消等；实施针对外国投资者的"点对点"式服务协调人制度等。

（三）开放型经济模式

1. 实施出口主导型发展战略

韩国资源贫乏，国内市场狭小。韩国一直坚持实施出口主导型发展战略，坚持出口主导型的开放型经济，利用国内外资源和市场，助力促进经济的增长，产业结构转型升级。

2. 设立自由经济区

设立仁川国际机场、釜山港和光阳港三个自由经济区，区内配套具有最新技术发展水平的基础设施和先进的商务环境。

3. 不断寻求经济合作新途径

开放型经济逐渐成为世界经济发展的主流，实行开放型经济发展战略，韩国不断寻求经济合作新途径，利用了与我国及日本地理位置上的优势，建立了与中日两国的经济合作基础。

四、经验启示

（一）注重不同发展阶段战略适时转变

日本、韩国、新加坡根据经济发展不同的阶段适时进行了发展战略调整。从20世纪60年代开始，新加坡实施转口贸易策略，日本实施引进—模仿、创新策略，韩国实施承接劳动密集型产业策略等等。根据本国的经济发展阶段和比较优势，在不同时期适时调整，实施不同的发展战略，使开放型经济发展从低端走向高端，这是新加坡、日本、韩国成功的关键。

（二）注重科技创新能力提升

日本、韩国、新加坡由于资源匮乏，其开放型经济发展都是从发展外向型经济开始，引进欧美国家工业技术，通过模仿、吸收、消化后，进行提升。通过一个阶段的技术积累，日本、韩国都确立技术立国路线，大规模投入研发经费，开发高新技术和产品，实现进位赶超。

（三）致力产业结构高端化发展

日本、韩国都是从引进产业转移起家，随着传统产业比较优势逐渐消失，实现产业转型升级，发展高新技术产业和战略性新兴产业成为必然，为此，三国都是通过科技创新，使本国的产业结构不断升级，从中低端走向高端化，提升发展开放型经济的竞争力。

第二节　国内发达省份发展开放型经济的经验启示

在经济全球化的背景下，我国改革进一步深化开放，加快了融入全球化的步伐，在开放型经济发展的进程中，产生了不同模式，比较成功模式有："新苏南模式""浙江模式""广东模式""浙江模式"和"福建模式"，发展开放型经济取得了一定成绩，在此选取了广东省、浙江省、福建省进行比较分析。

一、广东省开放型经济发展经验

（一）广东省开放型经济发展进程和成就

改革开放以来，广州充分发挥比较优势，坚持在全国引领改革开放步伐，积极主动地参与经济全球化发展，努力推进区域经济一体化发展，开放型经济高速发展，成效显著。

1. 历史进程

（1）起步阶段（1978—1983 年）

党的十一届三中全会召开，标志着我国构建开放型经济体系的开启。我国于 1979 年 7 月建立经济特区，设立深圳、珠海、汕头为最早的沿海开放城市，对外开放的序幕拉开了。这一阶段的特点就是发展"三来一补"加工业，发展转口贸易，进行市场改革。

（2）深化阶段（1984—1991 年）

积极推动企业转型，鼓励外商投资基础设施及高新技术产业，改革外贸体制，积极引进外资和国外先进技术设备，开设示范区；形成全方位对外开放的格局。

（3）快速发展阶段（1992—2011 年）

积极调整对外开放战略，全面实施 CEPA，与港澳对接，推动泛珠合作框架协议,制定区域发展规划;创新国际化经营战略,积极将"走出去"和"引进来"相结合,对外开放的主动性和主导性更强。

(4)新发展阶段(2012年至今)

由于国际经济合作的发展变化,市场竞争越来越激烈,广东率先推进国际贸易投资规则创新,优化对外开放区域布局,调整优化贸易布局,优化投资布局,构建开放型经济新体制,构建领域宽、层次多、水平高的对外开放新格局,推动对内对外双向开放相互促进,推动"引进来"和"走出去"更好结合,培育参与国际经济竞争合作的优势。

2. 发展成就

1978年,改革开放初期,广东充分利用中央赋予的"特殊政策、灵活措施",先行先试,大力发展开放型经济,取得了较好的成效。

(1)开放型经济规模不断扩大

1978年,广东省进出口总值15.91亿美元,进出口总值占全国比重达7.7%,1986年首次跃居全国首位。1994年,广东进出口总额占全国比重高达40.9%,到达历史最高峰。随着2001年我国加入世界贸易组织,广东继续扩大开放力度,2001—2012年,广东进出口总额在全国比重保持在四分之一以上。党的十八大以来,广东开放型经济大省地位进一步巩固。2013年广东进出口总额突破1万亿美元大关,2020年广东外贸进出口总额达70844.8亿元,占全国比重达22.0%。

(2)开放型经济贸易结构不断优化

在改革开放前,广东对外贸易方式比较简单,以一般贸易为主,兼有少量易货贸易和边境贸易。改革开放后,广东贸易方式多样化,形成以一般贸易、来样加工、来料加工、来件装配、进料加工为主,以补偿贸易、易货贸易、租赁贸易、转口贸易等为辅的格局,广东对外贸易得到极大的发展。改革开放初期,广东充分利用世界先进技术和先进设备,大力发展劳动密集型出口加工业,为广东经济增长注入活力。1991年,广东加工贸易进出口总额为371.85亿美元,占对外贸易总额的70.8%;一般贸易进出口总额为108.10亿美元,占20.6%;其他贸易为45.26亿美元,占8.6%。2020年一般贸易进出口总额占对外贸易总额的比重提升至51.2%,加工贸易和其他贸易分别占对外贸易总额的28.2%和20.6%。

（3）出口商品结构优化

改革开放初期，广东出口商品以农副产品为主，大多是初级产品，占广东出口额的六成以上。改革开放后，广东加工贸易迅速崛起，对外贸易出口以机电产品和高新技术产品为主，工业制成品所占比重逐渐提高。21世纪以来，广东高新技术产品出口所占比重稳步提高，主要是光电技术、计算机与通信技术、光电技术、生命科学技术等，是广东对外出口的主力军。

2020年出口机电产品占当年商品出口总值的68.4%，2020年广东高新技术产品出口总额15037.67亿元，占当年出口总额的34.6%。

（4）开放型经济区域不断扩大

改革开放初期，广东与145个国家和地区有贸易往来，广东利用毗邻港澳台的地理区位优势，加快与东南亚国家、日本、韩国进行贸易往来，2001年12月11日中国加入世界贸易组织后，广东积极开拓东欧、南亚、西亚、中东、拉美、非洲等新兴市场，至2021年与广东进行贸易往来的国家和地区增加到240多个，对外贸易总额持续增长。

（5）双向投资水平不断提高

改革开放以来，中央赋予广东"特殊政策，灵活措施"，吸引外资。1979年广东外商直接投资0.31亿美元。到2020年，广东实际利用外资1620.3亿美元，占全国的16.2%。截至2021年底，180多个国家和地区在广东累计设立外商投资企业28.9万家，规模居全国首位，累计利用外资5239.1亿美元，占全国的1/5。2021年1—12月，全省吸收实际外资1840亿元，同比增长13.6%；新设外商直接投资项目16155个，同比增长25.6%。"走出去"力度不断加大。2021年1—12月，广东省对外非金融类直接投资额169.67亿美元，居全国首位；对外承包工程完成营业额156.23亿美元，累计派出各类劳务人员35460人，在外各类劳务人员70297人。2021年广东对"一带一路"国家进出口额达2.04亿元，同比增长16.3%，位居全国前列。

（二）广东省开放型经济发展模式和特征

1. 加快向开放型经济转变

积极开拓国际新兴市场，加工贸易所占比重逐渐降低，提高一般贸易所占比重，降低货物贸易的比重，提高服务贸易的比重。同时，致力于产业转型升级，由制造环节向研发、设计、销售、物流环节转型升级，增加产品的附加值。加大引资的力度,尤其是吸引跨国公司到广东投资。积极培育本土的跨国公司,积极稳妥地实施"走出去"战略。

2. 积极参与区域经济一体化

广东利用毗邻港澳台、东盟的地理区位优势,实行区域合作,加快与区域经济一体化。例如:2010 年中国—东盟自由贸易区建成(CAFTA),2010 年签订《粤港合作框架协议》等。

3. 优化投资环境,加大引进来的力度

加大创新力度,优化投资环境。加大技术创新力度;加大产业结构、工业结构的创新;加快行政审批制度改革,推进公共服务均等化,提高公共服务水平。

二、浙江开放型经济发展经验

改革开放 40 年,浙江人民发扬敢为人先的首创精神,率先推进市场取向改革,率先推动开放型经济蓬勃发展,为中国发展提供了浙江经验和浙江样本。

(一)浙江省开放型经济发展进程和成就

1. 历史进程

1978 年,国务院正式批准浙江为对外贸易口岸,随后宁波、沈家门、海门等港口首先对外开放。1984 年,党的十二届三中全会通过了《中共中央关于经济体制改革的决定》,在全面总结开放型经济发展的基础上,决定进一步开放宁波、温州等 14 个沿海港口城市;1990 年,中央提出沿海、沿边、沿江、沿路的对外开放"四沿战略",全省沿海地区全部作为对外开放地区。2001 年,我国加入了WTO,浙江省加快了对外开放步伐。特别是党的十八大以后,浙江省开放型经济发展迈向了新征程。

2. 发展成就

(1)开放型经济规模不断扩大

1978 年浙江省进出口额为 0.70 亿美元,到 2020 年增长到 4885.4 亿美元,是 1978 年的 6979.1 倍,年均增长 23.5%。其中进口由 0.2 亿美元增至 1254.3亿美元,年均增长 23.1%;出口由 0.52 亿美元增至 3631.1 亿美元,年均增长23.6%;进出口占全国的比重从 0.3%升至 10.5%。外商直接投资实际利用外资金额从 1984 年的 252 万美元增至 2021 年的 183 亿美元,年均增长 27.2%。40多年来,先后设立外商投资企业 6.1 万家,累计投资总额 6228 亿美元。

（2）开放型经济质量不断提升

40 年来,浙江省出口结构实现了由资源密集型的初级产品向以劳动、技术密集型制成品的转型。1980 年,浙江省农副产品出口额占出口总额的比重达35.7%,2020 年机电产品和高新技术产品出口额占出口总额的比重分别升至45.1% 和 8.1%。外商投资领域不断扩展,从初期主要集中在加工业、餐饮业,不断向高新技术产业、金融业、物流业、互联网等行业拓展,投资领域越来越宽。2021 年,浙江省新设外商投资企业 3547 家,同比增长 25.7%;合同外资 385.2 亿美元,同比增长 9.8%;实际使用外资 183.4 亿美元,同比增长 16.2%。

（3）开放型经济平台不断增多

至 2021 年,浙江省共有国家级经济技术开发区 21 个、国家级高新技术开发区 8 个、海关特殊监管区 11 个、国际产业合作园 16 个、浙台经贸合作区 4 个,形成了全方位、多层次、宽领域的对外开放新格局。

（4）开放型经济内容不断拓展

1990 年,浙江省服务贸易快速发展,至今共认定和培育 37 个省级服务贸易发展基地,服务贸易进出口总额从 1996 年的 4.9 亿美元增至 2020 年的 4284.8亿美元,居全国第一方阵。跨境电商从无到有,出现了速卖通、网易考拉、天猫国际等一批全球一流的跨境电子商务零售进出口平台,跨境电商交易额居全国第2 位,出口从 2015 年的 225.3 亿元增至 2021 年的 438.1 亿元,年均增长 11.7%。

（5）走出去步伐不断加快

改革开放初期,浙江对外投资几乎处于空白状态。改革开放后,特别是1990 年中央提出实施"走出去"战略后,对外投资快速发展。1984 年浙江省对外投资备案核准额为 1775 万美元,2021 年 1—11 月份增至 573 亿元,经备案(核准)的境外企业和机构共计 673 家。投资主要涉及制造业、科技研发和商务服务业等行业。1984 年国外经济合作营业额为 20 万美元,2021 年增至 510 亿元。2021 年浙江对外实际投资额高达 116.9 亿美元,在全国占比 14%,在全国各省区市中居第三位。

（二）浙江省开放型经济发展模式和特征

1. 温州开放型经济发展模式

大力发展民营经济和"走出去"是温州模式的两大特点,运用市场化的手段,政府出台一系列的扶持政策,支持民营经济发展,由市场化来促进工业化,最后通过"走出去"形成国际化。

2. 宁波开放型经济发展模式

坚持以开放带动发展的战略,增强外贸,优化外资,开放型经济发展范围拓展了,注重建设对外开放的载体平台,拓展开放型经济发展空间。加速了现代化国际港口城市的建设,促进了宁波与世界的融合发展。

3. 杭州开放型经济发展模式

坚持发展高新技术产业和新兴产业为导向的经济发展理念,以物联网、新能源等十大新兴的产业为基础,将经济与人才结构相结合,坚持研发投入的发展策略,坚持政府扶持,大力推进现代服务业发展,使城市产业发展高端化。

三、福建省开放型经济发展经验

(一)福建省开放型经济发展进程和成就

1. 历史进程

福建开放型经济发展大致经历了:探索阶段(1978—1991 年)、扩大阶段(1992—2001 年)、全方位开放的新阶段(2001—2008 年)、新一轮开放阶段(2012 年至今)。1978 年,福建开放型经济的探索阶段,对外开放由点到线、由线到面逐步开放。1980 年 10 月,批准设立厦门经济特区,特区面积 2.5 平方公里。1984 年 2 月,邓小平同志视察厦门后,厦门全岛都是特区,总面积 131 平方公里,自由港的政策逐步实行。同年福州被批准为全国进一步对外开放的沿海港口城市。1985 年,闽南厦漳泉地区的 11 个县市被开辟为沿海经济开放区,1988 年扩大到 34 个县市。

(1)探索阶段(1978—1991 年)

福建经历了由点到线、由线到面逐步开放,由浅入深,从沿海到山区,形成了以经济特区和沿海开放城市为重点,多渠道、多层次、全方位的开放格局。

(2)扩大阶段(1992—2001 年)

福建省积极探索对外开放新形式,有序地扩大对外开放的领域、规模,提高对外开放的水平。

(3)全方位开放的新阶段(2001—2012 年)

坚持以开放促进改革发展,从广度和深度拓展开放,建立健全涉外管理体制。深化行政审批制度改革,建立新型外贸体制;培育外贸经营主体;建立完善法律法规,保持政策统一性、透明度;转变政府职能,依法行政,加强宏观调控,促进产业结构调整,提高企业技术水平和管理水平。

(4)新一轮开放阶段(2013年至今)

聚焦开放型经济的发展,补齐短板与不足,通过改革倒逼开放,促进发展,对接国际先进理念,与国际接轨,提升对国际优质资源的聚合力,为发展更高层次的开放型经济积蓄力量。

2. 发展成就

四十年来,福建发生了翻天覆地的变化,开放型经济成为经济社会发展的支柱,取得了巨大成就。

(1)开放型经济规模不断扩大

1978年福建进出口额为2亿美元,2020年为2035.8亿美元,增长了1017.9倍。出口额从1.90亿美元增加到1223.8亿美元,增长了644.1倍。进口额从0.12亿美元增加到812亿美元,增长了6766.7倍。1979年,全省批准外商投资项目仅5项,实际利用外资仅83万美元,到2021年实际利用外资达85.77亿美元。利用外资领域从"三来一补"简单加工逐步扩大到高新技术等产业,从制造业扩展到服务业;形式由合资合作为主向外商独资经营为主方向发展。

(2)开放型经济质量不断提升

贸易结构持续优化,2021年,工业制成品出口占据了绝对主导地位。技术含量和附加值高的机电、高新技术产品出口比重持续提高,机电和高新技术产品占同期全省出口总值的50%以上,贸易方式从加工贸易为主到一般贸易为主。

(3)走出去步伐不断加快

对外投资从无到有、规模由小到大,行业更加多元化。1980年,福建对外承包工程及劳务合作113万美元,到2020年发展为89.0亿美元。2020年对外直接投资金额222.8亿美元,对外承包工程完成营业额89.0亿美元,外派劳务人员实际收入59.3亿美元。

(4)对外开放平台快速增长

福建海港口岸外贸进出口总货运量从1978年72.1万吨增长到2020年10636.15万吨。国际海运集装箱运输从1998年95.5万标箱增长到2021年936.5万标箱。从1983年到2020年,航空口岸年入出境旅客从1.1万人次增长到114.2万人次。海空口岸入出境旅客从1978年空白起步,增加到2020年

50.34 万人次。

（5）对外开放区域不断拓展

改革开放初期，与福建有贸易往来的国家和地区，贸易规模都很小，主要集中在日本、东南亚及部分西欧国家。随着开放的逐步深入，福建省深化对国际市场的分析研究，精心组织经贸推介活动，大力扶持各种展会，鼓励企业"走出去"建立营销机构，在巩固发展美国、欧盟、日本等传统市场的同时，积极开拓新兴市场，与东盟及"一带一路"国家外贸合作不断加强。2020 年，福建对东盟进出口额 2831 亿元，比上年增长 13.8%。

（6）开放型经济业态不断拓展

跨境电商异军突起。2020 年跨境电商交易额超过 249 亿元。

（二）福建省开放型经济发展模式和特征

1. 将政策资源转化为经济资源

发挥政策资源的作用，转化利用政策资源，将政策资源转化为经济资源，发挥内部和外部市场的作用，形成市场资源集聚的良性循环，市场主导力量不断增强。

2. 以园区为载体的产业集聚

福建发挥重点开发区的龙头、窗口、辐射作用，已形成了国内外知名品牌开发区，打造国内外知名品牌开发区，对周边地区经济发展起辐射作用，园区经济是福建开放型经济的特色，以园区为载体的产业集聚，形成了"开发区产业集聚"模式。

3. 招商引资平台凸显福建特色

构建形成了国家—省级—地市三级招商引资平台体系，打造了众多知名品牌平台，例如："9·8 投洽会"、"5·18 商交会"等；招商引资形式多种，招商引资渠道丰富，形成了"以项目带政策招商"、境外招商等多种形式和渠道。

4. 强化配套协作走向国际合作

强化配套协作，降低外资企业的生产成本，增强福建对国际资本的吸引力，利用世界先进技术，参与全球产业分工，走向国际合作。

四、经验启示

(一)发挥政府主导作用

发挥政府宏观调控、整体布局引领和主导作用。政策出台、结构调整等方面给予支持和倾斜;全面开放开发,制定优惠政策,吸引外商来投资,促进经济快速发展;打造特色,实施财税减免,放宽许可,多层次进行扶持和培育,营造良好发展环境,不断优化投资环境、市场环境,引导企业跨区域经营,实现"引进来"与"走出去"相结合。

(二)主动抓住外部机遇

主动融入,善于抓住优先发展的机遇。主动抓住每一次契机,推动开放型经济不断跨上新台阶。目前,国家加快"一带一路"建设,推进对外贸易,为开放型经济发展注入新动力,发展内陆开放型经济。

(三)聚合生产要素

搭建各类载体平台,形成经济开发区、物流园区、高新技术开发区等各类开放园区,形成聚合效应。完善基础设施,营造良好政策环境,促进资本、技术、管理、服务等生产要素积聚,发挥了龙头、窗口、辐射作用,促进设备制造、特色化工、电子信息等产业迅速发展壮大,形成开放型经济发展特色和优势。

第三节　内陆省份发展开放型经济的经验启示

2012年9月和2016年8月,国务院先后同意宁夏、贵州设立省域范围的内陆开放型经济试验区。近年来,宁夏和贵州试验区结合区位条件、资源优势,主动将自身发展融入国家战略上来,取得了积极的成效,形成了基础先行、产业支撑、平台聚力、制度保障、特色创新的基本路径,走出了一条可借鉴、易复制的内陆开放型经济发展新路子。

一、基础先行

宁夏作为西部内陆省份,交通条件先天不足,新世纪以来,宁夏通过各种渠道引进资本,加大了机场、高速公路、铁路和网络建设,短短10多年时间,就构建了陆路、空中、网上多层次开放通道。银川河东国际机场成为面向阿拉伯国家的门户机场,开通运营 8 条国际航线,98 条国内航线。陆上交通稳定发展,宁夏至中亚、西亚国际货运班列,累计发运 182 列 7649 车次,通过这些班列,宁夏许多产品进入中亚、西亚国际市场。网上丝绸之路不断突破,中阿技术转移综合信息平台系统上线运营,先后在 5 个阿拉伯国家建立了技术转移中心。

贵州打造内通外联大通道,成为西部重要枢纽。贵州积极进行交通设施建设,从"三不沿"到"三临近",从过去的"西部腹地"跃升为"西部枢纽"。截至2019 年底,贵州高速公路出省通道达 17 个、铁路出省通道达 14 个,形成贵阳至周边省会城市 2 小时交通圈;通航机场已在全省市(州)全覆盖,形成"一枢纽十支"民用运输机场布局;北入长江的乌江高等级航道实现通航。贵州高铁运营里程达到 1432 公里,高速公路通车里程突破 7000 公里,全省民航旅客吞吐量突破 3000 万人次。2019 年 12 月成贵高铁全线通车,成都与贵阳两座西南中心城市实现了铁路通行,打通了川渝黔与粤港澳大湾区的铁路客运大通道。贵州成为西部地区"一带一路"重要陆海连接线和西部地区连接华中华南的枢纽。在国际陆海贸易新通道建设中,通过交通优势贵州与西部地区省市的合作,将地方经济合作效应放大的典型案例,是值得借鉴与推广的经验。

二、产业支撑

功能分区,宁夏打造"一核两带多园"空间布局。为了发展开放型经济,宁夏从实际出发,因地制宜布置产业发展格局。以银川为中心,沿黄城市带和清水河城镇产业带为重点,坚持发展以"高、轻、新"为特征的先进装备制造、现代纺织、特色食品及民族用品、葡萄酒、新一代信息技术、新能源、新材料、生产性服务业等行业,全力建设成全区高端制造业核心区、国家制造业创新中心和国家级现代能源化工基地,构建现代产业体系,带动全区工业经济转型升级。

抢占先机,贵州大力发展大数据产业。贵州把发展数字经济作为后发赶超的突破口、转型发展的新引擎。强力推进大数据引领发展战略,打造全国大数据交易中心。以振华电子集团为电子信息产业发展的基础,引进华为、阿里巴巴、腾讯、浪潮、苹果等一批国内外优秀的企业落户,极大提升了贵州大数据电子信息产业的发展速度和层次,形成了智能通信终端、新型显示设备、高性能服务器、电子元器件、锂离子电池、光伏隔膜电池、人工智能、物联网、云计算等产业领域介入发展的格局。贵州全省电子信息制造业规模以上企业由 2014 年的 36 户增加到 2018 年的 228 户,工业总产值从 117 亿元增长到 706 亿元,年均增长 56% 以上。2016—2019 年,贵州省数字经济增速连续 4 年位居全国第 1。实践表明,贵州大数据引领发展大有可为、大有前途,是贵州实现弯道超车、跨越式发展的加速器。

三、平台聚力

贵州打造"1+8"平台为支撑、"5 个 100 工程"为载体的开放型经济。贵州形成以贵安新区为核心,以贵阳高新区、贵阳经开区、安顺高新区、遵义经开区、双龙航空港经济区、贵阳综保区、贵安综保区、遵义综保区为重点的"1+8"国家级开放创新平台,成为全省对外开放的重要支撑。加快建设"5 个 100 工程",引导产业园区转型升级,推动现代高效农业示范园区一二三产业融合发展,推进示范小城镇绿色发展,完善城市综合体功能配套,提升重点旅游景区服务质量,把"5 个 100 工程"打造成贵州内陆开放型经济的重要载体。

宁夏坚持内外平台并举、双向交流驱动,打造各类特色平台。依托宁东煤化工产业基地、"西电东送"火电基地以及中国能源化工的"金三角"的基础条件,根据区位、矿产资源和产业发展方向,形成"两轴""两中心""五大功能区"总体空间格局。对外利用易货贸易、境外投资等手段,强化了中亚、中东等区域在天然气、石油以及煤炭之间的国际合作,打造出综合性能源开发平台。

宁夏打造清真食品和穆斯林用品产业集聚地。宁夏利用自身特有的优势,以金积工业园区为主体,打造中国(吴忠)清真产业园。以国际化、品牌化为标准,建设集研发、生产、认证、交易、物流配送于一体的清真食品和穆斯林用品产业集聚区。

四、制度保障

一是高位推动,确保高效。宁夏获得国务院批复内陆开放型经济试验区后,就成立了宁夏内陆开放型经济试验区建设领导小组,由自治区主席任组长,自治区副主席、党委常委任副组长,各相关地方政府领导、自治区各部门领导任成员,下设办公室,推进宁夏内陆开放型经济试验区的各项建设。贵州省也成立了贵州内陆开放型经济试验区建设领导小组,领导小组办公室设在省发改委。

二是加强调度,狠抓落实。贵州定期召开贵州内陆开放型经济试验区建设推进大会。不定期召开领导小组会议、专题会议,研究部署重大工作,协调解决重大问题。制定工作规则,建立健全调度制度,加强督促检查,完善评估考核制度。由贵州省发改委、商务厅和扶贫办牵头制定"三区一环境"建设工作方案、年度工作要点等配套文件,建立内陆开放型经济试验区重大项目库。

五、特色创新

扩大中阿国际博览会的影响力。宁夏充分发挥回族自治区的优势,中国—阿拉伯国家博览会成为丝绸之路经济带沿线国家"向东看"和中国"向西看"的新通道与新平台,增强了开放平台聚集效应,拓展了合作成果的范围,凸显了大项目牵引作用,国际影响力进一步扩大的良好效应。宁夏引进来、走出去中阿博览会起到了非常重要的作用,中阿博览会作为国家级、国际性综合博览会,以中国和阿拉伯为主,正逐渐向全世界辐射,影响力与日俱增。

贵州开放式扶贫经验。依托"大数据""大健康""大旅游""大生态",完善资产收益脱贫攻坚机制。形成了具有贵州地方特色"三变"经验和"秀水五股"模式,大力推广普定县秀水村"秀水五股"模式,总结推广"资源变资产、资金变股金、农民变股东"的"三变"经验,把森林资源、农村土地资源、旅游文化资源通过存量折股、增量配股、土地入股等多种方式,转变为农民在企业、合作社或其他经济组织的股权,盘活农村资源资产资金,让农民长期分享股权收益。

宁夏金融工具创新。宁夏盐池县将国家支持资金、财政扶贫资金与金融产品和富民主导产业"有效嫁接",与金融机构合作,为贫困户量身打造了"盐池模式=信用+产业+金融",为贫困户脱贫致富做出了积极贡献。

第四节 中部各省发展开放型经济比较分析与启示

开放型经济是商品、服务和各类生产要素自由流动,按照市场原则实现资源优化配置的经济模式,其发展水平可以通过多方面指标来衡量,比如外贸依存度、利用外资数量、对外经济合作营业额等。

一、江西与湖北开放型经济比较分析

江西省是长江三角洲、珠江三角洲和闽南三角地区的腹地,具有得天独厚的

区位优势,自然资源丰富,内陆开放型经济发展基础较好。

(一)招商引资

利用外资现状比较分析。如表5-1所示,2016—2021年,江西省利用外资额从2016年的104.4亿美元增长至2021年的157.8亿美元,增长了51.15%。湖北省利用外资额从2016年的101.29亿美元增长至2021年的124.6亿美元,增长了23%。利用省外资金情况分析。2016—2021年,江西省利用省外资金从2016年的5905.8亿元增长至2021年的9541.8亿元,增长了61.57%。从整体来看,江西利用外资额一直呈现增长的趋势,利用外资额高于湖北。

表5-1 2016—2021年江西省与湖北省招商引资情况

年份	江西省		湖北省	
	利用外资 (亿美元)	利用省外资金 (亿元)	利用外资 (亿美元)	利用省外资金 (亿元)
2016	104.4	5905.8	101.29	8993.7
2017	114.6	6630.3	109.94	9106.9
2018	125.7	7346.4	119.41	—
2019	135.8	8038.5	129.07	—
2020	146	8751.6	103.52	—
2021	157.8	9541.8	124.6	—

(二)对外贸易

外贸进出口总额现状比较分析。如表5-2所示,2016—2021年期间,江西省外贸进出口总额呈现出逐年增长趋势,从2016年的2638.4亿元增至2021年的4980.4亿元,增长了88.77%。2016—2021年期间,湖北省外贸进出口总额呈现快速增长趋势,从2016年的2600.1亿元增至2021年的5374.4亿元,增长了106.7%。外贸进口总额现状比较分析。2016—2021年期间,江西省外贸进口总额呈现出逐年增长趋势,从2016年的676.3亿元增至2021年的1308.6亿元,增长了48.32%。2016—2021年期间,湖北省外贸进口总额呈现逐年快速增长趋势,从2016年的880.0亿元增至2021年的1865.1亿元,增长了111.94%。

外贸出口总额现状比较分析。2016—2021 年,江西省外贸出口总额呈现出逐年增长趋势,从 2016 年的 1962.2 亿元增至 2021 年的 3671.8 亿元,增长了 87.13%。2016—2021 年期间,湖北省外贸出口总额呈现逐年快速增长趋势,从 2016 年的 1720.1 亿元增至 2021 年的 3509.3 亿元,保持正向增长的趋势,增长了 104.02%。

表 5-2　2016—2021 年江西省与湖北省对外贸易情况

年份	江西省			湖北省		
	进出口 (亿元)	进口 (亿元)	出口 (亿元)	进出口 (亿元)	进口 (亿元)	出口 (亿元)
2016	2638.4	676.3	1962.2	2600.1	880.0	1720.1
2017	3020.0	797.5	2222.6	3134.3	1070.2	2064.1
2018	3164.9	940.8	2224.1	3487.2	1234.0	2253.2
2019	3511.9	1015.5	2496.5	3943.6	1458.7	2484.9
2020	4010.1	1089.8	2920.4	4294.1	1592.1	2702.0
2021	4980.4	1308.6	3671.8	5374.4	1865.1	3509.3

对外贸易增速现状比较分析。如表 5-3 所示,2016—2021 年期间,江西省外贸进出口总额增速呈现波动上升的态势,保持正向增长的趋势,其中 2021 年增速最快(23.7%),2016 年增速最慢(0.47%);江西省外贸进口总额增速呈现先升后降的态势,其中 2021 年增速最快(18.3%),2020 年增速最慢(7.5%),江西省外贸出口总额增速呈现波动上升的态势,其中 2021 年增速最快(25.8%)。2016 年增速最慢(-4.4%);2016—2021 年期间,湖北省外贸进出口总额增速呈现波动上升的态势,其中 2021 年增速最快(24.8%),2016 年增速最慢(-8.3%);湖北省外贸进口总额增速呈现上下波动上升的态势,其中 2021 年增速最快(16.3%),2016 年增速最慢(-13.6%);湖北省外贸出口总额增速呈现上下波动上升的态势,其中 2021 年增速最快(29.9%),2016 年增速最慢(-5.3%)。

从整体来看,江西省与湖北省对外贸易发展在规模和增长速度上有差异,江西省对外贸易额总量偏小,增长速度比较慢。

表 5-3   2016—2021 年江西省与湖北省对外贸易增速情况

年份	进出口总值			出口总值			进口总值		
	湖北增幅(%)	江西增幅(%)	江西占全国的比重(%)	湖北增幅(%)	江西增幅(%)	江西占全国的比重	湖北增幅(%)	江西增幅(%)	江西占全国的比重
2016	-8.3	0.4	1.08	-5.3	-4.4	1.42	-13.6	17.2	0.64
2017	20.6	14.5	1.08	20.2	13.3	1.44	21.4	17.9	0.64
2018	11.2	5.1	1.04	9.2	0.7	1.35	15.0	17.3	0.67
2019	13.1	11.1	1.11	10.3	12.3	1.45	18.2	8.2	0.71
2020	8.8	14.3	1.25	8.7	17.0	1.63	9.1	7.5	0.77
2021	24.8	23.7	1.28	29.9%	25.8	1.69	16.3%	18.3	1.07

外资依存度现状比较分析。如表 5-4 所示,2016—2021 年期间,江西省与湖北省外贸依存度都有不同程度的变化,呈现总体上升的态势。江西省外贸依存度呈现上下小幅波动的态势,2021 年外贸依存度最高为 16.8%,2019 年外贸依存度最低为 14.2%。湖北省外贸依存度波动幅度比较小,2021 年外贸依存度最高为 10.7%,2016 年外贸依存度最低为 8.1%。从整体来看,江西省与湖北省外贸依存度水平参差不齐,江西省外贸依存度整体高于湖北省。

表 5-4   2016—2021 年江西省与湖北省对外贸易依存度情况

省份	2016 年	2017 年	2018 年	2019 年	2020 年	2021 年
江西省	14.4%	14.5%	14.4%	14.2%	15.6%	16.8%
湖北省	8.1%	8.6%	8.9%	8.6%	9.9%	10.7%

(三)对外经济技术合作

对外经济技术合作现状比较分析。如表 5-5 所示,2016—2021 年期间,江西对外承包工程和劳务合作营业额处于缓慢变化,其中 2018 年(44.7 亿美元)、

2019年(44.9亿美元)保持平稳增长,2020年、2021年连续两年出现下滑。2016—2021年期间,湖北省对外承包工程和劳务合作营业额呈现上下波动上升的趋势,其中,2017年对外承包工程和劳务合作营业额最大(70.8亿美元),2016年对外承包工程和劳务合作营业额最小(51.1亿美元)。从整体来看,江西省与湖北省对外承包工程和劳务合作营业额差距比较大,江西省对外承包工程和劳务合作营业额远低于湖北省,2016—2021年期间大部分年份江西省对外承包工程和劳务合作营业额不到湖北省对外承包工程和劳务合作营业额的一半。

对外投资直接投资额现状比较分析。如表5-5所示,2016—2021年期间,江西省对外投资直接投资额上下波动比较大,其中,2019年对外投资直接投资额最高(18.5亿美元),2017年对外投资直接投资额最低(7.1亿美元)。湖北省对外投资直接投资额呈现上下波动上升的趋势,其中,2021年对外投资直接投资额最高(21.1亿美元),2016年对外投资直接投资额最低(14亿美元)。从整体来看,江西省与湖北省对外投资直接投资额差距比较大,江西省对外投资直接投资额远低于湖北省,2016—2021年期间大部分年份江西省对外投资直接投资额不到湖北省对外投资直接投资额的一半。

表5-5　2016—2021年江西省与湖北省对外经济技术合作情况

年份	江西省		湖北省	
	对外承包工程和劳务合作营业额(亿美元)	对外投资直接投资额(亿美元)	对外承包工程和劳务合作营业额(亿美元)	对外投资直接投资额(亿美元)
2016	39.4	12.4	51.1	14.0
2017	41.1	7.1	70.8	16.1
2018	44.7	8.4	64.4	17.8
2019	44.9	18.5	66.1	19.6
2020	40.6	8.7	64.2	20.0
2021	41.2	9	67.1	21.1

（四）口岸发展

口岸货运量现状比较分析。如表 5-6 所示，2016—2020 年期间，江西省口岸货运量呈现逐年上升的态势，从 2016 年 441.59 万吨增至 2020 年的 1348 万吨，增长了 205.26%。2016—2020 年期间，湖北省口岸货运量呈现逐年下降的态势，从 2016 年 2354.8 万吨下降至 2020 年的 1447.45 万吨，下降了 38.53%。出入境人员情况现状分析。如表 5-6 所示，2016—2020 年期间，由于受疫情的影响，2020 年江西省出入境人员最少（10.99 万人次），2020 年除外，江西省出入境人员总体呈现逐年上升的态势，从 2016 年的 58.79 万人次增至 2019 年的 95.49 万人次，增长了 62.23%。2016—2020 年期间，由于受疫情的影响，2020 年湖北省出入境人员最少（26.64 万人次），2020 年除外，湖北省出入境人员总体呈现逐年上升的态势，从 2016 年的 255 万人次增至 2019 年的 345.3 万人次，增长了 35.41%。从整体来看，江西省与湖北省口岸货运量、出入境人员在规模上有差异，江西省口岸货运量、出入境人员在规模上比湖北省小。

表 5-6　2016—2020 年江西省与湖北省口岸发展情况

年份	江西省		湖北省	
	口岸货运量（万吨）	出入境人员（万人次）	口岸货运量（万吨）	出入境人员（万人次）
2016	441.59	58.79	2354.8	255.0
2017	727.57	65.96	2098.6	286.3
2018	732.13	80.07	2125.6	298.1
2019	1172.7	95.49	1526.0	345.3
2020	1348	10.99	1447.45	26.64

二、江西与湖南开放型经济比较分析

（一）招商引资

利用外资现状比较分析。如表 5-7 所示，2016—2021 年期间，江西利用外资额一直呈现增长的趋势，江西省利用外资额从 2016 年的 104.4 亿美元增长至

2021 年的 157.8 亿美元,增长了 51.15%。除 2021 年外,湖南利用外资额从 2016—2020 年都是逐年增长的,从 2016 年的 128.5 亿美元增长至 2020 年的 210.0 亿美元,增长了 63.4%。利用省外资金现状比较分析。如表 5-7 所示,2016—2021 年期间,江西省利用省外资金从 2016 年的 5905.8 亿元增长至 2021 年的 9541.8 亿元,增长了 61.57%。湖南利用省外资金从 2016 年的 4361.8 亿元增长至 2021 年的 11280.3 亿元,增长了 158.62%。从整体来看,江西省与湖南省利用外资额存在差异,江西利用外资额偏少,低于湖南省。

表 5-7　2016—2021 年江西省与湖南省招商引资情况

年份	江西省		湖南省	
	利用外资 (亿美元)	利用省外资金 (亿元)	利用外资 (亿美元)	利用省外资金 (亿元)
2016	104.4	5905.8	128.5	4361.8
2017	114.6	6630.3	144.7	5097.9
2018	125.7	7346.4	161.9	6002.1
2019	135.8	8038.5	181.0	7133.3
2020	146	8751.6	210.0	8737.3
2021	157.8	9541.8	24.1	11280.3

(二)对外贸易

外贸进出口总额现状比较分析。如表 5-8 所示,2016—2021 年期间,江西省外贸进出口总额呈现出逐年增长趋势,从 2016 年的 2638.4 亿元增至 2021 年的 4980.4 亿元,增长了 88.77%。2016—2021 年期间,湖南省外贸进出口总额呈现快速增长态势,从 2016 年的 1782.2 亿元增至 2021 年的 5988.6 亿元,增长了 236.02%。外贸进口总额现状比较分析。2016—2021 年期间,江西省外贸进口总额呈现出逐年增长趋势,从 2016 年的 676.3 亿元增至 2021 年的 1308.6 亿元,增长了 48.32%。2016—2021 年期间,湖南省外贸进口总额呈现逐年快速增长态势,从 2016 年的 577 亿元增至 2021 年的 1775.8 亿元,增长了 207.76%。从外贸出口总额看,2016—2021 年期间,江西省外贸出口总额呈现出逐年增长趋势,从 2016 年的 1962.2 亿元增至 2021 年的 3671.8 亿元,增长了 87.13%。2016—2021 年,湖南省外贸出口总额呈现逐年快速增长趋势,从 2016 年的 1205.3 亿元增至 2021 年的 4212.7 亿元,保持正向增长的趋势,增长了 249.52%。

表 5-8　2016—2021 年江西省与湖南省对外贸易情况

年份	江西省			湖南省		
	进出口 (亿元)	进口 (亿元)	出口 (亿元)	进出口 (亿元)	进口 (亿元)	出口 (亿元)
2016	2638.4	676.3	1962.2	1782.2	577.0	1205.3
2017	3020.0	797.5	2222.6	2434.3	868.8	1565.5
2018	3164.9	940.8	2224.1	3079.5	1052.8	2026.7
2019	3511.9	1015.5	2496.5	4342.2	1266.1	3076.1
2020	4010.1	1089.8	2920.4	4874.5	1568.1	3306.4
2021	4980.4	1308.6	3671.8	5988.6	1775.8	4212.7

对外贸易增速情况比较分析。如表 5-9 所示,2016—2021 年期间,江西省外贸进出口总额增速呈现波动上升的趋势,保持正向增长的趋势,其中,2021 年外贸进出口总额增速最快(23.7%),2016 年外贸进出口总额增速最慢(0.4%);江西省外贸进口总额增速呈现先升后降的趋势,其中,2021 年外贸进口总额增速最快(18.3%),2020 年外贸进口总额增速最慢(7.5%);江西省外贸出口总额增速呈现波动上升的趋势,其中,2021 年外贸出口总额增速最快(25.8%),2016 年外贸出口总额增速最慢(-4.4%)。2016—2021 年期间,湖南省外贸进出口总额增速呈现波动上升的趋势,其中,2019 年外贸进出口总额增速最快(41.2%),2016 年外贸进出口总额增速最慢(-2.1%);湖南省外贸进口总额增速呈现上下波动的趋势,其中,2017 年进口总额增速最快(53.3%),2016 年进口总额增速最慢(-8.9%);湖南省外贸出口总额增速呈现上下波动的趋势,其中,2019 年外贸出口总额增速最快(51.9%),2016 年外贸出口总额增速最慢(1.5%)。

从整体来看,江西省与湖南省对外贸易发展在规模和增长速度方面存在较大的差距,江西省对外贸易额总量偏少,增长速度比较慢。

表 5-9　　2016—2021 年江西省与湖南省对外贸易增速情况

年份	进出口总值			出口总值			进口总值		
	湖南增幅(%)	江西增幅(%)	江西占全国的比重	湖南增幅(%)	江西增幅(%)	江西占全国的比重	湖南增幅(%)	江西增幅(%)	江西占全国的比重
2016	-2.1	0.4	1.08	1.5	-4.4	1.42	-8.9	17.2	0.64
2017	39.8	14.5	1.08	33.3	13.3	1.44	53.3	17.9	0.64
2018	26.5	5.1	1.04	29.5	0.7	1.35	21.2	17.3	0.67
2019	41.2	11.1	1.11	51.9	12.3	1.45	20.4	8.2	0.71
2020	12.3	14.3	1.25	7.5	17.0	1.63	24.1	7.5	0.77
2021	22.6	23.7	1.28	27.5	25.8	1.69	12.3	18.3	1.07

外资依存度情况比较分析。如表 5-10 所示,2016—2021 年期间,江西省与湖南省外贸依存度都有不同程度的变化,呈现总体上升的趋势。江西省外贸依存度呈现上下小幅波动的态势,其中,2021 年外贸依存度最高(16.8%),2019 年外贸依存度最低(14.2%);湖南省外贸依存度呈现上下大幅波动的态势,2021 年外贸依存度最高(13%),2016 年外贸依存度最低(5.7%)。从整体来看,江西省与湖南省外贸依存度偏小,水平参差不齐,江西省外贸依存度整体高于湖南省。

表 5-10　　2016—2021 年江西省与湖南省对外贸易依存度情况

省份	2016 年	2017 年	2018 年	2019 年	2020 年	2021 年
江西省	14.4%	14.5%	14.4%	14.2%	15.6%	16.8%
湖南省	5.7%	7.0%	8.4%	10.9%	11.7%	13.0%

(三)对外经济技术合作

对外承包工程和劳务合作营业额比较分析。如表 5-11 所示,2016—2021

年期间,江西对外承包工程和劳务合作营业额缓慢变化,其中,2018年、2019年对外承包工程和劳务合作营业额分别为44.7亿美元、44.9亿美元,保持平稳增长,2020年、2021年对外承包工程和劳务合作营业额分别为40.6亿美元、41.2亿美元,连续两年出现下滑。2016年至2021年期间,湖南省对外承包工程和劳务合作营业额呈现上下大幅波动态势,其中,2019年对外承包工程和劳务合作营业额最大(102.2亿美元),2020年、2021年对外承包工程和劳务合作营业额分别为22.5亿美元、27.6亿美元,连续两年出现大幅下滑的态势,2020年对外承包工程和劳务合作营业额最少(22.5亿美元)。

对外投资直接投资额现状比较分析。2016—2021年期间,江西省对外投资直接投资额上下波动比较大,其中,2019年最高(18.5亿美元),2017年最低(7.1亿美元)。湖南省对外投资直接投资额呈现上下波动态势,其中,2018年最高(16.7亿美元),2019年最低(9.6亿美元)。从整体来看,江西省与湖南省对外承包工程和劳务合作营业额差距比较大,除2020年、2021年外,湖南省对外承包工程和劳务合作营业额远超江西省,江西省与湖南省对外投资直接投资额差距比较大,湖南省对外投资直接投资额远超江西省(详见表5-11)。

表5-11 2016—2021年江西省与湖南省对外经济技术合作情况

年份	江西省		湖南省	
	对外承包工程和劳务合作营业额(亿美元)	对外投资直接投资额(亿美元)	对外承包工程和劳务合作营业额(亿美元)	对外投资直接投资额(亿美元)
2016	39.4	12.4	63.1	16.5
2017	41.1	7.1	70.5	13.5
2018	44.7	8.4	84.7	16.7
2019	44.9	18.5	102.2	9.6
2020	40.6	8.7	22.5	14.9
2021	41.2	9	27.6	16.7

（四）口岸发展

口岸货运量现状比较分析。如表 5-12 所示,2016—2020 年期间,江西省口岸货运量呈现逐年上升的态势,从 2016 年的 441.59 万吨增至 2020 年的 1348 万吨,增长了 205.26%。2016—2021 年期间,湖南省口岸货运量整体平稳呈现上下波动的态势,从 2016 年的 2151 万吨增至 2020 年的 2625.2 万吨,增长了 22.5%。出入境人员情况比较分析。如表 5-12 所示,2016—2020 年期间,除 2020 年,江西省出入境人员总体呈现逐年上升的态势,从 2016 年的 58.79 万人次增至 2020 年的 95.49 万人次,增长了 62.23%;2016—2020 年期间,除 2020 年,湖南省出入境人员总体呈现逐年上升的态势,从 2016 年的 246.44 万人次增至 2020 年的 326.4 万人次,增长了 32.45%。从整体来看,江西省与湖南省口岸货运量、出入境人员在规模上有差异,江西省口岸货运量、出入境人员在规模上比湖南省小。

表 5-12　2016—2020 年江西省与湖南省口岸发展情况

年份	江西省		湖南省	
	口岸货运量 （万吨）	出入境人员 （万人次）	口岸货运量 （万吨）	出入境人员 （万人次）
2016	441.59	58.79	2151.0	246.44
2017	727.57	65.96	2739.5	251.75
2018	732.13	80.07	2886.4	281.14
2019	1172.7	95.49	2690.5	326.4
2020	1348	10.99	2625.2	28.98

三、江西与安徽开放型经济比较分析

（一）招商引资

利用外资情况比较分析。如表 5-13 所示,2016—2021 年期间,江西省利用外资额从 2016 年的 104.4 亿美元增长至 2021 年的 157.8 亿美元,增长了 51.15%;安徽省利用外资额从 2016 年的 147.7 亿美元增长至 2021 年的 193 亿

美元,增长了 30.67%。利用省外资金情况比较分析。如表 5-13 所示,2016—2021 年,江西省利用省外资金从 2016 年的 5905.8 亿元增长至 2021 年的 9541.8 亿元,增长了 61.57%;安徽省利用省外资金从 2016 年的 9903.3 亿元增长至 2021 年的 16207.2 亿元,增长了 63.57%。从整体来看,江西省与安徽省利用外资、利用省外资金存在比较大的差异,江西省利用外资、利用省外资金规模偏小。

表 5-13　2016—2021 年江西省与安徽省招商引资情况

年份	江西省		安徽省	
	利用外资 (亿美元)	利用省外资金 (亿元)	利用外资 (亿美元)	利用省外资金 (亿元)
2016	104.4	5905.8	147.7	9903.3
2017	114.6	6630.3	159	10954.8
2018	125.7	7346.4	170	11942
2019	135.8	8038.5	179.4	12537.2
2020	146	8751.6	183.1	14104.7
2021	157.8	9541.8	193	16207.2

(二)对外贸易

外贸进出口总额情况比较分析。如表 5-14 所示,2016—2021 年,江西省外贸进出口总额呈现出逐年增长趋势,从 2016 年的 2638.4 亿元增至 2021 年的 4980.4 亿元,增长了 88.77%;2016—2021 年,安徽省外贸进出口总额呈现快速增长趋势,从 2016 年的 2933.8 亿元增至 2021 年的 6920.2 亿元,增长了 135.87%。从外贸进口总额看,2016—2021 年,江西省外贸进口总额呈现出逐年增长趋势,从 2016 年的 676.3 亿元增至 2021 年的 1308.6 亿元,增长了 48.32%;2016—2021 年,安徽省外贸进口总额呈现逐年快速增长趋势,从 2016 年的 1051.3 亿元增至 2021 年的 2825.4 亿元,增长了 168.75%。从外贸出口总额看,2016—2021 年,江西省外贸出口总额呈现出逐年增长趋势,从 2016 年的 1962.2 亿元增至 2021 年的 3671.8 亿元,增长了 87.13%;2016—2021 年,安徽省外贸出口总额呈现逐年快速增长趋势,从 2016 年的 1882.5 亿元增至 2021 年的 4094.8 亿元,保持正向增长的趋势,增长了 117.52%。

表 5-14　2016—2021 年江西省与安徽省对外贸易情况

年份	江西省			安徽省		
	进出口 (亿元)	进口 (亿元)	出口 (亿元)	进出口 (亿元)	进口 (亿元)	出口 (亿元)
2016	2638.4	676.3	1962.2	2933.8	1051.3	1882.5
2017	3020.0	797.5	2222.6	3631.6	1566.4	2065.2
2018	3164.9	940.8	2224.1	4150.8	1764.2	2386.6
2019	3511.9	1015.5	2496.5	4737.3	1952.7	2784.6
2020	4010.1	1089.8	2920.4	5406.4	2245.1	3161.3
2021	4980.4	1308.6	3671.8	6920.2	2825.4	4094.8

　　对外贸易增速现状比较分析。如表 5-15 所示,2016—2021 年,江西省外贸进出口总额增速呈现波动上升的趋势,保持正向增长的趋势,其中 2021 年外贸进出口总额增速最快(23.7%),2016 年外贸进出口总额增速最低(0.4%);江西省外贸进口总额增速呈现先升后降的趋势,其中,2021 年外贸进口总额增速最高(18.3%),2020 年外贸进口总额增速最低(7.5%);江西省外贸出口总额增速呈现波动上升的趋势,其中,2021 年外贸出口总额增速最高(25.8%),2016 年外贸出口总额增速最低(-4.4%)。2016—2021 年,安徽省外贸进出口总额增速呈现上下波动的态势,其中,2021 年外贸进出口总额增速最高(26.9%),2016 年外贸进出口总额增速最低(-1.4%);安徽省外贸进口总额增速呈现上下波动的态势,其中,2017 年外贸进口总额增速最高(48.3%),2016 年外贸进口总额增速最低(8.7%);安徽省外贸出口总额增速呈现上下波动的态势,其中,2021 年外贸出口总额增速最高(29.5%),2016 年外贸出口总额增速最低(-6.3%)。

　　从整体来看,江西省与安徽省对外贸易发展在规模和增长速度存在较大的差距,安徽省对外贸易总额大,增长速度快。

表 5-15 2016—2021 年江西省与安徽省对外贸易增速情况

年份	进出口总值			出口总值			进口总值		
	安徽增幅(%)	江西增幅(%)	江西占全国的比重	安徽增幅(%)	江西增幅(%)	江西占全国的比重	安徽增幅(%)	江西增幅(%)	江西占全国的比重
2016	-1.4	0.4	1.08	-6.3	-4.4	1.42	8.7	17.2	0.64
2017	23.7	14.5	1.08	9.8	13.3	1.44	48.3	17.9	0.64
2018	13.5	5.1	1.04	15.1	0.7	1.35	11.3	17.3	0.67
2019	14.4	11.1	1.11	16.7	12.3	1.45	11.2	8.2	0.71
2020	14.1	14.3	1.25	13.5	17.0	1.63	15	7.5	0.77
2021	26.9	23.7	1.28	29.5	25.8	1.69	23.4	18.3	1.07

外资依存度现状比较分析。如表 5-16 所示,2016—2021 年期间,江西省与安徽省外贸依存度都有不同程度的变化,呈现总体上升的趋势。江西省的外贸依存度变动幅度最大,其中,2021 年外贸依存度最高(16.8%),2019 年外贸依存度最低(14.2%);安徽省外贸依存度波动幅度比较小,2021 年外贸依存度最高(16.1%),2016 年外贸依存度最低(12.2%)。从整体来看,江西省与安徽省外贸依存度水平参差不齐,江西省外贸依存度整体高于安徽省。

表 5-16 2016—2021 年江西省与安徽省对外贸易依存度情况

省份	2016 年	2017 年	2018 年	2019 年	2020 年	2021 年
江西省	14.4%	14.5%	14.4%	14.2%	15.6%	16.8%
安徽省	12.2%	13.2%	13.8%	12.8%	14.0%	16.1%

(三)对外经济技术合作

对外承包工程和劳务合作营业额情况比较分析。如表 5-17 所示,2016—2021 年期间,江西对外承包工程和劳务合作营业额处于缓慢变化,其中,2018 年、2019 年对外承包工程和劳务合作营业额分别为 44.7 亿美元、44.9 亿美元,保持平稳增长,2020 年、2021 年对外承包工程和劳务合作营业额分别为 40.6 亿美元、41.2 亿美元,连续两年出现下滑态势;2016—2021 年期间,安徽省对外承包工程和劳务合作营业额呈现上下波动的态势,其中,2017 年对外承包工程和劳务合作营业额最大(34.8 亿美元),2021 年对外承包工程和劳务合作营业额最小(23.9 亿美元)。从整体来看,江西省与安徽省对外承包工程和劳务合作营业额存在差距,江西省对外承包工程和劳务合作营业额整体状况好于安徽省。

对外投资直接投资额情况比较分析。如表 5-17 所示,2016—2021 年期间,江西省对外投资直接投资额上下波动比较大,其中,2019 年对外投资直接投资额最高(18.5 亿美元),2017 年对外投资直接投资额最低(7.1 亿美元);安徽省对外投资直接投资额呈现波动上升的态势,其中,2021 年对外投资直接投资额最高(15.2 亿美元),2017 年对外投资直接投资额最低(9.3 亿美元)。从整体来看,江西省与安徽省对外投资直接投资额存在差距,安徽省对外投资直接投资额整体上远超江西省。

表 5-17 2016—2021 年江西省与安徽省对外经济技术合作情况

年份	江西省		安徽省	
	对外承包工程和劳务合作营业额(亿美元)	对外投资直接投资额(亿美元)	对外承包工程和劳务合作营业额(亿美元)	对外投资直接投资额(亿美元)
2016	39.4	12.4	30.9	12.4
2017	41.1	7.1	34.8	9.3
2018	44.7	8.4	30.1	14.5
2019	44.9	18.5	33.5	13.6
2020	40.6	8.7	25	14.4
2021	41.2	9	23.9	15.2

(四)口岸发展

口岸货运量情况比较分析。如表 5-18 所示,2016—2020 年期间,江西省口岸货运量呈现逐年上升的态势,从 2016 年的 441.59 万吨增至 2020 年的 1348

万吨,增长了205.26%;2016—2020年期间,安徽省口岸货运量整体呈现上下波动的态势,从2016年的3000.9万吨下降至2020年的2254.3万吨,下降了24.87%。出入境人员情况比较分析。如表5-18所示,2016—2021年期间,除2020年,江西省出入境人员总体呈现逐年上升的态势,从2016年的58.79万人次增至2019年的95.49万人次,增长了62.23%;2016—2020年期间,除2020年,安徽省出入境人员总体呈现逐年上升的态势,从2016年的56.8万人次增至2019年的88.1万人次,增长了55.11%。从整体来看,江西省与安徽省口岸货运量在规模上有差异,江西省口岸货运量在规模上比安徽省小,江西省与安徽省出入境人员规模上差距比较小。

表5-18 2016—2020年江西省与安徽省口岸发展情况

年份	江西省		安徽省	
	口岸货运量 (万吨)	出入境人员 (万人次)	口岸货运量 (万吨)	出入境人员 (万人次)
2016	441.59	58.79	3000.9	56.8
2017	727.57	65.96	3093.0	58.5
2018	732.13	80.07	3135.3	68.9
2019	1172.7	95.49	2707.5	88.1
2020	1348	10.99	2254.3	10.5

综上所述,江西省与湖北省、湖南省、安徽省在对外贸易发展规模和增长速度上有差异,对外贸易额总量偏小,外贸依存度高;江西省与湖北省、湖南省、安徽省在利用外资、利用省外资金存在比较大的差异,利用外资规模偏小;江西省与湖北省、湖南省、安徽省在对外承包工程和劳务合作营业额存在差距,对外承包工程和劳务合作营业额偏低;江西省与湖北省、湖南省、安徽省在口岸货运量、出入境人员规模上有差异,口岸货运量、出入境人员偏少。总的来说,江西省开放型经济规模偏小。

四、启示

党的十九大报告提出,开放带来进步,封闭必然落后。中国开放的大门不会关闭,只会越开越大。江西省要充分利用国际、国内两种市场、两种资源,摆脱对传统产业的依赖,才能实现成功转型。江西省发展开放型经济,要创新体制机制,优化投资软环境,促进产业结构升级,发展现代服务业,促进江西省内陆开放型经济发展。

(一)创新体制机制,优化投资软环境

以国际视野规划营造对外开放环境,准确定位,突出特色,发挥区域比较优势。建立健全出口政策服务体系;健全工作协调机制,强化部门协作配合,提升协同服务水平。创新区域合作机制。完善区域多层次的合作协调机制,加强多领域的合作,加强与周边城市等地区的合作与交流。建立健全机制体制。完善外商投资市场准入制度,加快一体化通关改革,推进通关作业无纸化;与主要贸易伙伴开展多方面的交流合作与互认,营造国际化、开放化、规范化、高效化的软环境。

(二)促进产业结构升级,发展现代服务业

进一步加大金融领域对外开放,积极引进国内外大银行、保险公司等金融机构总部和分支机构落户江西;加强现代物流业,进一步构建连接东西南北的快速通道;加快发展服务贸易,推动服务外包基地、服务外包示范园区建设,打造服务贸易和服务外包发展平台,提高国际竞争力。

(三)完善综合交通设施建设,构建联运大通道

加强基础设施建设,促进江西与"一带一路"沿线国家的互联互通。推进江西高速公路建设,完善与周边地区的公路网。加快整合码头资源,完成新、改、扩建码头工作,提高港口运行效率。建立健全铁路运输通关时间检测、评估和公开制度。加快港口物流与铁路、公路物流互联互通,构建联运大通道。

第六章
江西开放型经济发展的总体思路

　　江西开放型经济未来发展谋划,必须以习近平经济思想为引领,坚持新发展理念,以高质量发展、高水平开放为原则,主动适应经济全球化新趋势、国际贸易投资规则新变化,坚定不移地实施全方位大开放战略,以打造开放型经济升级版为目标,深度参与共建"一带一路",积极融入长江经济带建设,对接长三角经济区和粤港澳大湾区,加强与长江中游城市群及周边省份的区域合作,实施更加积极主动的经济国际化战略,以制度型开放为重点,深化市场化改革,推进各类开放平台高效协同发展,着力形成陆海内外联动、东西双向互济的全方位高水平开放新格局,加快构建互利共赢、多元平衡、安全高效的开放型经济新体制,拓展开放的广度和深度,提升开放型经济规模和效益,以开放促改革促发展,为江西经济转型升级、建设富裕美丽幸福现代化江西提供强大动力和战略支撑。

第一节　发展思路

一、基本思路

(一)突出向东向南开放
　　充分发挥江西背靠长三角、粤港澳大湾区和闽三角的区位优势,突出向东向南发展,主动融入长三角一体化和粤港澳大湾区,通过沪昆高铁、赣深高铁,加强与日韩、东南亚、南亚区域经济合作。充分发挥赣港合作、赣澳合作、赣台合作交流平台的作用,进一步加强与粤港澳大湾区、长三角经济区和闽三角经济区的融合与交流,打造赣粤、赣浙、赣闽、赣湘、赣鄂、赣皖、赣京合作平台,形成向东向南开放格局。

(二)打通双向开放大通道

1. 双向开放陆路大通道。积极发展多式联运,扩大现有铁海联运辐射范围,推动有条件的地区增开铁海联运线路。稳定开行赣欧班列,提高赣欧班列精品路线运行效率。打通沿边陆路,形成江西—广西—云南,再到东南亚,江西—新疆,再到南亚和中亚国家,江西—黑龙江,再到俄罗斯和东欧国家,江西—内蒙古,再到俄罗斯等多向开放大通道,与"一带一路"的相关经济走廊建设融为一体,做旺做强中欧班列(江西)集散中心。打通沿海陆路通道,全面开通江西各城市与上海港、宁波港、厦门港、广州港、深圳盐田港、湛江港之间的铁海联运,支持和鼓励重点企业整合全省及周边的进出口货物资源,加强运营管理,重点打造向塘国际物流中心、赣州国际陆港、鹰潭陆港,统筹全省资源通过内陆港进出。

2. 双向开放水运大通道。充分发挥九江152公里长江岸线和九江港一类口岸的优势,以及利用南昌港、樟树、吉安、赣州、波阳中转枢纽港,加强与长江中下游沿岸宜昌、武汉、黄石、安庆、芜湖、马鞍山、南京、江阴、上海等港的合作,加快推进铁路进港,发展多式联运,深化昌九水运一体化发展,构建通江达海、首尾联动的东向国际开放通道,打造"一带一路"和长江经济带交汇开放高地。推动九江港至上海洋山港水水联运"天天班"常态化开行。支持九江港、赣州国际陆港、上饶港、宜春港等加强与东南沿海港口的合作,推进开行九江至上海、九江至武汉、南京和重庆的江海直达班轮,适时开行九江至日本、韩国和东南亚各国国际直航航线。加快启动赣粤运河、赣浙运河建设,推进与深圳盐田港、广州港等口岸对接合作,实现与大湾区重点港口的协同发展、互联互通。

3. 全面扩展航空大通道。紧贴江西"2+6+N"产业和特色产业发展的现实需要,增开一批至欧美、日韩、东南亚、非洲等国家和地区,以及"一带一路"沿线国家的客货运航线。加快建设全省智慧航空港物流中心,建设航空货运集散地,拓展欧美等重点国家和地区的货运通道。重点打造南昌国际航空货运枢纽,进一步加密国内干线客运航班,加密江西至长三角、京津冀、粤港澳大湾区航线航班,在空间上加快融入长三角、粤港澳大湾区、京津冀地区。

4. 提升数字化网络通道体系。推进南昌、赣州、九江、上饶、鹰潭、宜春、吉安等地加强与长三角、粤港澳、京津冀、闽三角和中部地区数字化互联互通,推动实现口岸信息共建共享,实现江西与沿海、沿边、沿江省份电子口岸互联协作,提升口岸运行效率。以南昌为核心,以九江、上饶、赣州、宜春、吉安、鹰潭为次中心的数据空间布局,建成以国家级平台为龙头、省级平台为骨干,市级平台为支撑的三级创新平台体系。

5. 打造内陆开放门户。突出南昌核心增长极引领作用,打造国际门户枢纽,优先布局国家重大战略项目、试点示范项目,带动大南昌都市圈联动开放。以南昌、九江、赣州、上饶四大门户城市为重点,对接长三角经济区、粤港澳大湾区和闽三角经济区,探索"飞地经济""一区多园"模式,共建产业园区,加快建设中德、中法、中韩、中瑞(士)、中新等国际合作园区,打造高端创新资源承载地。有序推进瑞金机场建设,争取在符合条件的地区建设综合性指定监管场地,完善口岸功能。

(三)发展临空经济

以南昌昌北机场为龙头,发挥江西"一干六支"的机场优势,大力发展航空物流和临空经济。重点在南昌、九江、赣州、上饶、宜春、景德镇等机场周边建设临空经济区和产业园,对接南昌物流中心区、赣东北商贸物流区、赣西商贸物流区、赣中南商贸物流区,重点发展具有江西优势的电子信息、陶瓷、光伏、食品、玩具、家具等出口产品,通过对外开放促进江西传统产业转型升级。加快瑞金民航机场建设。加快通用机场建设,力争到2030年建成50个以上通用机场,建成覆盖广泛、分布合理、功能完善、集约环保的通用航空机场体系,推动通用航空在应急救援、工农林业、运动旅游、科技应用、商务飞行等方面实现广泛应用。

(四)输出优势产品

充分发挥江西优势产业与优质农产品基地的优势,与欧美、俄罗斯及东欧、东南亚、南亚、中亚、澳洲、非洲、拉丁美洲的需求相对接,输出江西生态农产品、化纤化肥、文化产品、服装及衣着附件、家具及其零件、二极管及类似半导体器件、塑料制品、太阳能电池、玩具、灯具、照明装置及其零件、未锻轧铜及铜材、纸浆、纸及其制品、箱包及类似容器、基本有机化学品、医药材及药品、木及其制品、烟花爆竹、纺织纱线、织物及其制品、车辆及零部件等优势产品走出去。

二、基本原则

(一)深化改革,创新驱动

坚持以开放促改革、促创新、促发展,坚决破除条条框框、思维定式束缚,推进更高起点的深化改革和更高层次的对外开放,创新开放型经济体制机制,构建公平开放的发展环境,推动国际国内要素自由流动、资源高效配置、市场深度融合,创新国际进出口贸易和国际双向投资新模式、新平台,持续优化对外贸易和投资结构,提高综合运用国际国内两个市场、两种资源的能力,加强国际产能和装备制造合作,实现共赢开放,不断提升江西产业在全球产业价值链中的地位。

(二)开放合作,互利共赢

充分发挥江西省区位优势,加强开放平台建设,构建开放大通道,积极参与"一带一路"建设和长江经济带发展,深度融入"长珠闽"经济板块,努力掌握对外开放主动权,以大开放推动大发展,不断提升江西省开放型经济的国际竞争力。合理配置全省开放型经济发展资源,推动各县(市、区)和国家级开发区充分利用本地园区和产业基础,形成各具优势、融合互动、多点支撑、竞相发展的区域开放板块。

(三)内外联动,协调发展

统筹"两个市场、两种资源",突出国内外联动,坚持内贸与外贸、货物贸易与服务贸易、进口与出口、"走出去"与"引进来"、线上与线下协调发展,使货物贸易、服务贸易、利用外资和对外投资相互促进,打造东西双向开放的全面开放格局,推动江西经济转型升级。

第二节　发展战略

江西开放型经济发展战略重点是打造"三地两区一中心"。

一、打造国家"一带一路"倡议实施的重要腹地

要不断拓展开放的范围和层次,关键是要深度融入共建"一带一路"大格局,加快形成面向中亚、南亚、西亚国家的通道、商贸物流枢纽、重要产业和人文交流基地。

1.合力共建中西部陆海新通道。深化中西部省区市合作,加强与长江经济带沿线城市、口岸对接。按照"统一品牌、统一规则、统一运作"原则,做大做强跨区域综合运营平台。统筹境内外枢纽和集货分拨节点,有序推进物流设施建设,提升国际物流集散、存储、分拨、转运等功能,推动物流贸易、跨国供应链、跨境电商等领域合作,共同拓展南向国际市场。

2.共同做强中欧班列品牌。共同完善通道运行网络,加快实施中欧班列集结中心示范工程。统筹优化去回程线路、运力,推动集结点、代理、运输、仓储、信息等资源共建共享,拓展运输产品品类及运输范围。探索开展股权合作、合资经营,探索合资成立海外公司,提高境外操作及服务能力。完善跨境邮递体系,建设铁路口岸国际邮件互换中心。积极推进中欧互认地理标志品牌出海工程。开拓中欧班列中东通道,积极衔接中蒙俄经济走廊。

3.打造国际航空门户枢纽。织密国际航线网络,开辟"一带一路"国家等重点区域国际航线航班,提高与全球主要城市间的通达性。强化周边地区机场协同运营,推动南昌、长沙、武汉三地互为异地货站,采取"异地货站+异地包机"等新模式。加强洲际航线班期安排和航线统筹,共同争取在航权、时刻方面的政策支持。

4.深化多领域国际交流合作。加快和扩大教育对外开放,加强高端智库国际交流,共建"一带一路"科技创新合作区,建设"一带一路"国际技术转移中心。联合开展具有江西特色的海外经济文化交流活动,推动优秀文化、文学作品、影视产品"走出去"。

二、打造内陆双向开放的重要高地

结合江西内陆开放发展实际,牢固树立新理念,探索开放发展新思路、新举措。

一是完善内外开放大通道。全面推进铁路、公路、水路、航空、管网建设,全力打造陆上、海上、空中、数字、管路"五位一体"物流通道。优化铁海联运监管模式,持续推进"赣新欧"和中欧班列多式联运业务发展,持续推进赣新欧班列高质量发展,支持大宗商品战略储运基地建设,助力昌北空港、九江港打造全国空运、航运枢纽中心。积极探索数智制造产业供应链智慧监管模式,加快推广"陆路航班"业务,扩大空港物流辐射范围,构建互联互通、高效便捷的现代开放通道。

二是培育开放发展潜力。加快出口商品结构调整，逐步提高高新技术产业产品、先进制造业产品和生态农业产品的比重。推动江西对外贸易由以低附加值产品出口向以高附加值产品出口为主转变，提升中国在全球供应链中的地位，推动江西产业向全球价值链的中高端迈进。积极发展服务贸易、研发设计等新业态，挖掘出口潜力，全面提高开放型经济贸易质量。

三是拓展开放发展领域。放宽服务业、制造业、采矿业等领域外资准入限制，鼓励和引导内外资企业投资江西省航空、新能源汽车、电子信息、中医药、绿色智慧农业、大健康、节能环保等特色优势产业。着力推进服务贸易对外开放，扩大服务贸易规模，着力培育软件和信息技术、咨询、通信、金融、保险、文化创意、出版传媒、动漫游戏等新兴服务贸易，重点支持成长性强、发展潜力大、结构优化的服务贸易业务。

四是健全开放发展机制。对标已有的高标准和最先进国际经贸规则，完善江西开放型经济规则等制度设计和安排，根据国际经贸规则高标准化演进的新趋势，加快推进改革，逐步实现自身规则等制度设计和安排的优化。以主动开放、自主开放将外部压力转化为内生动力，加快建设与国际高标准贸易和投资通行规则相衔接的市场规则制度体系，加强改革系统集成、协同高效，不断激发市场活力。

三、打造长江经济带开放型经济的战略支点

江西是国内大循环的战略腹地和国际大循环的重要枢纽，也是长江经济带的重要战略支点，要以更高水平的资源流动和要素配置来加快培育新形势下参与长江经济带合作和竞争的新优势，要充分利用好江西的区位优势，通过挖掘、开辟和引领市场，打造更多新的经济增长点。要高度重视与长江经济带各省市基础设施的对接，以沿江重要港口为节点和枢纽，统筹推进水运、铁路、公路、航空、电力、油气管网集疏运体系建设，打造网络化、标准化、智能化的综合立体交通走廊。要与长江经济带各省市在产业、市场、体制、政策、环境等方面加强融合、互动发展，加快产业基础高级化、产业链现代化，加快高级生态产业链群的打造，统筹推进传统产业转型升级与新兴产业发展壮大，推动制造业和服务业的融合，提升产业发展的成长性和核心竞争力，促进高质量发展。要根据区位特点和

要素禀赋探索差异化开放路径的同时,增强开放的联动性,用好省际协商机制,探索部门对接落实机制,加强与长江经济带各省市在劳动力、土地、资源优势方面紧密结合,要发挥协同联动的整体优势,建立跨区域通力合作的体制机制,在贸易、园区、航运、金融等领域构建高水平合作机制,共同推动长江经济带高质量发展。

四、打造承接东部产业转移的重要基地

将立足现有基础,进一步完善创新服务平台、打造产业承接平台、建设对外开放平台,制定承接产业转移项目清单,加强与沿海等发达地区对接,积极走出去,主动请进来,大力邀请产业链企业、头部企业来考察,寻求合作机遇,以国家内陆开放型经济试验区这块"金字招牌"为依托,围绕"2+N"工业体系,以特色优势产业为重点,深入对接粤港澳大湾区、长三角、闽三角等重点产业集聚区,紧盯世界500强、中国500强,在产业链关键环节引进一批领军型、龙头型企业,以优质增量壮大总量。聚焦战略性新兴产业,瞄准新型高端、高附加值、科技密集产业,如VR、大数据、移动物联网、元宇宙、区块链、机器人、集成电路、智能终端等产业,打造开放型经济发展"新引擎"。

五、打造促进中部崛起的重要支撑区

江西省承东启西、连南接北,是中部地区崛起的战略支撑区,也是东中西区域良性互动协调发展的关键区域。必须加强与中部地区各省交流合作,建立健全与中央国家机关有关部门、中央企业和中部地区各省合作共建机制,探索实施适合内陆地区特点的开放政策和体制机制,创新省际合作模式,加强对话交流、协商重大事项、强化规划衔接,共同推动中部地区各省实现基础设施一体化、产业一体化、市场一体化、文化旅游一体化和生态保护一体化,要以国务院发布《关于新时代推动中部地区高质量发展的意见》为契机,推动中部地区各省合作向更高层次、更广领域、更深内涵迈进,提高经济集聚度、区域协同性和整体竞争力,为新时代中部地区崛起提供有力支撑。

六、打造全国绿色产业转型示范区

绿色生态是江西最大财富、最大优势、最大品牌,江西要以产业绿色转型为

引领,全面落实江西省碳达峰碳中和实施方案和行动计划,试点建设碳达峰碳中和试验园区和试点企业。积极发展低碳零碳负碳技术创新,节能减污,协同增效;停批污染项目、关停污染企业、叫停污染行为;推进粗放式生产方式转变、资源消耗型企业转型,打造全面绿色转型发展的示范之地。

加快推进生态产业化、产业生态化,加快培育壮大新兴产业,促进传统产业优化升级,全面推进"2+6+N"产业发展,积极培育壮大航空、电子信息、装备制造、中医药、新能源、新材料六大优势产业,推进九江长江经济带绿色发展示范区、萍乡国家产业转型升级示范区、丰城国家绿色产业示范基地、南昌 VR 产业园、上饶数字经济示范区、新余资源循环利用基地建设,打造绿色园区、绿色工厂和绿色车间。

第三节　开放布局

一、谋划推进全球布局

以"一带一路"国家和自贸协定国家为重点,以东盟、欧盟为首要市场,以美、日、韩等国家为重点市场,以友城合作为切入点,积极深化和拓展与德国、新加坡、日本等国家产业合作和经贸往来。以中东欧、非洲为重点,着力加强与白俄罗斯、波兰、塞尔维亚、安哥拉、刚果(金)、赞比亚、南非、尼日利亚等矿产资源丰富的国家联系,支持省内龙头企业和优势产能、优势装备、适用技术"走出去",开展以能源资源为重点的国际产能合作。以西亚、中亚、拉美为切入点,积极开拓哈萨克斯坦、土耳其、阿联酋、沙特、巴西、阿根廷、墨西哥、秘鲁等新兴市场。

二、优化区域开放布局

抢抓促进中部地区崛起战略机遇,向南、向东对接融入粤港澳大湾区、长三角地区和海峡西岸经济区,向西对接长株潭和成渝地区双城经济圈,向北对接京津冀都市圈。推动赣州港与深圳盐田港开放合作,共建深赣"港产城"特别合作区,打造"特区+老区"精准帮扶、共赢发展的全国范例。推动赣浙边际合作(衢饶)示范区、赣湘边区域合作示范区、赣粤产业合作试验区等建设。加快建设赣台、赣粤、赣深、赣浙、赣湘、赣闽等省际合作产业园。

三、优化省内开放布局

持续优化"一核三带四板块"省内开放布局,高标准建设大南昌都市圈开放合作核心区,沿江开放合作带、赣深高铁开放合作带与沪昆高铁开放合作带,促进区域间产业合作与加快开放步伐;打造南昌、赣州、九江、上饶四大开放门户,促进省内其他城市对外开放。

以南昌为核心,做大做强南昌都市圈,打造成为对接长江经济带的先行区。积极对接"一带一路"国家基础设施建设和市场消费需求,推动现代农业、先进制造业、战略性新兴产业、现代服务业"四大行业"走出去。支持实施一批机电、纺织、有色金属、医疗器械等产业投资项目,建立境外生产加工基地。吸引更多国内航空公司新开通大南昌都市圈机场始发航班,鼓励更多国际航空公司增加至大南昌都市圈机场的中远程航班。加强与中欧班列沿线城市合作,重点推进南昌中欧班列常态化持续健康发展,提高班列运输效率。深化与长三角、闽三角、粤港澳大湾区沿海主要港口紧密合作,加密南昌、九江、抚州至深圳、上海、宁波、厦门、福州等地的铁海联运班列。

以赣州市为核心,促进赣南等原中央苏区发展,重点打造成为对接粤港澳大湾区的桥头堡。深化与大湾区世界级港口群开放合作,提升赣州国际陆港作为盐田港、广州港、蛇口港、大铲湾港的内陆腹地港的功能和作用,探索建立"沿海内陆组合港"新模式,常态化开行"深赣欧""粤赣欧"班列,推动共享"一带一路"国家和地区的深水港资源。建立健全与大湾区城市协商合作长效机制,持续深化赣州经开区与广州经开区、赣州高新区与深圳高新区、龙南经开区与广州增城经开区开展合作共建,全面推广复制大湾区改革创新经验成果,打造"湾区+老区"跨省区域合作可持续、高质量发展典范,建成大湾区辐射带动内陆地区双向开放的主要支点。全面对接大湾区各城市重点产业,实施全产业链承接产业转移,加快建设赣粤产业合作区南康片区、"三南"片区,探索共建赣粤科技合作试验区。

以上饶市为中心,加快赣东北转型发展,重点对接长三角经济区和海峡西岸城市群。以浙赣边际合作(衢饶)示范区建设发展为契机,加强与浙沪苏在规划编制、产业合作、要素流动、文化教育交流、生态共保、就业社会保障互认、交通互联互通等领域的协调对接,打造对接长三角一体化发展先行示范区。积极对接粤港澳大湾区建设。推动与粤港澳大湾区科技创新要素对接,促进科技创新成果在上饶市转移转化。对接粤港澳大湾区高新技术产业,加强双方在有色金属、新能源、新材料、节能汽车等产业的合作。打通与长三角、闽三角、粤港澳大湾区的全方位快速通道,发挥特色优质旅游资源,构建区域旅游经济合作机制,合力开拓旅游市场。加快融入海西经济区步伐。加快推进宁德港上饶码头建设,发挥江西首个在沿海发达地区的"飞地港"作用。

以九江为中心,带动赣北沿江地区发展。深度参与"一带一路"建设,紧抓"一带一路"国家基础设施建设带来的机遇,鼓励有条件的工程企业以基础设施特许权(BOT)、政府和社会资本合作(PPP)等模式承接国际承包工程,扩大企业"走出去"影响力。主动融入长江沿岸走廊产业协作,承接东部沿江省市新兴产业、先进制造业产业转移。创新省际合作模式,探索建立赣鄂皖长江两岸合作发展试验区,推动赣鄂、赣皖建设产业合作区,合力打造长江中游城市群融合发展平台。主动对接粤港澳大湾区。充分利用好赣台、赣港经贸合作交流大会等开放合作平台,深入参与粤港澳大湾区经贸交流活动,主动承接大湾区电子信息、装备制造、新材料等产业转移。主动融入大南昌都市圈,加快推进都市圈要素市场一体化、基础设施互联互通、公共服务共建共享、生态环境联防联治。

第四节　发展重点

一、重点产业

重点关注具有竞争优势和潜在竞争优势的产业,集中力量破解关键领域和薄弱环节的发展难题,着力推进制造业高端化、智能化、绿色化、服务化、国际化,突出重点产业招大引强。根据全省产业发展规划和布局,围绕促进新一代信息技术、航空制造、先进装备制造、锂电及电动汽车、生物医药、人工智能、新能源新材料、节能环保等新兴产业超常规发展,改造提升有色、石化、钢铁、建材、食品、纺织等传统产业,做大做强金融、物流、大数据、物联网、区块链、元宇宙、VR等产业。

二、重点企业

深化与欧美、日韩、东盟等重点国家和港澳台、长珠闽地区的产业对接合作,积极对接世界500强和中国500强战略投资者,吸引更多跨国公司、大企业和上下游配套产业入驻,形成产业集聚效应。鼓励具有比较优势的新一代信息技术、电子信息、航空、装备制造、新能源、新材料、现代农业、生物制药、文化传媒等领域的龙头企业向精深加工、研发和品牌、信息管理与咨询服务等科技含量较高的关键领域投资。引导中国江西国际经济技术合作有限公司、江西中煤建设集团有限公司、江西省建工集团有限责任公司、中鼎国际工程有限责任公司等重点企业以工程、项目换资源等形式开展对外合作,实行资源开发与基础设施建设相结合、工程承包与建设运营相结合,推动向系统集成工程总承包方向拓展。推动江西省金控外贸股份有限公司、赣州市祥通进出口贸易有限公司、江西烟花爆竹物流中心有限公司、南昌一干通供应链管理有限公司、江西前海国信电子科技有限公司等外贸综合服务企业,通过创新商业模式,运用互联网、大数据,为江西中小企业开拓国际市场、降低贸易成本、缓解融资困难等方面发挥重要作用(详见表6-1)。

表6-1　江西省外向型经济重点企业

名称	入围企业
江西省外贸综合服务企业	江西省金控外贸股份有限公司、赣州市祥通进出口贸易有限公司、江西烟花爆竹物流中心有限公司、南昌一干通供应链管理有限公司、江西拓佳贸易有限公司、南昌综保外贸综合服务有限公司、鹰潭市柏森贸易有限公司、南昌前海国信电子科技有限公司、江西前海国信电子科技有限公司、上饶前海国信电子科技有限公司、江西安迈贸易有限公司、上饶一干通企业服务有限公司
江西省出口名牌企业(2021年)	江西林恩茶业有限公司、江西京九电源科技有限公司、江西省针棉织品进出口有限责任公司、江西博仕通国际贸易有限公司、江西洪达医疗器械集团有限公司进出口公司、南昌市康华卫材有限公司、江西海福特卫生用品有限公司、江西蓝博医疗制品有限公司、江西锐胜台球制造有限公司、江西福美泰生物技术有限公司、江西天新药业股份有限公司、赣州市深联电路有限公司、海志电源技术(赣州)有限公司、江西睿恩实业有限公司、上犹县嘉亿灯饰制品有限公司、江西赫耐特实业有限公司、江西龙泰新材料股份有限公司、江西省春丝食品有限公司、明冠新材料股份有限公司、瑞彩科技股份有限公司、江西鑫田车业有限公司、江西耐普矿机股份有限公司、鄱阳县黑金刚钓具有限责任公司、新干宏图伟业工贸发展有限公司、江西省中瑞威登实业有限公司、江西麻姑实业集团有限公司

续表

名称	入围企业
江西省对外承包工程百强企业	中国江西国际经济技术合作有限公司(第22位)、江西中煤建设集团有限公司(第50位)、江西省建工集团有限责任公司(第64位)和中鼎国际工程有限责任公司(第100位)。入选完成营业额百强榜单的企业是:中国江西国际经济技术合作有限公司(第25位)、江西中煤建设集团有限公司(第27位)、江西省水利水电建设有限公司(第81位)、中鼎国际工程有限责任公司(第82位)
全球最大250家国际承包商	中国江西国际经济技术合作有限公司、江西中煤建设集团有限公司、江西省水利水电建设集团有限公司、中鼎国际工程有限责任公司、江西省建工集团有限责任公司、江联重工集团股份有限公司

三、重点产品

重点出口产品主要是机电产品、光伏产品、纺织纱线、织物及其制品、箱包及类似容器、服装及衣着附件、玩具、塑料制品、鞋靴、家具及其零件、农产品、陶瓷产品、文化产品。

重点进口产品主要是机电设备、零部件、车辆、航空器、船舶、贱金属制品、精密仪器、矿产品、皮革、纸制品、塑料塑胶制品等。

四、重点口岸

巩固提升平台通道支撑能力,发挥释放口岸开放平台通道效能。完善口岸立体开放体系,巩固提升昌北航空一类口岸和九江水运一类口岸地位,支持赣州港陆路口岸和向塘国际陆港建设,完善港航基础设施和口岸集疏运体系。加快培育发展口岸经济新业态,大力发展保税经济、大宗直接贸易、服务贸易,打造中部地区临空经济发展新高地、全省通江达海新增长极和中部地区国际综合物流枢纽三大口岸经济新增长极(详见表6-2)。

九江水运口岸。以九江港为平台,地处长江、鄱阳湖、京九铁路的交汇处,是长江五个主枢纽港之一,沿江港口岸线全长152公里,上至瑞昌下巢湖,下至彭泽马当,包括瑞昌港区、城西港区、城东港区、湖口港区、彭泽港区5个港区,拥有码头泊位数 257 个,其中生产经营性泊位 225 个,公务及其他性质泊位 32 个。九江港为水陆联运的国家级主枢纽港和长江中下游港口,主要货种结构为矿建材料、煤炭、铁矿石和非金属矿石、石油及制品。2021 年,九江港累计完成货物吞吐量 1.71 亿吨,在长江沿线同类城市港口中排名上升至第一;集装箱累计完成 65.1 万标箱,在长江沿线同类城市港口中排名继续保持第二,客货运周转量增速 86%,继续位列全省第一。

昌北航空口岸。南昌昌北机场于 1996 年 10 月 20 日开工建设,1999 年 9 月 10 日建成投入使用,2004 年 2 月,南昌昌北机场通过对外籍飞机开放口岸验收,晋升为国际机场。2011 年 5 月 23 日,南昌昌北国际机场正式启用新建 9.66 万平方米的 T2 航站楼,扩建后共有 51 个机坪机位,机场飞行区等级提升至 4E。截至 2021 年,在南昌昌北国际机场运营的国内外航空公司有 48 家(含 2 家货运航空公司),通航 68 个城市,经营航线 132 条。

赣州国际陆港。坐落于赣州市南康区,占地面积 3500 亩,完成投资 130 余亿元,已建成八大核心功能区。赣州国际港是中国第八个内陆开放口岸,全国内陆第一个也是唯一一个进口木材直通口岸,全国内陆第一个国检监管试验区,也是国检缩小版的自贸区。到 2020 年,赣州港实现多口岸直通、多品种运营和多方式联运,港口聚集辐射能力显著提升,集装箱吞吐量突破 100 万标箱。

表 6-2　江西省重点口岸基本情况

名称	主要设施	货运量(吞吐量)	货种结构
九江水运口岸	瑞昌港区、城西港区、城东港区、湖口港区、彭泽港区五个港区,拥有码头泊位数 257 个,其中生产经营性泊位 225 个,公务及其他性质泊位 32 个	2021 年,累计完成货物吞吐量 1.71 亿吨,集装箱累计完成 65.1 万标箱	矿建材料、煤炭、铁矿石和非金属矿石、石油及制品
昌北航空口岸	国内外航空公司有 48 家(含 2 家货运航空公司),通航 68 个城市,经营航线 132 条	昌北机场旅客吞吐量 976.8 万人次,同比增长 3.6%,海关监管国际货邮量 11.2 万吨,首次突破 11 万吨,同比增加 46.21%	电子产品、医药产品

续表

名称	主要设施	货运量(吞吐量)	货种结构
赣州国际陆港	已建成铁路赣州国际港站、国际铁路集装箱中心、海关监管作业场所、现代物流分拨中心、冷链物流产业园、跨境电商海关监管中心、进口汽车检测中心以及国际木材集散中心等八大核心功能区	到 2020 年,集装箱吞吐量突破 100 万标箱,成为全国最大的进境木材集散中心和现代临港产业健全、港城融合发展的综合性国际内陆港口	家具、农产品
向塘国际陆港	全站共有 139 股道,日均解编货物列车 1.7 万余辆。港区入驻品牌物流企业 20 余家,外贸平台企业 5 家,仓储面积超过 40 万平方米	2021 年,开行班列 828 列,其中 9 条中欧班列,9 条铁海联运班列	汽车、电子产品

　　向塘国际陆港。南昌向塘国际陆港新城位于南昌县南部,总规划面积33.82 平方公里,境内拥有江南最大的向西货运编组站,目前,向塘西车站日均解编货物列车 1.7 万余辆。京九、沪昆、浙赣和向莆等干线铁路汇集,105、316、320 三条国道穿境而过,沪昆、赣粤、福银、昌宁等高速公路可快速连接,构建起立体联动的交通网。2021 年 11 月 29 日,南昌向塘国际陆港成功入选为首批国家物流枢纽。

五、重点项目

　　一是基础设施互联互通项目,加快重点运输通道、航空运输平台和综合性交通物流枢纽建设,加强与国际能源通道对接,积极参与“一带一路”国家能源基础设施建设(详见表6-3)。

表 6-3　2022 年江西省重点基础设施招商引资项目

序号	项目名称	建设内容及规模	总投资（亿元）
1	萍乡高铁新区建设项目	依托萍乡北枢纽站建设，规划建设面积约 40 平方公里，主要包括道路交通路网工程、综合管廊等市政工程，建设高铁中央商务区、学校、医院等项目，积极引进高端产业，全力打造产城融合新区	50
2	高安八景港（内陆港港城一体）项目	张家山站改造、八景至张家山线路电气化改造；新建办公及附房 3 万平方米；仓库 5 万平方米；堆场 10 万平方米；场区道路 20 公里；出卡口及通信设施建设等	50
3	樟树市赣江三桥及连接线工程项目	该项目属公路桥梁，兼具城市交通功能。项目建设需跨赣江、袁河、肖江及浙赣铁路沪昆高速等	30
4	S308 万载县城至宜春慈化段一级公路改建工程项目	新（改）建一级公路 45.2 公里，设计速度为 80 公里每小时，路基宽 24.5 米	25
5	遂川县渝长厦通道长赣铁路（遂川站）新城建设项目	规划用地 500 亩，建设道路等相关基础设施，形成商贸、物流、红色传承教育基地等为一体的遂川高铁新城	10
6	弋阳县城乡供水一体化工程	包含方团引水工程招宾水厂管网延伸工程、刘家湾水厂管网延伸、叠山水厂建设及管网铺设、港口水厂建设及管网铺设	9.5
7	G319 上栗县清溪村至四海村公路改建工程	路线全长约 14.735 公里，按一级公路标准建设，设计时速 60 公里，路基宽 21.5 米，双向四车道沥青砼路面	9
8	上高通用机场项目	按 A_1 类通用机场标准建设，修建停机坪、航站楼、陆侧道路、停车场及相关配套设施	8

续表

序号	项目名称	建设内容及规模	总投资（亿元）
9	沪昆高速公路改扩建铅山互通连接线至鹅湖大道工程	项目位于新滩乡。全线采用一级公路标准建设，全长 5.7 公里（含费宏特大桥约 1228 米），道路宽度为 40 米	7.6
10	资溪全域水资源利用和开发项目	项目位于资溪县高田乡，已经聘请江西省水文地质大队地热研究院进行水质勘探，单点日出水量约 2500 吨，偏硅酸含量高于 50，口感佳，此类资源全省少有。拟建设矿泉水厂，打造"纯净资溪"水品牌	6
11	贵溪市城市新客厅项目	项目占用地面积约 46 万平方米，总建筑面积约 81500 平方米，计容面积约 60500 平方米，地下建筑面积约 21000 平方米。主要建设综合馆、体育中心、城市规划展示馆等主体工程，以及室内外给排水、供电、道路硬化、消防、绿化及停车场等	6

二是战略性新兴产业项目。进一步扩大新一代信息技术、先进装备制造、航空、新能源汽车、新能源、新材料、节能环保等领域高附加值产品出口，重点推进上述项目合作（详见表6-4）。

表 6-4 2022 年江西省战略性新兴产业重点招商引资项目

序号	项目名称	建设内容及规模	总投资（亿元）
1	泰豪 VR 产业基地项目	泰豪 VR 产业基地项目总规划用地面积 1700 余亩，项目分为 VR 产业区、VR 人才培养教育区及 VR 人才配套服务区三大板块，是以 VR 产业为特色，集"产、教、研、商"等多种功能于一体的产城融合特色基地。项目定位建设成为国内最大 VR 产业基地，聚集众多的 VR 人才，打造完善的 VR 产业集群。项目建成后将重点招引 VR 企业入驻，形成产业集聚效应	80

续表

序号	项目名称	建设内容及规模	总投资（亿元）
2	南昌县数字经济产业项目	总投资约 50 亿元,面积约 8 千—20 万平方米,以产业赛道、应用场景、集聚区建设为切入口,运用移动互联网技术,实现电商服务平台、5G、数据中心、VR 等数字信息建设的产业集聚;吸引 10—15 家数字型企业落地,为传统产业赋能,推进数字产业化、产业数字化	50
3	新型显示屏组装生产项目	建设新型显示屏 RGB 封装生产基地项目	50
4	集成电路和电子元器件研发设计及生产基地项目	新建芯片及半导体产业园,开发和生产消费类整机电子产品的集成电路及晶体管、半导体光电元器件等	50
5	赣湘合作产业园招商项目	赣湘合作产业园始建于 2016 年 9 月,位于上栗县金山镇与湖南省浏阳市大瑶镇的接壤地带,处于萍洪高速与昌栗高速交通枢纽中心,赣湘合作产业园正好位于长沙与南昌产业通道中心,是承接沿海电子信息产业向内地转移和长株潭产业转移的重要区域之一。园区远期规划区域 30 平方公里,近期规划面积为 10.56 平方公里,以科技制造、高端服务和文化小镇为导向,承接东南沿海产业转移	50
6	上栗"5G+数字经济"一体化产业园项目	项目依托赣湘开放合作试验区上栗园区标准化厂房,打造萍乡市首个 5G 技术融合应用产业园,重点引进智能终端、5G 芯片、移动通信等与 5G 相关联的高端科技企业	50
7	小蓝汽车零部件产业园项目	项目主要引进国内外汽车电子、新能源电机电控等高端汽车零部件研发生产及智能制造产业项目	106

续表

序号	项目名称	建设内容及规模	总投资（亿元）
8	小蓝经开区汽车及零部件产业园项目	小蓝经开区汽车及零部件产业园规划面积40平方公里,规划建设整车及零部件配套区、生活配套区、生态走廊和以汽车文化为主题的特色小镇	100
9	高端制造业项目	用地面积约500亩,建设内容包括围绕汽车零部件、电子信息、临港数字经济、智能物流设备制造业	50
10	汽车核心零部件生产项目	建设汽车发动机、控制系统等核心零部件生产基地,实现年产值50亿元或利税2亿元,形成汽车制造行业制高点	60
11	汽车零部件制造项目	汽车核心零部件制造项目,年产值50亿元以上	50
12	新能源汽车核心零部件项目	建设年产新能源汽车零部件生产基地	100
13	新能源汽车滑板底盘项目	年产新能源滑板底盘30万套	100
14	余江区高端汽配产业园项目	可提供工业用地面积约500亩,引进汽车配件生产项目	50
15	余江区再生铝生产项目	可提供面积约200亩工业用地,主要从事再生铝循环利用项目	60
16	贵溪市高端装备智能产业园	规划面积2000亩,主要发展新能源、新材料等高端装备研发、制造项目	60
17	鹰潭高新区磷酸铁锂电池项目	占地面积200亩,引进新能源汽车动力电池智能制造企业,年产20GWh	100

续表

序号	项目名称	建设内容及规模	总投资（亿元）
18	鹰潭高新区锂离子电池和软包动力电池项目	占地面积200亩，引进新能源汽车动力电池智能制造企业，年产20GWh	100
19	锂电池隔离膜项目	总投资共计80亿元，在景德镇市落地LG化学技术支持的锂电池隔离膜项目	80
20	高性能锂电池项目	项目计划总投资100亿元新建20GWh高镍锂电芯项目。项目一期计划全面达产后可实现年销售收入不少于15亿元的规模；二期建成达产后可实现年产150亿元的规模	100
21	年产30GWh动力电池产业项目	项目位于赣州经开区新能源科技城，规划建设35.2平方公里，以承接新能源汽车及零部件配套项目落地，并同步建设了大学城及生活配套设施。赣州经开区立足丰富的稀土等资源优势，着力打造千亿级电机电控产业集群，年产30GWh动力电池及配套工程	100
22	宜春经开区锂电池正极材料生产项目	建设年产20万吨锂电池正极材料	50
23	铜箔产业园项目	拟建设铜箔产业园，引进电解铜箔、PCB铜箔和锂电池铜箔生产，各类高精度电子铜箔、高性能电解铜箔的研发、制造等相关方面的企业	50
24	玻纤材料下游产业园项目	依托巨石玻纤基地，打造增强材料、复合材料产业园	60
25	贵溪市生物高科技新材料生产基地项目	占地面积500亩，主要生产生物新材料及其制品的生产研发	70

　　三是大健康产业"引进来"项目。重点推进生物医药、医疗服务、康体旅游、健康食品、养生养老和健康管理等项目合作(详见表6-5)。

表6-5　2022年江西省大健康产业重点招商引资项目

序号	项目名称	建设内容及规模	总投资(亿元)
1	樟树市中药饮片产业园建设项目	含公共服务平台、生活辅助中心、生产制造中心、自动化或一般物流仓库、公用辅助设施:含能源动力站、环保中心、消防设施等。	20
2	奉新生物医药项目	引进抗体药物、疫苗、血液制品等	15
3	铜鼓县生物医药产业园项目	占地面积218亩,是以现代中药、医疗器械、健康服务、医美养生为主导产业的产业园区,建成后可进驻100余家相关企业,其中生物科技相关企业占50%以上	22
4	高端医疗器械及研试产业园	该项目位于进贤县先行区研试产业区内,总占地面积500亩,建设标准厂房20万平方米,一期标准厂房3.88万平方米,重点引进医疗器械和医疗装备类企业	15
5	永丰县二、三类医疗器械、中医药特色医疗器械产品项目	占地面积200亩,项目主要为介入手术用高值耗材、中医药特色医疗器械设备,将以医药研发和先进疗器械医疗设备产业为核心,打造省级医疗器械产业基地,形成集研发、生产、销售为一体的科技型产业基地	15
6	峡江县生物医药大健康产业园项目	围绕中成药、生物制品、医疗器械及配套产品等项目进行招商,新建办公楼、科研中心厂房及附属设施,用地约100亩	20
7	井冈山经开区医美大健康生产服务项目	项目规划用地100亩,建筑面积约10万平方米,主要从事化妆品、医疗美容品研发生产和销售服务,医美产品主要包括化妆品、医疗美容保健品、食品及提供相应的美容服务等	20

续表

序号	项目名称	建设内容及规模	总投资（亿元）
8	医用丁腈手套生产项目	项目用地约 100 亩,主要建设 30 条生产流水线	20
9	建昌帮特色小镇项目	以市场需求为导向,以中医药健康养生理念为主题,依托盱江医学及建昌药帮文化资源优势,并充分融合麻姑长寿文化、洪门秘药文化、益王养生文化等元素,在城市规划区内盱江河以东、黎滩河以西的丛姑山片区,选址 3000 亩作为项目核心区用地,打造"国风药情、颐养小镇"	50
10	创新医疗器械产业园项目	项目选址位于章贡高新技术产业园区,项目规划用地 80 亩,建设现代化、高标准医疗器械产业园区,包括 7 栋标准厂房、1 栋研发大楼及 1 栋配套公寓楼,主要用于承接高端医疗器械产业,集聚国内知名的医疗器械生产企业,带动生物医药产业快速发展,做强做大青峰药谷生产制造板块	20
11	樟树生物医药产业园项目	已建 28 万平方米标准厂房,配套有科研、宿舍楼等,拟引进投资规模大、科技含量高的生物医药类项目	20
12	军山湖"十里菱荷"旅游项目	项目拟建设临水山体花卉观赏区、水禽栈道观赏区、渔俗风情体验区、菱荷文化体验区、生态农业休闲区、滨湖高端民宿度假区、游客综合服务区及幸福港旅游交通景观休闲带等功能分区。	20
13	温泉旅游度假区转型提升项目	规划面积约 10 平方公里,拟用三至五年时间,通过转型提升,将度假区打造成集"养老养生、康体理疗、商务会务、休闲度假、娱乐购物"为一体的庐山国际温泉城	50

续表

序号	项目名称	建设内容及规模	总投资（亿元）
14	庐山茶文化产业园——云雾小镇项目	规划面积约20平方公里，以庐山云雾茶产业为主导，集茶生产、茶观光、茶旅游、茶商务、茶交流、茶体验、茶休闲、茶度假、茶养生、茶购物于一体，建设庐山云雾茶文化产业城及健康养生、休闲运动、生态农业、森林旅游等多功能旅游区	30
26	武功山体育小镇项目	结合自身特质与优势，着重打造体育旅游产业。过去十多年间，景区举办了多项户外赛事与活动，其中，连续举办了十三届的"帐篷节"更是武功山户外品牌的旗舰产品。景区着力打造集新型体育赛事、各类惊险刺激的极限运动项目于一体的体育小镇，不断提升武功山"云中草原、户外天堂"的品牌影响力	20
38	龙虎山景区天禄文旅小镇项目	规划用地面积约890亩。建设以游乐场、度假村为一体的主题乐园及文旅特色小镇，打造成生态上乘、特色鲜明、内涵厚重、品牌突出的旅游综合体	20
51	丰城市中洲岛旅游开发项目	建设中洲岛滨江观光带、水上观光、岛上休闲度假综合体，建设富竹游家田园综合体项目，修建老城大码头等	50
77	靖安罗湾水库康养旅游综合体项目	建设集旅游、休闲、度假、养生为一体的山水康养旅游综合体项目	20
99	婺源国际茶旅村综合开发项目	占地1200亩（含茶园），建设用地50亩，以绿茶为主要依托，结合现有茶园、砖厂遗址，融合山水田林等自然风貌，提取当地六味特色（茶、竹、土、砖、瓷、水）为主要元素，打造趣味的"千面"住宿小镇。不仅提供茶田观赏、体验、艺术互动等茶旅特色，同时还有多样住宿休闲休养体验	20

四是现代服务业项目。重点推进文化创意，现代物流，商贸服务业，科技服

务业,总集成承包,金融,信息软件与服务外包,研发设计检验检测,教育及人力资源服务等项目合作(详见表6-6)。

表6-6 2022年江西省现代服务业重点招商引资项目

序号	项目名称	建设内容及规模	总投资(亿元)
1	铭欣盛大世嘉	项目地块位于渝水区仙来新城,项目一期为商住综合体,本项目是目前新余市唯一的新零售商业综合体、提供吃喝玩乐购住宿一站式服务;引进奥特莱斯百货和香港盛大百货集团以及IMAX影院;酒店计划引进希尔顿惠庭(准五星级)酒店,引进海洋世界项目。二期住宅项目占地66亩,按4.0规划设计和全智能化配套,共计建设住宅900套	20
2	贵溪市城西商贸综合体项目	对城西片区约为1014.7亩用地进行整体开发,一期主要建设商业、住宅区,建设用地面积约549.4亩;二期主要建设酒店及其他商业、住宅区,建设用地面积约465.3亩	50
3	商业综合体项目(招商项目)	项目地址:南昌市南昌县金沙大道2777号。面积约为4万平方米,辖区内有大型商业综合体场地(原象湖天虹广场),有地下停车场,周边交通便利,设施齐全,人流密集,可引进大型商业综合体入驻	15
4	江西跨境电商产业基地(商贸服务业)	项目占地45亩,充分依托青山湖区及省内货源产地、交通区位、服务配套、政府扶持等优势,培育"办公—交易—通关—结汇—退税"一体化的跨境电商生态闭环和配套完善的跨境电商服务体系,打造"三万平方场地,百家企业入驻,千名人才聚集的江西省特色跨境电商产业基地"	20
5	520park文创公园(商贸服务业)	项目总占地面积84亩。围绕婚恋产业,打造以婚恋文化集群、休闲娱乐集群、特色餐饮集群为主的文商旅融合发展产业集群	12

续表

序号	项目名称	建设内容及规模	总投资（亿元）
6	峡江县赣中现代物流园区建设	规划用地面积约 1000 亩，一期约 500 亩。主要建设内容为仓储仓库、冷链仓库、物流配送设施、物流信息平台、重型汽车 4S 店、汽修汽配设施、加油加气设施、商务综合办公楼等	20
7	吉水县城西物流产业园项目	项目规划用地约 800 亩，主要构建集汽车销售、配件、维修、停车、仓储、配送、货物包装、搬运装卸、物流信息、驾驶员培训教育、安全检测、办公住宿、餐饮等功能为一体的综合性物流产业园	20
8	高安汽车装备制造智能生产基地项目	项目占地 1000 亩，建设智能化专用车生产线 8 条，设计年生产各类专用车 5 万辆	15
9	上高铁路经济产业园项目	总用地面积约 2515 亩，划分为铁路作业区、物流功能区、流通加工区、综合服务区、商贸市场区和预留发展区六个功能区	50
10	快递电商综合产业园项目	年设计货物转运量在 1.5 亿件以上，转运中心辐射上饶地区、鹰潭地区、景德镇及福建武夷山等地市	20
11	向塘现代物流业项目	总投资用地面积约 500 亩，建设内容包括仓储、市场、冷链、配送及信息、多式联运和生活服务区、集物资电子咨询、仓储管理、加工包装、运输配送、信息网络于一体的大型分拨交易中心、国内知名品牌性项目，集物流总部、结算中心、物资电子咨询、仓储管理、加工包装、配送、信息网络于一体的大型配送中心	50
12	国家长征文化公园黎川段红色项目	依托黎川红色文化，建设黎川战役核心展示园、闽赣省革命根据地纪念馆、中央苏区黎川红色干部学院、洵口战役主题公园、团村战役主题公园、资福桥战役主题公园、红七军团成立暨庐山之雪戏曲实景演艺等项目	20

续表

序号	项目名称	建设内容及规模	总投资（亿元）
13	黎川古城4A级景区及周边道路改造提升工程	依托现有的古城景区（国家4A级旅游景区），开发坪山湖板块，整体打包开发建设，创建国家5A级旅游景区	15
14	江西流量经济产业园项目	项目以直播电商为核心，通过流量经济企业的集聚，规划流量经济产业服务中心、MCN机构、商学院、物流云仓、公共服务配套、青山湖特色直播板块、流量经济大数据中心等功能	23.5
15	庐山门户小镇	项目东依庐山风景名胜区，周边游东林寺、西林寺、虎溪、石门涧、剪刀峡，距九江市市区、九江高铁站均在10公里内，总规划面积806.66公顷	50

五是传统制造业项目。重点推进钨及稀土精深加工、有色金属精深加工、新型化工、特种陶瓷和新型建材、纺织服装和其他特色（优势）产业的项目合作（详见表6-7）。

表6-7　2022年江西省传统制造业重点招商引资项目

序号	项目名称	建设内容及规模	总投资（亿元）
1	碳化钨注渗钢基高级耐磨合金项目	项目选址于大余县工业园，占地面积200亩，新建厂房、仓库、办公及生活设施等建筑面积20.6万平方米，年产优质碳化钨注渗钢基高级耐磨合金5000吨	10
2	高性能稀土永磁电机生产项目	项目选址于赣州高新区，占地面积150亩，新建厂房、仓库、办公大楼和员工宿舍，购置安装设备，新建永磁电机生产线，形成年产1亿台高效永磁电机及零部件生产能力	30

续表

序号	项目名称	建设内容及规模	总投资（亿元）
3	有色金属精深加工项目	有色金属产业是德兴市重点培育发展的主导产业，境内已有江铜、中金等一批有实力的矿产采冶企业，下一步将重点促进铜、铅锌、黄金、钼铼、铋产业的延伸拓展	50
4	余江区高端铜合金生产项目	占地面积约 120 亩，引进高端铜合金生产项目	20
5	贵溪市新材料产业园项目	用地面积 400 亩。分三期建设，一期建设 15 万吨阳极铜、25 万吨高端铜杆，二期建设 15 万吨阳极铜、20 万吨电解铜，三期建设稀贵金属提炼和新型合金材料研究院项目	62
6	贵溪市铜精深加工项目	规划面积 170 亩。主要建设铜杆线、PCB（印制电路板）、铜细线、铜粉等铜精深加工项目	50
7	鹰潭高新区高端电解铜箔项目	引进高端电解铜箔生产企业，年生产规模约 10 万吨	50
8	新干县年产 16150 吨原料药、新材料与中间体项目	厂房、办公楼及附属设施	25
9	金溪县香精香料	重点围绕该产业开展延链、补链、壮链招商。项目可租赁标准厂房或自建厂房进行生产	20
10	景德镇陶瓷产业加速基地	占地面积 406 亩，总建筑面积 40 万平方米，功能定位为大中型陶瓷生产企业及先进陶瓷企业	27

续表

序号	项目名称	建设内容及规模	总投资（亿元）
11	景德镇微纳纤维增强碳化硅复合材料	项目一期形成年产 6000 吨微纳纤维增强碳化硅复合材料生产规模，达产后实现产值 10 亿元；项目二期投资 10 亿元，用地 100 亩，形成产能 1 亿吨微纳纤维增强碳化硅复合材料生产规模，实现总产值 25 亿元	20
12	电瓷及电瓷上下游产业项目	依托芦溪百年电瓷生产基地的产业优势和资源、人才、技术优势，引进特高压、超高压、复合绝缘子等电瓷生产项目及上下游产业项目	30
13	于都县牛仔产业城项目	项目选址位于于都县工业园上欧工业小区，项目采用购地自建厂房和租用政府建设的标准厂房两种模式，政府规划用地 1500 亩，计划用三年时间将牛仔服装产业打造成 300 亿元规模的集群	50
14	石城县品牌运动鞋服生产项目	项目选址位于古樟工业园，重点引进品牌运动鞋服制造企业及其配套企业落户，新建年产 2000 万双（件）品牌运动鞋服生产项目，打造全国知名鞋服产业基地	30
15	进贤县建筑综合产业园项目	建设建筑企业、建筑材料销售企业产业园区，建立完善的产业配套、基础设施，成为企业信息、资源共享的平台	30
16	靖安年产 5000 吨硬质合金型材和智能刀片项目	新建一个年产 5000 吨硬质合金型材和智能刀片项目，项目总用地面积约 200 亩	25

六是合作平台搭建项目，推动重点市场区域贸易促进信息网络及赣品展示平台建设，搭建国际经贸合作交流平台，打造以促进国际贸易投资为主的国际性

创新服务平台。

七是对外承包抱团承揽项目,重点跟踪服务江西省对外承包建筑业企业抱团承揽的项目,健全央企赣企对接、产业联盟、抱团出海等机制,不断提升对外承包工程合作水平。

六、重点园区

加快推进境外经贸合作园区建设,培育和发展农业园区、资源性园区、制造业园区、商贸园区等四类境外经贸园区;创新园区开放体制机制,在全省省级以上开发园区全面推广创新制度,推动园区管理模式创新;强化园区招商引资,全面提高招商引资精准度;支持园区培育和引进外贸综合服务企业,为园区中小企业进出口提供物流、通关、信保、融资、收汇、退税等全程外贸供应链服务;对接长三角、粤港澳大湾区、海西经济区、京津冀等发达地区及国外优势产业,结合自身产业优势与境外、省外园区和企业合作共建园区。

赞比亚江西多功能经济区。位于赞比亚中央省,距离首都卢萨卡市中心约70公里,占地面积达600公顷,项目总投资6亿美元,2018年11月21日,由江西国际、江铜集团、新钢集团、省国控公司、万年青水泥、省民爆公司、江咨集团等7家大型国有企业共同投资建设。将打造集工业、贸易、农业景观、休闲娱乐为一体的综合性特色园区。

七、重点国别

加强与欧盟、美国、日本、韩国传统贸易国的合作,重点突出与"一带一路"国家的合作,推进与俄罗斯、中亚五国、沙特阿拉伯、土耳其、以色列等丝绸之路经济带国家的合作,以及缅甸、泰国、柬埔寨、老挝、越南、菲律宾、马来西亚、新加坡、文莱、印度尼西亚、印度、巴基斯坦等海上丝绸之路国家的合作,优化国际市场布局;以西亚、非洲为重点,着力加强与阿联酋、阿曼、伊朗、伊拉克、埃塞俄比亚、肯尼亚、安哥拉、刚果(金)、赞比亚、南非、尼日利亚等国家合作;加强与拉美国家合作,重点推进与巴西、阿根廷、墨西哥、智利、秘鲁等国家合作。

第五节 发展目标

一、总体目标

坚定不移贯彻新发展理念,坚持制度创新,不断深化改革,扩大开放,构建开放型经济新体制,统筹国际国内两个市场、两种资源,培育国际合作和竞争新优势,打造市场化、法治化、国际化营商环境,逐步形成国内国际双循环相互促进的开放型经济新发展格局。实现开放型经济规模持续增长,开放型经济结构进一步优化,开放载体建设迈上新台阶,开放影响力在全国进位争先,综合竞争优势明显增强,确保开放型经济总量在全国位次前移、份额扩大、质量提升,基本形成全方位、多层次、宽领域、高水平的对外开放新格局,成为全国内陆双向高水平开放的重要高地。

二、具体目标

——对外贸易。全省对外贸易总量保持平稳,结构优化,质量提升,一般贸易竞争力明显增强,自主知识产权、自有品牌产品出口比重进一步提高;加工贸易转型升级取得成效,产业链进一步向两端延伸;服务贸易保持较快增长。到2025年,进出口总额达到5120亿元,其中出口总额达到3750亿元。

——利用外资。以质量和效益为核心,保持使用外资稳定发展,实现质量更高、结构更优、领域更宽、方式多样。实际利用外资年均增长6%左右,引进各类外资地区总部和功能性企业100家以上。到2025年,实际利用外资总额达到195亿美元左右,其中服务业实际利用外资占比达到50%以上。

——外经合作。"走出去"质量稳步提升,培育一批具有国际竞争力的龙头企业,跨国经营能力进一步增强,境外资源合作开发深入实施,对外承包工程和劳务合作层次明显提高。"十四五"期间,建立海外研发中心100家以上,对外承包工程和劳务合作平稳有序发展。

——载体和平台建设。各级各类开发区自主创新能力不断增强,集约发展水平进一步提高,新兴产业集聚效应明显,功能和体制创新迈出新步伐,力争到2025年,全省主营业务收入超千亿元的开发区达15个以上。探索整合全省现有经贸活动和展会平台,建立 5—10 个常态化、国际化、综合性投资贸易平台。

　　——营商环境优化。坚持市场化、法治化、国际化原则,以市场主体需求为导向,对标对表国际营商环境标准,纵深推进"放管服"改革,建立健全跨部门、跨区域"双随机、一公开"监管执法机制,创新事中事后监管模式。推进营商环境便利化、法治化、国际化,实施流程再造、效能革命,继续推进简政放权、推行简政让权、打造"最多跑一次"改革升级版、进一步简化企业投资审批、深化商事制度改革、推进不动产登记制度改革等工作。将优化营商环境政策落实情况纳入各级政府和工作人员绩效考核,在省、市、县三级建立"月月检查、季度通报、半年点评、年度考核"机制,对优化营商环境做得好的及时通报表扬,对优化营商环境做得差的通报批评,真正形成奖优罚劣的机制。每年发布营商环境监测评价报告,组织第三方评估机构对设区市、县(市区)、市直部门开展营商环境评价。依据第三方评估结果,完善全市"标准量化、综合排名、定期通报、末位约谈"的营商环境考核体系,要求营商环境考核与绩效考核挂钩。营造"尊重企业家、优待投资者、服务纳税人"的良好氛围,全力打造国际一流营商环境,形成具有吸引力、创造力和竞争力的营商环境高地(详见表 6-8)。

表 6-8　江西省开放型经济"十四五"目标表

类别	指标	2020 年	2025 年	年均增长	属性
国内贸易	社会消费品零售总额(亿元)	10372	15200	8%左右	预期性
招商引资	利用外资(亿美元)	146	195	6%左右	预期性
	利用省外资金(亿元)	8752	12800	8%左右	预期性
对外贸易	进出口总额(亿元)	4010	5120	5%左右	预期性
	出口总额(亿元)	2920	3750	5%左右	预期性
	进口总额(亿元)	1090	1370	4.5%左右	预期性
对外经济技术合作	对外承包工程和劳务合作营业额(亿美元)	40.6	平稳发展	—	预期性
口岸发展	口岸货运量(万吨)	685	1000	10%左右	预期性

第七章

构筑区域合作发展新格局

"十四五"期间,区域经济合作作为改革开放和完善市场经济体制的重要手段,将成为未来我国经济社会发展的新趋势、新动力。长江经济带、京津冀地区、长三角地区、粤港澳大湾区、长江中游城市群将成为我国区域发展与合作的战略重点。江西省作为中部省份,将加强与长三角地区、粤港澳大湾区、长江中游城市群及长江经济带各省市之间的多方位合作,以此促进江西开放型经济高质量发展。

第一节 省际区域合作的基础分析

一、区域合作的基础

(一)区域合作的顶层设计

从全国层面看,2015 年 4 月 13 日,国家发改委出台《长江中游城市群发展规划》提出,要大力发展内陆开放型经济,不断深化国内外区域合作,在更大范围、更广领域、更高水平上实现资源要素优化配置。建立产业转移跨区域合作机制,积极探索承接产业转移新模式,实现优势互补、互利共赢。

2018 年 11 月 18 日,中共中央、国务院出台的《关于建立更加有效的区域协调发展新机制的意见》指出:要推动区域合作互动。深化京津冀地区、长江经济带、粤港澳大湾区等合作,提升合作层次和水平。加强省际交界地区合作。支持晋陕豫黄河金三角、粤桂、湘赣、川渝等省际交界地区合作发展,探索建立统一规划、统一管理、合作共建、利益共享的合作新机制。要以承接产业转移示范区、跨省合作园区等为平台,支持发达地区与欠发达地区共建产业合作基地和资源深加工基地。

2019 年 2 月 18 日,中共中央、国务院印发的《粤港澳大湾区发展规划纲要》提出,支持珠三角九市发挥各自优势,与港澳共建各类合作园区,拓展经济合作空间,实现互利共赢。

2019 年 12 月 1 日,中共中央、国务院印发的《长江三角洲区域一体化发展规划纲要》提出,要共建省际产业合作园区。加强省际产业合作,有序推动产业跨区域转移和生产要素双向流动。继续推进皖江城市带承接产业转移示范区、连云港东中西区域合作示范区、江苏沿海地区发展。加快推进沪苏大丰产业联动集聚区、上海漕河泾新兴技术开发区海宁分区、中新苏滁现代产业合作园、中新嘉善现代产业合作园等一批省际合作园区建设,推动产业深度对接、集群发展。

2021 年 10 月 20 日,国家发改委正式发布《湘赣边区域合作示范区建设总体方案》,标志着由湖南省、江西省共同推动的湘赣边区域合作示范区正式升级为国家战略。

从江西省层面看,2013 年,萍乡率先提出打造赣湘开放合作试验区发展思路,并编制《湘赣开放合作试验区发展战略构想》,得到株洲、长沙积极回应。2014 年 5 月,株洲和萍乡成功签订了《湘赣开放合作试验区战略合作框架协议》。2015 年 4 月 15 日,湖南省人民政府与江西省人民政府在南昌市签署了《共建湘赣开放合作试验区战略合作框架协议》,将探索在湖南长株潭地区和江西赣西地区共建开放合作试验区,打造跨省区域合作示范区、开放型经济体制机制创新区、区域发展重要增长极。2016 年 10 月 19 日,江西省出台了《江西省"十三五"省际区域合作规划》,提出要按照中央关于深化区域合作发展的总体要求,以协调省际利益关系、促进资源要素自由流动为核心,进一步拓展合作范围和领域,不断创新合作模式和机制,着力增强合作活力和实效,为实现与全国同步建成小康社会提供有力支撑。

(二)与长三角区域合作

长江三角洲包括上海市、江苏省、浙江省、安徽省三省一市,中心区有 27 个城市,面积22.4万平方公里,人口1.75亿,贡献了全国1/5左右的GDP,进出口总额、外商直接投资约占全国的三分之一。科教资源丰富,拥有2个综合性国家科学中心,全国约1/4的"双一流"高校、国家重点实验室、国家工程研究中心,集成电路和软件信息服务产业规模分别约占全国1/2和1/3。无论在经济总量还是发展速度上,长三角地区已成为中国经济快速发展的典范和重要增长极(详见表7-1)。

表7-1 长三角地区中心城市主要经济社会情况

省份	核心城市	区域面积(平方公里)	区域人口(万人)	GDP(亿元)
上海市	—	6340.5	2489.4	43215
江苏省	南京、无锡、常州、苏州、南通、扬州、镇江、盐城、泰州	68403	6147.3	—
浙江省	杭州、宁波、温州、湖州、嘉兴、绍兴、金华、舟山、台州	77482	5978.3	—
安徽省	合肥、芜湖、马鞍山、铜陵、安庆、滁州、池州、宣城	72127	2848	—

1. 龙头城市

上海市是全国经济、金融、贸易、航运中心现代化国际大都市,下辖16个区,面积6340.5平方公里,2021年GDP43215亿元,人口2489.4万人。

2. 区域中心城市

长三角区域中心城市包括南京市、杭州市和合肥市(详见表7-2)。

表7-2　2021年长三角中心城市发展状况

城市	面积（平方公里）	七普人口（万人）	GDP（亿元）	主导产业
南京	6587	931.4	16355	新型电子信息、绿色智能汽车、高端智能装备、生物医药与节能环保新材料、软件和信息服务业、金融和科技服务业、现代物流和高端商务商贸、文旅健康产业
杭州	16596	1193.6	18109	文化、旅游休闲、金融服务、生命健康、高端装备制造、人工智能、云计算大数据、信息软件
合肥	11445	936.9	11412	新型平板显示、新能源、家用电器、汽车、装备制造、食品农产品加工

3. 节点城市

长三角节点城市包括苏州市、宁波市、芜湖市等23个城市（详见表7-3）。

表7-3　2021年长三角节点城市发展状况

城市	面积（平方公里）	七普人口（万人）	GDP（亿元）	主导产业
无锡	4628	746.2	14003	物联网、集成电路、生物医药及医疗器械（材）、软件与信息技术服务业、高端装备、高端纺织服装、节能环保、特色新材料、新能源、汽车及零部件、人工智能、量子科技、化合物半导体、氢能及储能、深海装备

续表

城市	面积 （平方公里）	七普人口 （万人）	GDP （亿元）	主导产业
常州	6597	527.8	8807	工程机械车辆及配件制造、输变电设备制造、汽车及配件制造和新型纺织材料、电子信息、新型材料、生物医药及精细化工
苏州	8848	1274.8	22718	电子信息、装备制造、生物医药、先进材料、电气、钢铁、通用设备、化工、纺织
南通	8544	772.6	11027	高端纺织、智能装备和船舶海工、电子信息、新能源及新能源汽车、新材料产业
扬州	6597	450.9	6696	汽车、装备制造、旅游、软件和信息服务、纺织服装、建筑、生物医药、食品
镇江	3843	321.0	4763	装备制造、生命健康、数字经济、新材料
盐城	16972	670.9	6617	电子信息、新能源、钢铁、汽车、化工、新材料、新医药
泰州	5787	451.2	6025	生物医药及高性能医疗器械、高端装备制造及高技术船舶、节能与新能源、新一代信息技术、化工及新材料
宁波	9365	940.4	14594	绿色石化、汽车制造、高端装备、新材料、电子信息、软件及新兴服务业

续表

城市	面积（平方公里）	七普人口（万人）	GDP（亿元）	主导产业
温州	11784	957.2	7585	电气、鞋业、服装、汽车零部件、数字经济、智能装备、生命健康、新能源、新材料
湖州	5794	336.7	3644	数字产业、高端装备、新材料和生命健康、绿色家居、现代纺织
嘉兴	3915	540.1	6355	时尚智造、汽车制造、新能源、新材料、集成电路、生物医药
绍兴	8256	527.1	6795	现代纺织、集成电路、生命健康
金华	10919	705.1	5355	五金制造、纺织服装、芯光电、汽车零部件、高端装备制造、生物医药
舟山	1440	115.8	1704	石化新材料、新能源、海洋电子信息、海洋生物医药
台州	9413	662.3	5786	新能源、新材料、光电、生物医药
芜湖	6026	364.4	4302	汽车及零部件、电子电器、材料、电线电缆
马鞍山	4049	216.0	2439	钢铁、机械制造、化工、食品和电力、轨道交通装备、高端数控机床
铜陵	3008	131.2	1165	铜基新材料、化工、钢铁、建材、电子信息、智能装备制造、新能源汽车及零部件
安庆	13590	416.5	2657	汽车及零部件，以及化工新材料、装备制造、医工医药、电子信息、纺织服装、食品加工
滁州	13398	398.7	3362	智能家电、先进装备、硅基材料、绿色能源、新型化工、健康食品

续表

城市	面积 （平方公里）	七普人口 （万人）	GDP （亿元）	主导产业
池州	8271	134.3	1004	半导体、新材料、高端装备制造、人工智能和数字经济、新能源和节能环保、健康医疗养老、绿色食品、文化旅游创意
宣城	12340	250.0	1834	汽车零部件、电子信息、智能装备、化工医药、电力和建材

（二）粤港澳大湾区区域合作

粤港澳大湾区包括香港特别行政区、澳门特别行政区和广东省广州市、深圳市、珠海市、佛山市、惠州市、东莞市、中山市、江门市、肇庆市，总面积5.6万平方公里，是中国开放程度最高、经济活力最强的区域之一。

1. 龙头城市

粤港澳大湾区龙头城市包括香港特别行政区、澳门特别行政区和广东省广州市、深圳市。香港为国际金融、航运、贸易中心，广州、深圳为全国一线城市和全国重要的经济中心、金融中心和创新中心（详见表7-4）。

表7-4　2021年粤港澳大湾区中心城市发展情况

城市	面积（平方公里）	人口 （万人）	GDP （亿元）	GDP增速 （%）	财政收入 （亿元）	支柱产业
香港	1106.66	747.42	23740	6.40	6827.00	金融、贸易、航运、旅游、教育、科技服务
澳门	32.9	69.32	1929	18.00	648.70	博彩业、旅游业、会展业、房地产业

续表

城市	面积（平方公里）	人口（万人）	GDP（亿元）	GDP 增速（%）	财政收入（亿元）	支柱产业
广州	7434	1881	28232	8.10	1803.20	汽车、石油化工、电子、电力热力生产供应、电气机械及器材制造、批发零售、金融、房地产、租赁和商务服务、交通运输
深圳	1997.47	1756	30665	6.70	4257.80	高新技术产业、物流业、金融业、文化产业、新一代信息技术、生物医药、高端装备制造、新材料、海洋经济、绿色低碳

2. 节点城市

粤港澳大湾区节点城市包括珠海市、佛山市、惠州市、东莞市、中山市、江门市、肇庆市 7 个城市（详见表 7-5）。

表 7-5　2021 年粤港澳大湾区节点城市发展情况

城市	面积（平方公里）	人口（万人）	GDP（亿元）	GDP 增速（%）	财政收入（亿元）	支柱产业
珠海	1736	243	3882	6.90	448.20	电子信息、家电电器、生物医药、石油化工、机械制造、电力能源
佛山	3798	961	12157	8.30	808.10	建材家具、家电、灯饰、陶瓷、机械设备
惠州	11347	606	4977	10.10	455.40	石化、新材料、电子信息、服装、制鞋、水泥、汽车零配件

续表

城市	面积(平方公里)	人口(万人)	GDP(亿元)	GDP增速(%)	财政收入(亿元)	支柱产业
东莞	2460	1053	10855	8.20	769.50	电子信息、电器机械、家具、服装、造纸、玩具、化工、食品饮料
中山	1784	446	3566	8.20	316.80	医药、电子、电器、化工、五金、灯饰、服饰、家具
江门	9507	483	3601	8.40	279.80	新材料、大健康、新一代信息技术、高端装备制造、新能源汽车及零部件、金属制品、家电、造纸和印刷、纺织服装、摩托车
肇庆	14891	412	2650	10.50	146.32	新能源汽车及汽车零部件、电子信息、绿色建材、金属加工、家具制造、食品饮料、精细化工、生物医药

(三)与闽三角区域合作

1. 龙头城市

闽三角龙头城市包括福州市、厦门市(详见表7-6)。

表7-6 2021年闽三角中心城市发展状况

城市	面积(平方公里)	人口(万人)	GDP(亿元)	支柱产业
福州	11762	842	11324	纺织化纤、轻工食品、机械制造、电子信息、冶金建材、房地产、旅游业
厦门	1651	528	7033	平板显示、计算机与通信设备、半导体和集成电路、机械装备、生物医药与健康、新材料、软件和信息服务、房地产业、金融业、旅游业

2. 节点城市

闽三角节点城市包括泉州、漳州、莆田、宁德、三明、龙岩和南平市（详见表7-7）。

表 7-7　2021 年闽三角节点城市发展状况

城市	面积（平方公里）	人口（万人）	GDP（亿元）	支柱产业
泉州	11245	885	11304	电子信息、纺织服装、机械制造、建材、食品饮料、工艺制品
漳州	12873	505	5025	食品加工、机械、材料、能源、电子信息、医药、家具
莆田	4119	321	2882	化工新材料、食品加工、工艺美术、高端装备、医药健康、电子信息
宁德	13452	315	3151	电机电器、食品加工、发电供电、建材、船舶制造、医药化工
三明	22928	248	2953	汽车与机械装备、冶金及压延、林产加工、纺织
龙岩	19028	273	3081	机械、商贸物流、有色金属、装备制造、新材料、新能源汽车、节能环保
南平	26280	267	2187	食品加工、电线电缆、汽车配件、纺织服装、木竹制品、生物

（四）与长江中游城市群合作

1. 区域范围

长江中游城市群是以武汉城市圈、环长株潭城市群、环鄱阳湖城市群为主体形成的特大型城市群，规划范围涵盖 31 个城市。区位优越、人口众多、资源丰富，工业门类较为齐全，形成了以装备制造、汽车及交通运输设备制造、航空、冶金、石油化工、家电等为主导的现代产业体系，战略性新兴产业和服务业发展迅速。自 2012 年初签订长江中游城市群战略合作框架协议以来，产业、交通、市场、生态、文化、教育、卫生、社会保障等领域一体化进程快速推进（详见表7-8）。

表7-8 2021年长江中游城市群发展状况

省份	区域城市	重点产业
湖北省	武汉市、黄石市、鄂州市、黄冈市、孝感市、咸宁市、仙桃市、潜江市、天门市、襄阳市、宜昌市、荆州市、荆门市	新一代信息技术、汽车制造和服务、大健康和生物技术、高端装备制造、智能建造
湖南省	长沙市、株洲市、湘潭市、岳阳市、益阳市、常德市、衡阳市、娄底市	轨道交通、工程机械、智能装备、智能终端、智能网联汽车和新能源汽车
江西省	南昌市、九江市、景德镇市、鹰潭市、新余市、宜春市、萍乡市、上饶市及抚州市、吉安市的部分县（区）	电子信息、航空制造、新能源、新材料、有色金属、生物医药、石油化工、钢铁、食品

2. 发展重点

依托沿江、沪昆、京广、京九重点发展轴线,形成沿线产业密集带和新型城镇带。

（1）区域中心城市,详见表7-9。

表7-9 2021年中三角中心城市发展状况

城市	面积(平方公里)	人口(万人)	GDP(亿元)	支柱产业
武汉	8569	1365	1.77	新一代信息技术、汽车制造和服务、大健康和生物技术、高端装备制造、智能建造、商贸物流、现代金融、绿色环保、文化旅游
长沙	11819	1024	1.33	智能装备、智能终端、智能网联汽车和新能源汽车、功率芯片、高科技服务、金融服务、商务会展、现代物流、电子商务、咨询服务、旅游休闲、文化创意
南昌	7195	644	0.665	有色、电子、装备制造、石化、建材、纺织、食品、汽车、航空、中医药、移动物联网、半导体照明、虚拟现实、节能环保

（2）沿江发展轴。充分发挥长江黄金水道优势，加快沿江铁路、高速公路和集疏运体系建设，合理推进岸线开发和港口建设，促进城市之间产业分工协作，打造沿江产业走廊。

（3）沪昆发展轴。加快沪昆高速铁路建设，以长沙、南昌为中心，发展和培育城镇集聚区，推进上饶高铁经济试验区、株洲创新发展试验区发展，加快沿线产业集群发展，成为连接东中西地区的重要通道。

（4）京广发展轴。提高京广通道综合运输能力，依托沿线人力资源优势和产业基础，大力发展原材料、装备制造、高技术产业，形成我国重要的制造业基地。

（5）京九发展轴。依托京九通道，加快城市快速通道建设，发挥南昌、九江、赣州等区域中心城市的辐射带动作用，推进吉赣走廊和昌九一体化发展，打造连接京津冀、粤港澳大湾区的重要通道。

二、区域合作的重点

（一）基础设施领域

重点推进跨省高速铁路建设，加强江西与沿海省市铁海联运，打通省际高速公路对接通道，打造跨省水运运河通道，开通至沿海省市的快速直通车，提升支撑能力。

（二）产业领域

推进产业合作互动，协商制订产业协同发展的互利互惠政策，加强园区合作，共同建设产业合作园区，促进互补融合发展。

（三）金融领域

鼓励银行、保险、证券、基金、期货等金融机构互设分支机构，共同推进省际金融信息共享工程，建立信息沟通机制，完善信用"黑名单"披露制度，扩大信用评级互认范围，逐步建立统一的、覆盖面广泛的征信系统。

（四）旅游领域

深化区域旅游合作，建立省际旅游产业发展联盟，打造一批红色旅游、生态旅游示范区，共建区域旅游走廊。以区域内旅游基础设施建设、陆海空联运航线通畅、旅游市场培育、旅游信息平台开发等为重点，采取联合促销、共串线路、互送信息、共办活动等形式，精心设计省际旅游黄金线路，共建无障碍旅游市场。

（五）公共服务领域

推进公共教育、医疗卫生、养老托育、社会保障、就业创业和文化体育六大领域公共服务跨区域共建共享。

（六）生态环保领域

加强跨区域生态环境综合治理，开展跨流域生态补偿试点，深化省际沿江水环境污染联防联控机制，加强跨界环境执法联动，开展环境执法工作交流，建立跨界环境执法协作机制。

三、区域合作的难点

（一）参与合作各方的利益分配问题

区域合作必然涉及合作成员间的利益分配，由于区域合作各方成员经济社会发展不均衡，付出和回报不相称，弱势一方就会丧失继续合作的动力。

（二）地方政府设置行政壁垒政策

省际区域企业间在许多微观层面合作，受制于地方政府行政性壁垒政策。如对区域内外地企业，提高市场准入门槛，当地部门采取带有歧视性的前置审批、重复审批、重复检验、增加收费等手段，阻挠或限制外地企业进入本地市场；不认同外地企业和产品的地方标准等，使企业运营困难；在招投标、政府采购项目中，对本地企业予以特殊照顾等，直接影响了省际合作。

（三）区域合作法律法规制度缺失

在全国范围内，缺乏区域合作相关的法律法规，特别是在制约地方保护主义和打破区域市场分割方面，缺乏法律法规强有力的制度支持，对于地方政府在区域合作中的地位，区域管理机构的法律地位等方面却找不到相关的法律依据，不能为各地方主体之间的公平竞争和合作提供法律保障。

第二节　构建区域合作机制

一、建立省际区域协作机构

国内外经验表明，跨区域之间的合作，都必须构建一个区域合作协调机制，这个协调机制顶层是由地方最高首长组成的省际合作委员会，下设区域协调办公室或秘书处,负责统筹区域经济、社会发展中的重大问题,制定区域合作发展规划。区域协作机构的执行层由多个专业执行机构构成,是具体的操作部门,制定完整、细致、务实的合作发展计划,从短期、中长期两个层面对区域合作的目标和具体运行进行规划。

二、共建统一开放市场体系

建立统一的要素市场。充分发挥市场配置资源的决定性作用,实行统一的市场规则。打破行政区划限制,铲除市场壁垒,消除行业垄断,加快形成区域统一大市场。深化要素市场化改革,促进要素集聚,实现区域无障碍流动。实行统一的市场准入制度,促进区域市场主体登记注册一体化。加强市场监管部门的合作,统一市场监管,建设法治化营商环境,实施通关一体化。

建立统一的商品流通市场。加快推进江西与长三角、粤港澳大湾区、闽三角和中三角之间统一工业制品、农产品质量认证标准,促进商品自由流通。根据产业特点,建立与之相适应的市场架构,逐步推进多层次、多功能的区域市场体系的建立。

建立统一的产权交易市场。大力推进江西与长三角、粤港澳大湾区、闽三角和中三角之间产权交易市场一体化建设,为高新技术企业及技术市场等提供发展平台。整合区域现有资源,建立区域产权交易共同市场;加强区域产权共同市场与其他区域产权交易市场的对接,推动产权跨区域流动;丰富产权交易品种,大力培育资产的所有权、收益权、抵押权、经营权等产权交易品种,实现产权交易市场多样化。

建立统一的金融市场。鼓励江西与长三角、粤港澳大湾区、闽三角和中三角之间的商业银行、保险公司、证券公司、基金公司、租赁公司、财务公司等地方金融机构在内部互设分支机构,支持企业跨区域开展融资服务。建立区域银企信息对接共享机制,筹建信息对接共享平台。依托区域中心城市金融机构密集的优势,推进区域性金融中心建设,引导非银行金融机构健康发展,提升资本市场的服务功能。

建设统一的技术市场。加强江西与长三角、粤港澳大湾区、闽三角和中三角之间知识产权协同保护,在区域产权交易共同市场平台的基础上,打造技术产权交易一体化市场。充分利用长三角、粤港澳大湾区、闽三角等地高等院校、科研院所众多的智力资源优势,统筹规划、有序建设多元化科技市场,促进产学研进一步结合,共同培育技术市场;推动与高校、科研院所等合作建立技术服务机制,培育壮大技术服务类市场主体,实现技术服务内容、方式的多样化。

建立统一的人才市场。建立区域人才信息统一平台,推进区域内各类证书、凭证的互认与衔接,实现教育、培训、考试资源共享。加强江西与长三角、粤港澳大湾区、闽三角和中三角之间人才和劳动力流动的组织和服务,构造区域农村实用人才培训网络。建立高层次人才特区,共建企业博士后科研工作站和产业基地。

建立统一的信息平台。加快推进区域公共服务平台一体化建设,逐步实现公共服务资源互联互通共享。进一步促进南昌、九江、赣州、上饶等市与上海、杭州、南京等长三角城市,广州、深圳、香港、澳门等大湾区城市,福州、厦门等闽三角城市,武汉、长沙等中三角城市信息基础设施的统筹规划建设,促进省际间电子政务、企业诚信系统相互开放,探索建立区域企业信用信息互通共享机制。

三、打造省际合作特别试验区

省际产业合作园区是区域一体化发展产业合作的主要载体,是省际区域一体化合作新模式,一些先试先行政策为全国其他地区省际合作提供经验借鉴。

如在长三角经济区内,安徽省设立了18个省际产业合作园,并进行了集中授牌,通过建立"管委会+平台公司"运营模式,出台了专项扶持政策,创新合作开发、利益分享等机制及托管园、公管园、园中园等合作方式。推进产业集群集聚、产城融合发展,支持省际产业合作园区聚焦装备制造、电子信息、新能源、新材料、绿色食品、智能网联汽车以及科技服务、工业设计、供应链服务、人力资源服务、检验检测等生产性服务业发展,培育壮大主导产业,推动产业集群化发展,积极构建产业生态圈,有力推动了要素流动、优势互补和产业集聚。

在泛珠三角经济区内,广东省和广西壮族自治区以构建"粤桂合作特别试验区"为载体探索建立两省(自治区)直管、区域行政管理和社会管理一体化的新型区域合作模式。2011年12月11日,粤桂两省(区)人民政府签署的《"十二五"粤桂战略合作框架协议》,确定在两省(区)交界处的广东肇庆市封开县和广西梧州市蝶山区,各划50平方公里土地,建立面积达100平方公里的区域合作载体"粤桂合作特别试验区"。根据协议,粤桂发挥各自优势,联合促进产业转移和承接,加强产业园区、先进制造业、战略性新兴产业及科技创新合作,提高产业整体竞争力。鼓励双方各类资本参与试验区建设,加快完善基础设施和产业配套,推动转移产业向园区集中。

第三节　加快产业对接协作

加强产业协作,促进优势互补、合理分工和布局优化,构建具有比较优势、体现区域特色的现代产业体系,推进承接产业转移示范区建设,提高产业整体发展水平。

一、协力推进农业现代化

加强江西与长三角、粤港澳大湾区、闽三角和中三角之间农业合作,突出抓好粮食、畜禽、油茶、竹、苗木花卉、有机农产品等农业优势特色产业,积极发展高产、优质、高效生态农业,构建区域共享的农业服务体系。

充分发挥江西特色优势产业,对接长三角、粤港澳大湾区、闽三角,共同支持培育一批农产品加工示范园区和生产加工基地。共同完善农业社会化服务体系,加强农产品质量安全合作,面向长三角、粤港澳大湾区、闽三角市场需求,制定实施农产品质量安全技术操作规程,加快建立区域间食用农产品产地准出和市场准入管理的衔接机制。共同建设区域性农产品质量安全检验检测中心,提高食品安全检验检测信息共享水平,建立食品安全检验检测结果互认制度。

二、联合提升工业发展水平

以优势产业和骨干企业为龙头,加快促进省际产业合作,通过承接产业转移,创办合作园区,引进战略投资者,合资合作等多种方式,共同培育壮大江西传统产业和新兴产业,提高江西工业化水平。

(一)引导产业优化布局

坚持市场机制主导和产业政策引导相结合,推动江西支柱产业优化布局和统筹发展。积极推动长三角、粤港澳大湾区、闽三角产业向具备承载能力的江西各地升级转移,建立与产业转移承接地间利益分享机制,研究制定土地、金融、人才、住房、交通等配套支持政策。支持长三角、粤港澳大湾区、闽三角省市与江西在发展现代高效农业、新一代信息技术、新能源汽车、生物医药、文化旅游、大健康、现代物流等特色产业及配套产业方面进行合作。充分发挥江西粮食主产区和绿色生态优势,进一步提升农业现代化水平,建设长三角经济区、粤港澳大湾区绿色优质农产品生产加工供应基地。

(二)共同培育发展战略性新兴产业

共同规划战略性新兴产业发展,推进产学研结合,提升科技创新水平,合作构建产业发展平台,利用现有装备制造业产业基础和配套条件,加强分工协作,引进优质资本和先进技术,加快企业兼并重组和产品更新换代,提高基础零部件和配套产品的技术水平,重点加强江西与长三角、粤港澳大湾区、闽三角、中部地区各省在电子信息、航空、装备制造、新能源、新材料、中医药、节能环保等产业方面的合作,全面提升产业竞争力,把江西建设成为全国重要的先进装备制造业基地。

(三)改造提升传统优势产业

依托长三角、粤港澳大湾区、闽三角、中部地区各省在传统产业的优势,积极引进符合环保要求的有色金属、钢铁、建材、纺织、食品、石化、陶瓷等生产企业,推动传统产业转型升级,进一步延长产业链,形成产业集聚效应,共同促进产业一体化发展,加强产业分工与合作,实现强强联合,做大做强。

(四)加快培育新技术、新业态、新模式

加强江西与长三角、粤港澳大湾区、闽三角、中部地区各省在新兴产业方面的合作,共同发展平台经济、分享经济、共享制造、体验经济,加强大数据、云计算、区块链、物联网、人工智能、元宇宙等新技术研发应用,支持龙头企业联合科研机构建立人工智能等新型研发平台,开展新一代人工智能应用示范和创新发展。提升流通创新能力,构建新零售网络,打造商产融合产业集群和平台经济龙头企业。

三、合力发展现代服务业

充分发挥江西区位、资源和人文优势,加强江西与长三角、粤港澳大湾区、闽三角和中三角在现代物流、旅游、文化、金融和信息服务业方面的深度合作,全面提升区域服务业发展水平。

（一）推进现代物流业发展

以建设长三角、粤港澳大湾区、闽三角和中三角省际边界商贸物流中心为发展目标，科学配置现有的物流资源，打造服务全国、辐射全球的现代物流服务平台。引导物流资源、物流企业跨区域整合，建立区域物流联盟。充分发挥承南启北的区域交通枢纽优势，对接长三角、粤港澳大湾区、闽三角，整合各方资源，打造物流枢纽—物流园区—物流中心—物流配送中心等节点体系，推动企业实施物流外包、供应链管理和集成，重点推动发展第三方、第四方物流。建设一批综合性和专业化物流中心，在继续打造向塘国际物流中心、赣州陆港、南昌空港、九江港的基础上，加快推进新余、萍乡、宜春、上饶、抚州、吉安、景德镇、鹰潭等市物流中心、物流园区建设。

（二）共同打造旅游品牌

共同建设旅游基础设施，合力开拓旅游市场，积极策应"高铁时代"，推进杭南长高铁沿线赣湘旅游联盟建设，整合沿线旅游资源，打造"红古绿"大旅游概念，统筹推进两省旅游资源开发和旅游市场的发展。积极打造无障碍旅游圈，联合编排特色旅游线路，组合优势产品，共同打造旅游经典品牌，支持符合条件景区申报国家 5A 级景区和国家级风景名胜区，尽快开通江西至长三角、粤港澳大湾区、闽三角和中三角各省的旅游客运专列、无障碍旅游直通车，实行景区（点）的门票一体化，实现客源互换，方便异地购票；建立统一的旅游人才培训机制，交互培养各类旅游专业人才。联合开展旅游营销活动，在辖区内的主要景区（点）互为对方提供免费广告宣传位，开展跨区域旅游企业联合组团赴主要客源地开展宣传促销活动，联合举办系列节会促销活动。共建旅游信息交流机制，建立统一的旅游信息交换平台，共同发布旅游信息，实现信息的共享。

（三）大力发展文化创意产业

合力打造反映形象的文化作品，引进创意人才和战略投资者，扶持优秀文化创意企业发展，培育和繁荣文化创意市场，依托中文传媒、泰豪动漫、贪玩游戏等品牌优势，和长三角、粤港澳大湾区、闽三角和中三角各省企业合作，大力发展动漫、VR、工业设计、软件设计、广告与咨询策划等文化创意产业，建立区域文化创意中心和互联网文化产业基地。

（四）加快发展金融服务业

加快推进金融改革创新，积极引进长三角、粤港澳大湾区、闽三角商业银行和金融机构,共同发起设立民营银行,发展区域性产权交易市场。依法有序发展农村商业银行、村镇银行等地方金融机构和小额贷款公司,提升对中小微企业和"三农"的服务水平。

（五）大力发展健康服务业

依托江西生态优势,加强与长三角、粤港澳大湾区、闽三角和中三角各省合作,引进国内外知名企业,在城市边缘区、丘陵山区建设养老产业园、特色医疗城、中医药健康服务产业园,满足城乡居民日益增长的多元化健康服务需求。

四、合作共建省际边界产业园区

（一）浙赣边际合作（衢饶）示范区

浙赣边际合作（衢饶）示范区位于浙赣两省交界,320国道以南。主要包括玉山县岩瑞镇东侧、常山县白石镇西侧及江山市大桥镇北侧区块,总面积约20平方公里,其中玉山片区面积约14.01平方公里,常山片区面积约3.09平方公里,江山片区面积约2.9平方公里。其中玉山片区规划了6.2平方公里的先行启动区作为前期建设重点。该区块紧邻东垄水库,生态环境良好,区域内无基本农田,能为项目实施提供建设用地保障。示范区主要发展绿色制造、现代服务、文化旅游、幸福康养四大类产业,谋划生产服务、智能制造、新材料制造、高端装备制造（5G创新产业园）、文化休闲服务、品质生活服务、幸福康养服务、数字设备制造八个产业功能板块。

在管理模式上,衢饶示范区将建立省级、市县、管委会三级管理体制。在省级层面,两省将建立由主要领导和相关省级部门参与的浙赣合作联席会议制度,每年召开1至2次会议,听取相关部门和地区有关工作情况汇报,协调解决两省之间重大合作问题;在市县层面,主要由衢州、上饶两地市和江山、常山和玉山三县市共同参与实体化运营;最后,衢饶示范区将成立管理委员会,负责日常管理运营工作。

（二）赣闽边界产业园

1. 赣闽产业合作示范区（抚州高新区）

2017年12月,江西省政府公布了《江西省人民政府办公厅关于同意设立乐安产业园等三家省级产业园的函》,决定设立赣闽产业合作示范区,该园在抚州高新技术产业开发区内,东至梦港河、西至向莆铁路、南至抚吉高速、北至汤显祖大道,涉及崇岗镇 9 个自然村和嵩湖乡 10 个自然村小组,总面积为 21.9 平方公里。该项目核心区位于文昌大道、保税大道、纵五路、环城南路围合区域,面积约 5.3 平方公里。

该示范区以抚州高新技术产业开发区现有产业为基础,以转型升级为主线,以科技创新为动力,着力培育和发展特色鲜明、结构优化、技术先进、竞争有力的优势产业集群,拟重点发展电子信息产业、新能源汽车及零部件产业、生物医药产业、绿色食品产业、节能环保产业和文化创意产业六大产业。

2. 兴国县赣闽产业园

2016 年,兴国县启动实施了 5000 亩赣闽产业园一期征地和"三通一平",11.4 公里道路建设,架设供电线路约 11.8 公里,铺设供水管道 11.8 公里,各项工作正在有序推进;同时,不断加大招商引资力度,金电电子、幸福人家、天翔机电、长裕工贸、奥奇工贸、海视眼镜等一批新引进机电类企业已相继建成,并开工投产。

3. 赣闽商贸物流园

中国赣闽商贸物流园位于瑞金市火车站附近,项目总占地 342 亩,总投资约 15 亿元。项目立足赣南东部,面向赣闽两地,辐射赣闽粤三省,是一座集商贸市场、电子商务、城市配送、物流信息、展览展会、物流仓储、相关配套服务等多功能于一体的系统化、信息化、智能化的综合性现代化商贸物流园区。作为省市政府重点扶持的商贸物流项目,规划有商品交易中心、仓储物流中心、大型商业广场、酒店会议中心、创业孵化基地等。项目充分发挥自身优势,强力拉动地方经济发展,一次性解决商户运货难、存货难、采购运输成本高的问题,带动了城市商业升级换代。

园区入驻的商家已超过 600 家,经营业态涵盖家居建材、广告装修公司、生活百货、娱乐健身、餐饮超市、汽贸汽摩配、电商办公、物流仓储等,知名品牌,百花齐放,一片繁荣,真正打造了瑞金规模最大的一站式家装建材及百货贸易市场。

(三)赣粤边界产业园

1. 赣粤产业合作试验区"三南"片区

"三南"是龙南、全南、定南的简称,是江西和赣州南部毗邻粤港澳大湾区的三个市县,处于粤港澳大湾区一小时经济圈内,是对接粤港澳大湾区的前沿阵地。2020 年,赣粤产业合作试验区"三南"片区在这里开工建设,重点聚焦电子信息首位产业中线路板(PCB)、稀土新材料两大全产业链,延链补链,进一步发挥产业集聚效应,实现产业组团式承接和集群式发展,推动优势产业全面融入大湾区产业链、供应链。到 2025 年,建成集生产、居住、金融、商贸等为一体的产城融合示范园区、"产业—城市—环境"功能互补型示范区、"生产—生活—生态"衔接型示范园区,打造国内知名的"三生"即生产空间集约高效、生活空间宜居适度、生态空间山清水秀的园区品牌。

2. 赣粤产业合作试验区南康片区

赣粤产业合作区(南康片区)位于赣州市南康区朱坊乡、镜坝镇、唐江镇、太窝乡,总投资约 1057623.27 万元。园区将围绕"承接粤港澳大湾区外溢产业"和"协同南康当地家具产业"部署产业链,高战略定位、高起点规划,多角度考虑"产城人"的需求,打造多维产业协同、多元业态共生、产城融合发展的现代化产业新城。规划格力产业创新区、泛家居产业融合区、智慧未来产业区及湾区品质配套区,布局"展服游研商旅居"七大业态。通过格力电器带动整个新区各产业组团协同发展,使各产业区高度融合互补。2021 年 3 月下旬,赣粤产业合作区(南康)开工建设,7 月 10 日,率先入驻园区的世界 500 强企业珠海格力电器赣州智能制造项目开工建设,距离项目考察到开工建设仅用了 75 天时间,项目总投资超过 100 亿元。

3. 赣粤电子信息产业带

以龙南市、信丰县、南康区、章贡区、赣州经开区为赣粤电子信息产业带发展核心,围绕构建智能终端、智能光电、智慧城市三大产业链,重点打造龙南智能光电及电子新材料制造、信丰智能终端制造、南康新型显示及智能家居、章贡区智能通信及大数据软件服务、赣州经开区汽车电子及集成电路等五大特色产业聚集区,形成定位清晰、布局合理的"赣粤电子信息产业带"发展格局。

赣州引进了合力泰、志浩电子、同兴达电子科技、技研新阳电子等一批投资 20 亿元以上电子信息产业龙头企业,建成了龙南市电子信息产业科技城、信丰县电子器件产业基地、南康区光电信息产业园、赣州经开区电子信息产业园、章贡区软件产业园等一批特色产业基地。

(四)赣湘边界产业园

1. 赣湘开放合作试验区湘东园区

赣湘开放合作试验区湘东园区位于萍乡市湘东区产业园,毗邻湖南省株洲市醴陵市,紧邻 320 国道、沪昆高速和浙赣铁路,规划面积 30 平方公里,已建成 10 平方公里。园内水、电、气供应充足,交通便捷。园区已初步形成了以工业陶瓷产业为主导,创意包装、智能制造、电子信息等协同发展的集群格局。湘东区投资上百亿元建设赣湘合作试验区湘东园区,重点推进与湖南在陶瓷玻璃、智能制造、光电产业、创意包装、现代物流、商贸服务等产业合作,共同培育一批新兴产业,打造一系列湘籍企业的配套产业链,促进产业结构优化升级。

2022 年 5 月 25 日,萍乡市湘东工业园与醴陵经济开发区签署合作协议,双方将在玻璃、电力电瓷电器、电子信息、智能制造、新能源、新材料等多领域开展合作,共同打造湘赣边区域合作典范。

2. 赣湘合作产业园上栗园区

2016 年 9 月,赣湘合作产业园落户上栗县城东北部,与湖南省浏阳市接壤。园区地理位置优越,处于萍洪高速与昌栗高速交通枢纽中心,距长沙黄花机场和宜春明月山机场仅 1 小时车程,距沪昆高铁萍乡站仅 30 分钟车程,距在建的渝长厦高铁上栗站仅 5 分钟车程,境内沪昆高速、昌栗高速、上连高速、319 国道紧密连通赣湘,园区工业大道经浏阳市大文公路汇入湖南交通路网,构成了发达的立体交通体系。上栗县投资近 80 亿元完善园区水、电、路、讯、气、网等基础设施,已建成标准厂房 55 万平方米,人才公寓 420 套,全面保障了入驻企业要素需求。同时,大力打造推进"主产在长沙、配套在上栗,研发在长沙、成果在上栗,生活在长沙、休闲在上栗"的产业互补模式,率先引进 40 余家湘企落户上栗,推动本土企业与湖南企业合作。

截至 2021 年底,上栗入园企业已发展至 140 余家,年产值达 170 亿元、纳税 8.03 亿元,实现了入园企业倍增、用工倍增、利税倍增。上栗工业园区综合排名也从全省的第 95 名,跃升至第 35 名、第 34 名、第 29 名,实现逐年跃升。

3. 赣湘边区域合作宜春产业园(锦源新区)

赣湘边区域合作宜春产业园规划范围包括湖南省长沙市和江西省宜春市的 12 个乡镇,即湖南省长沙市浏阳市文家市镇和江西省宜春市袁州区慈化镇、水江镇、天台镇、飞剑潭乡、楠木乡,万载县的株潭镇、黄茅镇、潭埠镇,铜鼓县棋坪镇、高桥乡、排埠镇。

园区空间布局是"一核两带三区四组团"。以慈化镇为核心的锦源新区,作为赣湘边区域合作宜春产业园的起步区和核心区。依托秋收起义等红色旅游资源,普庵文化、邱家大屋客家民俗文化等历史文化资源,飞剑潭水库、大围山—大沩山、红豆杉森林、官山自然保护区等山水林田湖等生态文化资源,串联慈化、水江、天台、飞剑潭、楠木、株潭、潭埠、排埠、黄岗、高桥、棋坪、赤兴、仙源等乡镇,构建"红色、古色、绿色"相互交融的文旅融合发展带。加强锦江源头保护与修复治理,提升生态功能价值;推进园区工业污水集中处理设施和乡镇生活污水分散处理设施建设,共同保障锦江流域生态环境,构建锦江流域生态环境共保共治带。根据产业发展基础、资源禀赋等条件,按照分工协作、差异发展原则,将株潭、黄茅、潭埠打造成为赣湘边区域合作宜春产业园的三个协作区。根据资源禀赋和产业发展优势,按照做大中心、区域协调、联动发展的原则,形成慈化—文家市组团、水江—天台组团、飞剑潭—楠木组团和棋坪—高桥—排埠组团。

重点是搭建赣湘边区深化开放平台,以此带动宜春中心城区及万载、铜鼓、修水等苏区县(市)深度融入长株潭城市群,充分激发赣湘边区经济活力,促进人民群众增收致富,同步小康,为湘赣苏区振兴发展争取国家的支持创造条件、提供平台,推动相关资源要素向湘赣苏区优先集聚,民生政策向湘赣苏区优先覆盖,重大项目向湘赣苏区优先布局。

第四节　推进基础设施互联互通

按照统筹规划、合理布局、互利共赢的原则,加快交通、能源、水利和信息基础设施现代化建设,构建畅通便捷、共建共享、互联互通的基础设施网络,增强合作区域的经济社会发展的支撑和辐射带动能力。

一、共同完善综合运输体系

加快交通基础设施现代化建设,实现设施的共建共享、互利共赢。构建便捷的省际交通网络布局和对外通道建设,提高整体通达能力和水平。

铁路。加快合作区域对外通道、区域内快速通道及重要铁路枢纽交通设施建设。推进长三角、粤港澳大湾区、闽三角和中部各省铁路对接线路规划方案,争取省际铁路纳入国家中长期铁路网规划,并积极开展项目前期工作,打通赣粤、赣浙、赣闽、赣湘、赣鄂、赣皖合作大动脉,实现区域内铁路干支线合理布局,基本满足铁路交通运输需求。

公路。加快构建江西省内外的公路通道，打通进出省境高速公路断头路，提高道路通行效率。推进农村公路升级改造，形成完善的高速公路、干线公路和农村公路网络。加强江西通往长三角、粤港澳大湾区、闽三角、中三角的高速公路、普通国省道及县乡道路的连通衔接，完善区域路网结构。加快推进 G320、G319、S312 等国道、省道干线路网改造。

航空。完善江西已有的机场综合配套设施，提高航空服务水平和货运能力。加快昌北国际机场、赣州黄金机场、上饶三清山机场、宜春明月山机场与长三角、粤港澳大湾区、闽三角、中三角各省市的合作，适时增加与长三角、粤港澳大湾区、闽三角各省之间的航线，构建开放衔接、协调发展的区域航空网络，提升区域内航空的通达通畅能力。

水运。加快九江港、南昌港、樟树港等港口基础设施建设。同时推进萍乡港口、宜春袁河航道治理，加快江西港口与长三角、粤港澳大湾区、闽三角、中三角各省市港口码头的合作，适时开建赣浙运河、赣粤运河。

二、加强能源领域区域合作

根据"节约优先、环境保护、深化改革、改善民生"的原则，统筹能源资源开发，构建安全、稳定、经济、清洁的现代能源产业体系。

电网改造。利用先进的通信、信息和控制技术，构建以信息化、自动化、互动化为主要特征的智能化电网。合理布局省内 500 千伏和 220 千伏变电站，实施农村电网改造，实现城乡供电一体化发展。加强江西与长三角、粤港澳大湾区、闽三角、中三角省际电网互联，提高互济能力，完善输供电配套网络。

天然气设施改造。加强与长三角、粤港澳大湾区、闽三角、中三角各省合作，完善城市天然气管网，配套建设天然气储备设施、压缩天然气加气母站，加大天然气推广利用力度，逐步实现新宜萍、长株潭工业园区、重点企业天然气利用全覆盖。按照合理有序、先试点后推广的原则，在区域内逐步开展压缩天然气和液化天然气的车船使用，建设一批天然气加气站试点项目。

三、统筹推进信息基础设施建设

按照共建共享、规范管理的原则，加快与长三角、粤港澳大湾区、闽三角、中三角各省合作,集约建设数字化、宽带化、智能化、综合化、一体化的信息基础设施。大力推进电信网、广播电视网和互联网的融合发展以及业务应用,为推进区域合作奠定坚实的基础。

提高区域社会管理的信息化水平。加强与长三角、粤港澳大湾区、闽三角、中三角各省合作的政务网络资源共享,建立与公众网络资源的协调联动机制,提高省际通信网络突发应急事件的处置能力。

加强省际宽带资源统筹建设和网络共享,构建区域互联互通的智慧网络,有序部署下一代互联网建设,进一步加快数字电视网络整合改造,加快省际电信网、广电网和互联网"三网"融合。实现有线网络入户和无线网络覆盖重要区域。加快建立数字认证、物流配送、网上支付、社会诚信体系等电子商务支撑体系和公共信息平台。

重点领域智慧应用。支持江西省与长三角、粤港澳大湾区、闽三角城市共同建设基于人工智能和5G物联的城市大脑集群,加强重要客货运输领域协同监管、信息交换共享、大数据分析等管理合作,推进一体化智能化交通管理。

推进工业互联网发展。加快以"互联网+先进制造业"为特色的工业互联网发展,合力建设跨行业跨领域跨区域工业互联网平台,推动企业上云和工业 App 应用,共同打造工业互联网产业示范平台,促进省际城市之间工业互联网互联互通和业务协同。

第五节　促进生态环境共建共享

统筹山水林田湖草系统治理和空间协同保护,加快长江、闽江、东江源、洞庭湖、鄱阳湖、巢湖等生态廊道建设,共筑绿色生态屏障。切实加强自然保护区、风景名胜区、重要水源地、森林公园、重要湿地等生态空间保护。

保护重要生态系统。加强森林、河湖、湿地等重要生态系统保护,建设沿长江、闽江、东江源、洞庭湖、鄱阳湖、巢湖等江河湖岸防护林体系,实施长江沿岸造林绿化工程,开展丘陵岗地森林植被恢复工作。实施重要水源地保护工程、水土保持生态清洁型小流域治理工程、蓄洪区安全建设工程。实施湿地修复治理工程,推进洞庭湖、鄱阳湖自然保护区等湿地生态恢复工程。

实施区域统一的重污染天气应急启动标准,加强排放标准、产品标准、环保规范和执法规范对接,联合发布统一的区域环境治理政策法规及标准规范,积极开展联动执法,创新跨区域联合监管模式。

第六节　推动公共服务一体化

加强江西与长三角、粤港澳大湾区、闽三角、中三角各省在公共服务领域的合作,统筹推进各方在教育、卫生、文化、就业、社保、社会治理等领域一体化建设,促进公共服务资源共建共享,形成流转顺畅、协作管理的社会公共事务运行机制。

一、促进教育协同发展

促进优质教育资源共建共享,推进区域义务教育资源共享,逐步解决异地进城务工人员随迁子女义务教育问题。建立跨区域间教师交流合作机制,共享优质教育资源。促进现代职业教育共建共享,着力改善职业院校基本办学条件,根据产业特色,加强中等职业学校、技工院校和职业培训机构建设。加强高等院校的合作与交流,加强教育资源共享平台建设,推动江西与长三角、粤港澳大湾区、闽三角、中三角高校联合培养和学分互认,深化大学大院大所全面合作、协同创新,联手打造具有国际影响的一流大学和一流学科。充分发挥这些高校的作用,打造产学研创新平台,提高区域内高层次人才自主培养能力、研发能力和科研成果转化辐射能力。

二、共筑文化发展高地

加强文化政策互惠互享,推动文化资源跨区域优化配置,加强创意、影视、版权、出版等产业合作,共同打造区域特色文化品牌。促进公共文化交流与合作,建立健全现代文化市场体系,建设多层次文化产品和要素市场,建立区域演艺联盟,推进联合采购,深化试验区公共图书馆联盟合作,推动传统业务与数字业务融合等,做大做强文化合作品牌,不断扩大文化交流的影响力和受益面。

三、加速科技要素流动共享

共建区域科技创新体系,推进科技协同创新。加快促进江西与长三角、粤港澳大湾区、闽三角、中三角各省市联合开展光伏工程、特种陶瓷、螺杆膨胀动力机、真菌生物技术、锂基新材料、节能环保工程等新能源、新材料等领域的关键技术研究。借助已有的国家研发平台、省级研究中心、产业研究院等平台建设,发挥创新引领作用。引导长三角、粤港澳大湾区、闽三角、中三角知名高校、重点科研机构到江西设立实验室、研究中心或博士后科研工作站,与企业建立产学研联盟和产业孵化基地,培育一批具有较强竞争力的创新团队和创新型领军企业。

四、加强医疗卫生资源合作共享

建立跨区域医疗卫生发展协调机制,建立省际医疗卫生数据库和信息交换平台,逐步推进急诊病历"一本通",推进合作区医疗机构部分医学检验、影像检查结果互认。加强医疗人员合作交流,充分利用上海、香港、广州、杭州、南京、深圳等大医院资源优势,与江西市县基层医疗卫生机构实行结对帮扶,开展人员培训和定期进修学习。

五、推动就业、人才合作

营造良好就业创业环境。制定相对统一的人才流动、吸引、创业等政策,构建公平竞争的人才发展环境。实施有针对性的项目和计划,帮助高校毕业生、退役军人、农民工等重点群体就业创业。联合开展大规模职业技能培训,提高劳动者就业创业能力。加强劳动保障监察协作,强化劳动人事争议协同处理,建立拖欠农民工工资"黑名单"共享和联动惩戒机制。整合区域内公共就业和人才服务信息共享平台,统一人才引进政策,加强与国家高层次人才计划对接,吸引高层次人才投资创业。开展职业教育园区"现代学徒制"试点,建设高级技术技能人才培养基地。

第八章

提升招商引资质量和效益

改革发展无止境,招商引资永远在路上。招商引资是经济工作的"生命线",是经济发展的"源头活水",是快速做大区域经济总量、做大财富蛋糕的有效办法。放眼全国各地,凡是经济发展好的地方,无一不是招商引资工作做得好的地方。历届江西省委、省政府以改革开放为契机,把利用外来资金作为经济社会发展的大事来抓。特别是进入 21 世纪后,全省确定以工业化为核心,以大开放为主战略,以机制、体制创新为动力,提出"对接长珠闽,联结港澳台,融入全球化"的引资方略,开展多层次、宽领域、全方位的招商引资工作,引资规模、容量、水平不断提高。

第一节 江西招商引资发展回顾

一、外资招商

(一)萌芽成长期(1978—1990 年)

随着中国改革开放政策的相继落实,江西省的对外交流活动逐渐恢复和发展,外资招商进入萌芽阶段。

1980 年 7 月,江西和广东联合在香港举办了"中国景德镇·汕头陶瓷展览",展出了 16000 多件陶瓷制品,开启了以展销会为展示平台的对外经济活动。

1983 年 8 月,江西省出口商品展销会在广州市举办,这是新中国成立以来江西首次独立举办的展销会,成交金额 1500 多万美元。

1984 年,江西省迎来第一个直接外商投资项目,资金仅有 17 万美元。当年江西实际利用外商直接投资为 80 万美元。

1985 年,江西省出口商品展销会移至香港举办,成交贸易额大幅提升至 4000 万美元。

1988 年 11 月 1 日,百事可乐在江西成立南昌百事可乐饮料有限公司,这是江西引进的第一家世界 500 强企业。

总体来看,改革开放初期的外资招商规模小、层次低。据相关商务部门估算,改革开放初期,平均每年的利用外资额仅为 3000 多万美元。

(二)稳步发展期(1991—2000 年)

20 世纪 90 年代,江西的外资招商基本上分为两个阶段。

一是 1991 年至 1996 年的稳定增长期,利用外资总额从 0.96 亿美元增长到 4.71 亿美元,6 年时间翻了两番多。直接利用外资和间接利用外资从 1991 年的 0.19 亿美元、0.77 亿美元,增长到 1996 年的 3 亿美元、1.71 亿美元,分别增长了 14.79 倍、1.22 倍。其中,1991 年江西省政府加强全省利用外资的统一管理,自上而下建立招商引资机构,利用外资取得了跨越式发展。全省利用外资总额 9676 万美元,其中直接利用外资 1949 万美元,占比 20.14%;间接利用外资 7727 万美元,占比 79.86%,分别比 1990 年增长 79.91%、83.84%,取得大幅度增长。

二是 1997—2000 年的招商引资困难期。由于受亚洲金融危机冲击,外资招商困难重重,利用外资呈下降走势。1999 年,全省利用外资 5.68 亿美元,其中直接利用外资 3.20 亿美元,间接利用外资 1.26 亿美元,分别比 1998 年下降 19.8%、31%、4%;2000 年,全省利用外资 3.27 亿美元,其中直接利用外资 2.27 亿美元,间接利用外资 0.99 亿美元,分别比 1999 年下降 42.31%、29.16%、20.95%(详见表 8-1)。

表 8-1　1991—2000 年江西省利用外资情况　　　　单位:亿美元

年份	利用外资总额	同比增长率	直接利用外资	同比增长率	间接利用外资	同比增长率
1991	0.96	83.05%	0.19	79.91%	0.77	83.84%
1992	1.99	107%	0.96	395%	0.99	29.22%
1996	4.71	4.4%	3	4.16%	1.71	3.65%
1999	5.68	−19.8%	3.2	−31%	1.26	−4%
2000	3.27	−42.31%	2.27	−29.16%	0.99	−20.95%

(三)加速发展期(2001—2010 年)

进入 21 世纪,江西省招商引资进入了蓬勃发展的阶段。2001 年实际使用外资金额比为 5.40 亿美元,2000 年增长 64.86%。2010 年实际使用外资金额增长到 51 亿美元,是 2001 年的 9.4 倍,10 年间增长率都在 10%以上。其中,2010 年新批外商投资企业数为 1092 家(详见表 8-2)。

表 8-2　2001—2010 年江西省利用外资情况　　　　单位:万美元

年份	企业家数	合同外资金额	增长(%)	实际使用外资金额	增长(%)
2001	308	52660	98.88	39575	74.16
2002	591	153387	191.28	108725	174.73
2003	759	233094	51.96	161234	48.30
2004	964	311289	33.55	205238	27.29
2005	940	387645	24.53	242258	18.04
2006	982	403068	3.98	280657	15.85
2007	866	544615	35.12	310358	10.58
2008	689	492550	−9.56	360368	16.11
2009	821	490484	−0.42	402354	11.65
2010	1092	749447	52.8	510084	26.77

2001 年,我国已成为世界贸易组织成员方,中国改革开放与国际全面接轨,江西省以此为契机,利用外资出现新转机。7 月 10 日,江西(上海)招商引资项目推介会在上海国际会议中心举行。省领导率全省各设区市的党政主要负责人参加开幕式,推介会展现江西扩大开放的形象和决心。来自海内外的宾客及江西省各行业、各设区市代表 2000 余人参加会议。会议签订外资项目合同、协议 185 个,合同、协议外资额 7.86 亿美元。

2005 年,江西省新批外商投资企业数、合同外资金额、实际利用外资金额三项指标在中部地区继续保持领先优势。外资来源日益广泛,利用外资领域不断拓宽,已有全球 60 多个国家(地区)资本进入省内投资。全球 500 强企业(或 500 强背景)已有 21 家进入省投资。投资结构日趋合理,质量、水平不断提高。制造业项目实际使用外资达 15.18 亿美元,占总数的 59.4%,投入三产的占 30.69%。近年来,进入交通、能源、基础设施、高新技术产业等领域的外资进一步增多。新批外商投资企业平均规模 359.5 万美元,比 2004 年增加 76.32 万美元;合同外资金额在 1000 万美元以上项目 79 个,比 2004 年增加 23 个。全省投资环境进一步优化,县(市、区)成为吸引外资的主体力量。全省 99 个县(区)实际利用外资在 1000 万美元以上的县(区)达 60 个,实际利用外资 16.72 亿美元,分别占全省总量的 60.61% 和 69.01%。工业园区成为吸引外资的主体,引进外商投资企业 423 家,占全省总数的 45%;实际使用外资 14.97 亿美元,占全省的 61.78%。是年,全省利用外资 24.22 亿美元,比 2004 年增长 18.03%。

2010 年,招商引资实现进位赶超,迈上新台阶。一是招商引资规模跨上新台阶。全省新批外商投资企业 1092 家,比 2009 年增长 33.01%。二是重大项目引进实现新突破。全省新批合同外资 1000 万美元以上项目 147 个,合同外资 30 亿美元,比 2009 年增长 77.68%。新引进德国贝塔斯曼、新加坡伟创力、日本住友电工 3 家世界 500 强企业,总数达到 40 家。三是大力承接沿海产业转移。全省引进港台企业 924 家,同比增加 247 家;利用台资大幅增长,引进台资企业 192 家,同比增长 69.91%,实际利用台资 7.1 亿美元,比 2009 年增长 75.62%。四是重点产业招商实现新突破。围绕太阳能光伏、半导体照明、锂电等十四大重点产业招商。十四大重点产业新批外商投资企业 616 家,占全省 75.03%;合同外资额 37.26 亿美元,占全省 75.97%;实际利用外资 28.95 亿美元,占全省的 71.95%。其中,太阳能光伏产业实际利用外资 5.08 亿美元,占全省比重的

13.8%;电子信息产业实际利用外资 11.24 亿美元,占全省比重的 27.9%。高端制造业和现代服务业已成为江西省招商引资的增长点,有力拉动全省利用外资逆势增长。五是增资扩股实现新突破。全省外商投资企业中有 160 家外资企业实现增资扩股,增资金额 8.6 亿美元。其中,江西赛维 LDK 太阳能高科技增资 8899 万美元、江西立信药业增资 1434 万美元、百利精密刀具增资 2110 万美元、九江红鹰飞机制造增资 1960 万美元、江西圣达威电工材料增资 1548 万美元、江西升阳光电科技增资 1388 万美元。2010 年全省实际利用外资 51 亿美元,同比增长 26.77%。

(四)加速增长期(2011—2020 年)

“十二五”时期,江西实际利用外资从 2011 年的 60.59 亿美元增长到 2015 年的 94.73 亿美元,增长了 56.35%。五年间年增长率都在 10%以上,远远高于全国平均水平,其中 2012 年全国平均水平为负 3.7%的情况下,江西增长率逆势增长,为 12.63%,比全国平均水平高 16.33 个百分点。招商引资实际进资占全社会投资比重由 2010 年的 25.9%提升到 2015 年的 34.3%。2015 年全省外商投资企业缴交国税 172 亿元,较 2010 年增长 13.15%,高出全省国税平均增幅 6.25 个百分点,新增税收 20 亿元,占全省新增国税的 28.6%(详见表 8-3)。

表 8-3   2011—2015 年全国及江西实际利用外资情况

单位:亿美元

地区	2011 年		2012 年		2013 年		2014 年		2015 年	
	总额	增长率(%)	总额	增长率(%)	总额	增长率(%)	总额	增长率(%)	总额	增长率(%)
全 国	1160.11	9.72	1117.16	-3.7	1175.86	5.25	1195.6	1.7	1262.7	6.4
江西省	60.59	18.78	68.24	12.63	75.5	10.7	84.5	11.9	94.73	12.1

“十三五”时期,面对新冠疫情、鄱阳湖流域大洪水等重大风险挑战,江西省

不断创新招商方式方法,大力实施"三百工程"①"三企入赣"②和"三请三回"③,深入推进重大活动签约项目落地。"十三五"期间,实际利用外资从94.7亿美元增加到146亿美元,增长54.2%,年均增长9%。截至2020年底,全省累计引进世界500强企业131家。2020年有进出口实绩的外贸企业数量达到5386家,较2015年增加1974家,增长57.9%(详见表8-4)。

表8-4 "十三五"期间江西利用外资情况统计

指标	"十二五"末 (2015年)	"十三五"末 (2020年)	增长 (%)	年均增长 (%)
利用外资(亿美元)	94.7	146	54.2	9.0

2016年全省实际利用外资突破100亿美元,达到104.4亿美元,同比增长10.2%,据商务部统计,总量列全国第13位,较上年前移2位。

2017年全省实际利用外资114.6亿美元,同比增长9.8%;合同外资金额101.25亿美元,同比增长35.22%。按商务部统计口径,江西实际利用外资总量居全国第12位,比上年前移1位,居中部第2位,增速居全国第7位。

2018年实际利用外资125.7亿美元,同比增长9.7%;新批外商投资企业数594个。招商主攻的欧美日区域引进外资金额7.8亿美元,同比增长44.7%,占比6.2%,比重较2017年提高1.5个百分点;制造业成为利用省外项目资金引资主力,实际利用省外项目资金4501.4亿元,同比增长14.9%,占比61.3%,比重较2017年提升2.2个百分点。新设千万美元以上外资项目175个,同比增长56.3%。

2019年全省实际利用外资135.8亿美元,同比增长8.01%,总量和增速中部第二,全省实际利用外资总量居全国第13位,其中,现汇进资20.78亿美元,同比增长9.85%。新批外商投资企业数544个。

---

① "三百工程":策划包装100个重点产业招商项目,对接100家有投资意向或对江西省产业有延链、补链、强链作用的境内外世界500强企业、跨国公司以及民营500强企业,精选100个投资规模大、带动作用强、产出效益高的重大项目作为重点推进落地的项目。
② "三企入赣":外企、民企、国企入赣。
③ "三请三回":请乡友回家乡、请校友回母校、请战友回驻地。

2020 年实际利用外资 146 亿美元,同比增长 7.51%,外资现汇进资总量居全国第 12 位、中部第 1 位。2020 年,举办粤港澳大湾区经贸合作活动、江西与跨国公司合作交流会、正和岛年会等 8 场重大经贸活动,共引进产业项目 576 个,签约投资总额 8369.6 亿元,全省重大经贸活动签约项目注册率 89.8%、进资率 85.2%、开工率 79.5%,完成投资 1799.7 亿元,占签约总额 21.5%(详见表 8-5)。

表 8-5　2016—2020 年江西实际利用外资发展情况

单位:亿美元

2016 年		2017 年		2018 年		2019 年		2020 年	
总额	同比增长(%)	总额	同比增长(%)	总额	同比增长(%)	总额	同比增长(%)	总额	同比增长(%)
104.4	10.2%	114.64	9.80	125.72	9.66	135.8	8.01	146	7.51

二、内资招商

除了引进国外资金,江西也非常重视引进国内其他省市地区的投资资金,通过统筹协调、精准发力,内资招商成效显著。

(一)改革开放初期

江西作为内陆省份,引进内资的步伐也是随着体制改革而逐步加快的。

1980 年 2 月,国务院批准同意九江等 8 个长江港口先对国轮办理对外贸易运输业务,使得江西有了自己的“出海口”,为后期跨省贸易,引进内资提供了通道和途径。

1987 年 12 月,江西省政府出台《关于赣州地区为经济体制改革试验区的决定》,将赣州地区 18 个县市辟为经济体制试验区。设立试验区的第一年,全区签订横向经济技术协作合同 601 项,年增利税 6937 万元,工业企业资金利税率达 28.26%,赣州由过去全省中下游水平跃居全省第一。

(二)发展加速期(1991—2000 年)

1991 年至 2000 年期间,江西省实际引进省外资金从 1991 年的 3.34 亿元,增长到 2000 年的 87.74 亿元,增长了 25.3 倍。从引进省外项目来看,1991 年项目数为 2829 个,平均单个项目的资金为 11.81 万元。1997 年项目数为 1551 个,仅为 1996 年(2824 个)的 55%左右,平均单个项目的资金为 206.77 万元。2000年平均单个项目的资金上升为 443.13 万元,说明 1997 年以后,江西省引进省外资金有了明显变化,更加注重引进大项目、大资金(详见表 8-6)。

表 8-6　1991—2000 年江西引进省外资金情况

年份	引进省外项目(个)	实际引进省外资金(亿元)
1991	2829	3.34
1992	2261	3.88
1993	2453	6.07
1994	3099	15.72
1995	2431	11.27
1996	2924	16.87
1997	1551	32.07
1998	1528	38.02
1999	2402	63.8
2000	1980	87.74

(三)发展壮大期(2001—2010 年)

"十五"时期(2001—2005 年),全省利用省外资金进入高速轨道,引进省外资金合同项目 27166 个,实际进资 3883.29 亿元,分别是"九五"时期(1996—2000 年)的 25 倍、16.3 倍。"十一五"时期(2006—2010 年),全省利用省外资金持续快速增长,引进省外资金合同同比增加 69 个,实际进资 5807.11 亿元(详见表 8-7)。

表 8-7　"九五"至"十一五"时期江西利用省外资金情况

指标	"九五"时期 (1996—2000 年)	"十五"时期 (2001—2005 年)	"十一五"时期 (2006—2010 年)
省外资金合同项目(个)	1085	27166	27235
实际进资(亿元)	238.52	3883.29	5807.11

　　2001 年开始,江西招商引资方式有了新的变化,更加侧重于从省级层面与兄弟省市组建经贸洽谈会等新的招商办法。2001 年 5 月,辽宁省主要领导 270 余人组成的经贸代表团及有关部门、企业代表 2300 余人,在南昌市举办商品展洽会,成功开展南北两省大跨度的经济合作,会上共达成辽赣商贸和经协合作项目 234 项,商品成交额达 39.3 亿元。2001 年江西横向经济联合协作(珠海)项目洽谈会成功举办并在珠海国际会议中心开幕。省领导率省赴粤学习考察团全体成员共签订合同项目 864 项,总投资 161.19 亿元,合同引资 153.41 亿元。7 月,江西同上海市签订经济合作项目 501 项,项目总投资 94.74 亿元,合同引进省外资金 89.78 亿元。9 月,厦门召开第 5 届中国投资贸易洽谈会,江西省组团参加,会上同北京、福建、广东、浙江、江苏、厦门等省市和计划单列市共签订国内经济技术合作项目 15 项,项目总投资 1.51 亿元,合同引进省外资金 1.41 亿元。2001 年末,全省实际引进省外资金 182.97 亿元,比 2000 年增长 100.54%,首次突破百亿元大关。

　　同年,江西省政府领导指示成立江西省外省来赣投资者投诉举报中心,并于 7 月 25 日在江西电视台、《江西日报》上向社会公布投诉举报电话,实行 24 小时全天候服务,全年省合作办直接受理投诉举报案件 13 起,处理 13 起。

　　2004 年 4 月,上海市与江西省签订赣沪经济技术合作协议。双方共签约项目 31 个,项目总金额为 34.36 亿元。

　　2005 年 7 月"泛珠三角"区域经贸合作洽谈会在成都市举行。江西省共签约 50 个项目,其中内资签约项目 40 个,合同资金 76.02 亿元;外资签约项目 10 个,合同资金 2.26 亿美元。洽谈会期间,通过参会人员的努力,又新增签约项目 29 个,签约资金 16 亿元。

　　2008 年,全省利用省外 5000 万元以上工业项目资金首次突破 1000 亿元大关,达到 1100.95 亿元,同比增长 32.9%。承接沿海产业转移成效明显。全省利用省外 5000 万元以上工业项目资金中有 77% 是来自长珠闽地区,比 2007 年增长 34.3%。其中:浙江 367.91 亿元,占 33.42%;广东 255.15 亿元,占 23.18%;福建 99.48 亿元,占 9.04%;上海 75.94 亿元,占 6.9%;江苏 49.32 亿元,占 4.48%。

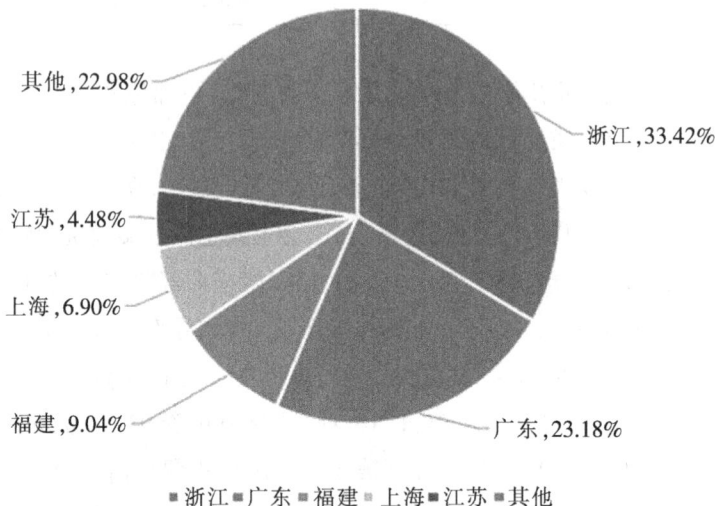

图 8-2　2008 年江西利用省外 5000 万元以上工业项目资金占比

2009 年,全省累计实际利用省外 5000 万元以上工业项目资金 1367.13 亿元,比 2008 年增长 24.18%。对接央企合作工业项目取得突破性进展。共签约引进央企合作工业项目 46 个,合同引进央企资金 923.5 亿元,实际利用央企资金 150.1 亿元,分别比 2008 年增长 156%、134% 和 47.6%。

2010 年,以鄱阳湖生态经济区建设和沿海产业转移加速为契机,江西利用省外资金进资突破 1900 亿元,达到 1927.41 亿元。引进省外亿元以上项目 441 个,同比增长 25.6%。亿元项目占全部项目的 34.13%,提高 4.38 个百分点。亿元以上项目实际进资突破千亿元大关,达 1001.15 亿元,同比增长 42.84%;共引进国内 500 强企业投资项目 33 个,同比增加 8 个。新增国内 500 强在赣投资企业 8 家,总数达到 74 家。引进央企投资项目 24 个,其中亿元以上项目 21 个。新引进央企 1 家,使央企在赣投资总数达 63 家。引进中国民企 500 强项目 5 个,新增中国民企 500 强在赣投资企业 4 家。引进省外投资 5 亿元以上项目 162

个,同比增长 62%。其中 5 亿—10 亿元项目 100 个,同比增长 53.85%;10 亿元以上项目 62 个,同比增长 77.14%。

(四)蓬勃发展期(2011—2020 年)

"十二五"期间,利用省外资金从 2010 年的 1927.5 亿元提高到 2015 年的 5232.2 亿元,年均增长 22.1%,三年翻番。招商引资实际进资占全社会投资比重由 2010 年的 25.9% 提升到 2015 年的 34.3%。2015 年全省外商投资企业缴交国税 172 亿元,高出全省国税平均增幅 6.25 个百分点;新增税收 20 亿元,占全省新增国税的 28.6%。招商引资结构优化,服务业利用外资比例提高到 26%,比 2010 年提高 5 个百分点。

2011—2015 年,江西新引进世界 500 强企业 24 家,国内 500 强企业 52 家,总数达到 64 家和 137 家。编印了《世界 500 强行业龙头企业对接手册》,深入实施外企入赣、央企入赣、民企入赣和赣商回乡创业工程,全省组织 30 支专业招商小分队,重点开展战略性新兴产业招商活动,创新招商方式,大力整治和优化投资环境。

"十三五"期间,江西省利用省外项目资金从 2015 年的 5232.2 亿元增加到 2020 年的 8751.6 亿元,增长 67.3%,年均增长 10.8%(详见表 8-8)。

表 8-8   "十三五"期间江西省商务经济运行情况综合统计

指标	"十二五"末 (2015 年)	"十三五"末 (2020 年)	增长 (%)	年均增长 (%)
利用省外资金(亿元)	5232.2	8751.6	67.3	10.8

2016 年,引进省外项目资金 5905.76 亿元,同比增长 12.9%。以第四届世界绿发会为统揽,省级层面成功举办赣港经贸活动、赣台经贸活动等 19 场重大经贸和招商活动,累计签约合作项目 2129 个,投资总额 10597.5 亿元。

2017 年,实际引进省外项目资金 6630.3 亿元,同比增长 12.3%。利用省外项目资金实际进资来源地居前列的省市是:广东 1861.96 亿元,占 28.08%;浙江 1529.99 亿元,占 23.08%;北京 894.68 亿元,占 13.49%;福建 496.92 亿元,占 7.49%;上海 473.91 亿元,占 7.15%;湖南 273.86 亿元,占 4.13%;江苏 355.61 亿元,占 5.36%(详见表 8-9)。

表8-9　2017年江西省引进省外项目资金来源比重统计表

地区	合同项目(个)		实际进资(亿元)	
	合计	占比(%)	合计	占比(%)
总　　计	2869	100.00	6630.29	100.00
广东省	711	24.78	1861.96	28.08
浙江省	771	26.87	1529.99	23.08
北京市	185	6.45	894.68	13.49
福建省	280	9.76	496.92	7.49
江苏省	186	6.48	355.61	5.36
上海市	145	5.05	473.91	7.15
湖南省	197	6.87	273.86	4.13
其他	394	13.73	743.93	11.22

2018年,利用省外项目资金7346.4亿元,同比增长10.8%,新引进项目数3341个,同比增长16.45%。六大经贸活动(赣京会、赣港会、赣深会、江西省与跨国公司合作交流会、亚布力夏季峰会、赣台会)共签约项目279个,完成注册率83.2%,进资率77.1%,开工率73.5%。

2019年,利用省外项目资金8037.65亿元,同比增长9.41%,新引进项目数3709个,同比增长11.01%。承办了7场省级重大招商活动,引进亿元以上项目480个,签约总额4895.92亿元。

截至2020年底,全省累计引进世界500强企业131家。2020年有进出口实绩的外贸企业数量达到5386家,较2015年增加1974家,增长57.9%。项目落地推动有力。每年组成核查小组,督促签约项目落地。2020年,举办粤港澳大湾区经贸合作活动、江西与跨国公司合作交流会、正和岛年会等8场重大经贸活动,全省重大经贸活动签约项目注册率89.8%、进资率85.2%、开工率79.5%,完成投资1799.7亿元,占签约总额的21.5%。

第二节　构建招商引资机制

为了更好地招商引资,需要在体制机制上勇于创新,激活招商引资工作人员活力。

一、建立一把手招商机制

各级政府需要高度重视招商工作,建立以各地一把手为组长,各部门主要领导为组员,由重要部门作为组织协调的招商引资小组。建立招商项目进度工作机制,每月向招商小组汇报重大项目的进展情况,并由组长等主要领导协调解决招商工作中面临的问题。需要更高一级领导出面洽谈的重大项目,通过沟通协调,尽最大可能出席,体现出当地招商引资的热忱。对于重大项目、重大资金的签约落地、投产运营,采取"一事一议",提供有针对性、专业化、全过程、全天候的服务。

二、建立项目招引协调机制

建立信息协调共享机制,协同省市县各级、省级各部门、市县各部门之间信息共享,按行业地域分级分类。需要上级部门协调解决的项目问题和政策需求,由各县市区整理审核后,按月报送上一级的招商引资工作领导小组。对于重大的招商引资项目信息,经审核可以通过省领导直通车渠道直接报送。

三、完善项目自由流转机制

坚持全省招商一盘棋,各地招商引资过程中要合作共赢,多补台不拆台。对于某些地区现阶段暂无引进条件、没有产业基础的项目信息,也上传至全省统一的项目信息平台,而符合省内其他地区引进条件的,要帮忙联系,协同对接。借鉴浙江的先进经验,如果项目顺利跨区域流转,在当年度的招商引资工作考评中给予项目首谈地予以加分。

四、建立工作动态通报机制

在全省范围内每季度对设区市引进外资、利用内资、项目落地的情况进行通报。在设区市范围内的县市区建立月评比、季通报机制,适时发布招商工作动态,每月评比一次最优案例,分享招商引资的成功经验。营造你追我赶、勇争上游的招商氛围。对于省内的重点项目、市里的重大项目,实行专人跟踪,全流程服务,实时通报的制度。

五、建立科学考评指标体系

引入第三方机构,科学选取项目的数量、质量,实际利用外资额等指标,建立考核指标体系,考核各级招商引资小组。对于招商成绩突出的部门、集体、个人,予以嘉奖,对于排名靠后的,进行勉励谈话。

第三节　创新招商引资方法

通过借鉴兄弟省份尤其是沿海发达地区的先进经验,总结提炼历年来江西招商引资过程的典型,为未来招商引资提供好方法、好点子。

一、招商引资的传统方法

（一）乡贤招商模式

通过收集本地籍在外地知名人士的信息,建立乡贤数据库,在信息、资金、项目、人才等方面给予支持,发挥当地乡贤的"催化剂""黏合剂"的作用,吸引在外地经商的本地人员回乡投资。如借助京东集团老总是宿迁市老乡,江苏省宿迁市出台一系列政策,扶持"群凤还巢",打造返乡创业示范园。先后入驻各类项目102个,项目存活率很高,达到了95%,吸收直接就业人员1200人以上,其中入驻企业一半以上是电商企业,多达55家。

（二）以商招商

通过现有企业的优质服务,形成好口碑、好信誉,吸引同行业、同类型、相关产业链的企业主动入驻建厂。如江苏省无锡市引进日本瑞穗银行和东京三菱银行设立分支机构,通过良好的环境、贴心的服务,日本一大批企业陆续跟随投资建厂。

（三）校友招商

通过校友的联系纽带,吸引该校的荣誉校友、行业龙头企业老总回归投资。

如 2021 年 4 月,福建厦门市借助厦门大学百年校庆的契机,召开全球校友招商大会,现场集中签约 32 个项目,合同总投资 439 亿元,覆盖投资、酒店、生物医药、现代物流、半导体等领域。其中超过 10 亿元的项目有 11 个,投资额为 318 亿元。

（四）异地推介会招商

通过在大城市或重点地区举办推介会的机会,吸引优质项目、资金到该地落户。如湖北省武汉市开发区通过在深圳市蛇口举办招商专场推介会,反响热烈,现场签约 890 亿元。

（五）驻点招商

在重点招商地,如经济发达的深圳、北京、上海、广州等,设立驻点办事处,组建专门团队,长期在当地招商引资。2019 年 11 月贵州省成立驻深圳招商工作队,挑选 160 余名精兵强将赴深圳招商。在短短的 2 个月时间之内,对 2152 家企业进行了上门拜访,成效显著。共引进投资项目 24 个,合同内金额达到了 53.855 亿元。

（六）产业转移招商

承接沿海发达城市的产业转移,通过梳理出台的产业转移项目清单和"淘汰清单",筛选出对当地影响小、切合主导产业、资金技术力量雄厚的企业,进行有针对性的招商。如广东省江门市新会区通过承接产业转移,重点关注先进制造业,在"2017 年深圳—江门招商推介会"中签约了航天半导体、激光设备、精密模具、微电机等行业的项目 33 个,投资总额 180 亿元。

（七）PPP 合作招商

采用公私合作方式,引入社会资本参与政府公共服务项目,实现合作共赢的招商模式。如雄安新区初期建设投资高达 5000 亿元,当地招商部门运用 PPP 模式,在有限的财力下快速建设园区的基础设施项目,同时推进地区的招商引资和人才引进,在较短的时间内快速提升了雄安新区的竞争力。

（八）中介招商

招商部门委托中介机构、第三方机构代理招商,以实际招商结果按事先约定的比例返还佣金。如辽宁省沈阳市专门成立了中介招商处,通过委托大量中介机构（500 余家）进行招商,有效保证了实际利用外资 25 亿美元。

（九）产业基金招商

基金投资招商是地方以投资的形式同国内行业龙头企业建立起联系,同时吸引配套企业来当地投资发展。如江西赣州市积极引进空调行业龙头格力集团,在人才、资金、土地等方面给予了多种政策优惠,使得格力空调的江西生产基地于 2020 年落户赣州,共投资 120 亿元。当年就带动了 8 家空调配件公司签约落户,并且吸引了大自然、美克等 30 多家头部企业、家居巨头入驻赣州。至此,赣州成功建立起家电产业、家装产业链条,加上原有的南康千亿家具产业,已经成为有全球影响力的家具制造之都。

（十）一把手招商

对于大项目、大资金,须有大领导出面招商,一来可以体现当地对于该项目的重视,使客户感觉得到了极大的尊重;二来大领导比一般的招商人员的眼力更锐利,能发现客户的真正意图。如安徽省合肥市主要领导多次与蔚来汽车公司进行交流,最后成功打动客户,促使蔚来汽车顺利落户合肥。

二、招商引资创新方法

随着经济社会的发展,近几年又出现了一些招商引资的新方法、新举措。

（一）产业链招商

以链主企业为核心,构筑上下游企业,针对产业链的薄弱环节和关键点,将产业链条加固补强,形成特色产业集群,进行目的明确的招商。如江苏省太仓高新区借助太仓与上海大众所在的安亭的地理优势,仅有 10 多公里的距离,充分发挥太仓良好的营商环境和地理优势,以大众企业配套企业为目标,吸引大批德国企业入驻该地发展,已聚集多家全球"隐形冠军"的企业。

（二）众创孵化模式

仅仅依靠外部招商,园区内的企业则会流失到外地。与其他招商方式相比,"众创孵化+园区招商"模式,通过定向的优惠政策,吸引初创团队在众创空间里集合、孵化和成长,进而落户在园区,形成了良性循环。如 2015 年上海张江高科划出 10 万平方米孵化园区,推出了"895 创业营",截至第八季,项目数量已经达到了 253 个,据估算,项目总值超过了 300 亿元。通过线上线下平台,聚集了国内国外优秀项目,发展壮大的企业在张江高科扩大生产空间,得到政策支持。

此外,广州市羊城晚报创业园、南昌"699"众创孵化、景德镇陶溪川、黎川油画工业园区都是"众创孵化+园区招商"模式的典型代表。

（三）云招商模式

由于新冠疫情的暴发，近年来外出招商和企业实地考察都受到了较大的影响。在新的数据平台的支持下，"云招商""云洽谈"成了招商引资的新形式。通过把企业负责人和地方发改、工信、商务、住建等部门领导在"云上"见面沟通，将行政审批、地方产业发展、投资指南放在网上，设立专人对接政务服务，把企业投资兴业中遇到的问题快速解决好，"云签约"就是水到渠成的事情。如 2020年，四川省成都市双流区举办了"云招商"网上推介会，有超过 300 位企业家、商务主管参加了直播活动，直播半小时内，线上参加人数超过了 18 万。

（四）订单招商

政府通过采购企业相当数量的产品或服务，引导该企业在该地投资建厂，在节省成本的基础上，一方面完成政府的订单，一方面开拓新市场。如天津市借助推动"十城千辆工程"试点城市的契机，购买比亚迪工厂的新能源客车，引导企业在天津落户生产。

（五）配套招商

先引进行业配套的中小企业，并做好主导产业的辅助工作，再以当地产业配套为卖点，吸引主导企业入驻。如北京市经济开发区为了吸引小米汽车落户建厂，提出打造新能源及高端汽车产业发展核心承载地，出台了《中国（北京）自由贸易试验区高端产业片区亦庄组团首批产业政策》。

（六）反向招商

先通过本地企业到海外投资收购，成功后再将海外的生产基地、资产转移到本地，既引进了投资，也引进了技术、人才和管理理念。如江西省南昌市通过基金的杠杆作用，先将飞利浦公司旗下的子公司 Lumileds 成功并购，再将其部分生产企业引进到南昌。

（七）"园中园"招商

工业园区按照产业分工等类别，将园区分割为多个"园中园"，并引入多家运营机构，通过分解将园区整体招商任务进行分别下放。如大连市先进装备制造业园区建立了"园中园"模式的先进典范，"一企建一园、一园带多企"，有整体性，也有灵活性，成功地吸引了 34 家企业建厂入驻。

（八）离岸招商

政府通过基础引导资金，吸引大企业在该地成立区域总部，通过区域子公司共享母公司的资源，带来人才聚集、财税收入和产业集聚。江苏省扬州市江都经济技术开发区成立 2 亿元的专项资金，用了 6 个月时间就吸引了全国 27 个项目落户该地，成立了多个子公司和区域总部，总投资 1.8 亿元，开票销售就超过了5 亿元。

（九）赛事招商

借助特色赛事，通过技术合作、政策创新等方式，将资金和项目引进当地。如浙江省舟山市已经成功举办了四届海洋经济创业大赛，并在柏林、硅谷、深圳、上海、北京等 20 多个城市举办了 40 多场城市赛，成功吸引了 4000 多个项目报名参赛，并有 50 多个优质项目落户舟山，发展壮大。

（十）产业生态招商

通过产业专业化为突破点，建立专业对口的招商团队，与行业中的企业做好对接，了解企业发展的行业难点，吸引业界投资。如杭州经济技术开发区以产业服务生活为核心理念，致力于打造中国生物医药产业产城融合示范区的"杭州东部医药港小镇"，吸引了雅培、辉瑞生物、默沙东、奕真生物、康莱特药业、美国礼来等一大批生物医药龙头企业。

（十一）飞地招商

经济发达地区有资金项目，但缺土地，经济欠发达地区有土地有政策，但缺资金项目，发达地区通过将部分项目、资金、技术、人员转移到欠发达地区，并通过协议，对项目的效益、财政收入等进行合理分配。如江苏省江阴市、靖江市通过沟通协调，共同建立了江苏江阴—靖江工业园区，并被国家发改委核准为省级经济开发区。仅 2019 年，园区即成功签约 12 个项目，总投资达到了 56.7 亿元。

第四节　打造一流营商环境

通过与其他地区的横向对比，一个地区营商环境的优劣，能清晰明了地体现出来。江西作为中部欠发达省份，更应勇于对标国际国内一流标准，整体构建"最优营商环境"，以营商环境、制度供给的迭代升级和系统突破，助力产业转型升级，促进地区经济高质量发展。

一、江西优化营商环境的典型案例

经过强有力的引导、切实有效的组织落实,江西营商环境取得了显著的成效,各县市区因地制宜、群策群力,涌现了一批有特色、有亮点、有创新的典型案例。

(一)有温度的执法,让企业安静生产

为鼓励企业,尤其是初创企业将主要精力集中在生产发展,宜丰县在江西省率先公布《宜丰县轻微违法行为不予行政处罚和一般违法行为减轻行政处罚事项清单》(以下简称《清单》),为全县行政执法单位提供执法参考。《清单》共涉及 22 个单位,共计 238 条事项:轻微违法行为不予行政处罚的事项 185 条,违法行为符合法定适用条件依法减轻行政处罚的事项 53 条。为各类企业特别是中小企业、新业态、创新型企业在发展初期提供更加宽容的制度环境,让"有温度的执法"真正落实、落地。规范入企检查行为,严格落实园区每月 1—25 日的"企业安静生产期"要求。如有特殊情况需要进行执法检查的,必须事先报送涉企执法检查工作计划并经县营商办批准。

(二)深化"跨域通办"改革,实现异地办事"不求人"

万载、浏阳都是花炮之乡,由于业务发展需要万载花炮业主朱某要在浏阳设立一个分支机构。2020 年 12 月 26 日,朱某通过政务服务中心帮代办窗口提交资料,仅 2 个工作日就为其办理好了浏阳分支机构营业执照。朱某感慨地说:"以前肯定要专门跑到浏阳去办的,光来回就要六七个小时,要是资料准备不全,还得来回跑几趟。现在有了跨省通办,在万载就可以申报了,窗口会帮我把资料寄到浏阳,浏阳出证后,窗口又会把营业执照寄给我,还是免费的,我都不用跑到浏阳去了,真是太方便了!"除万载以外,铜鼓等县市区也已与上栗、浏阳签订了"跨域通办"协议。

(三)推进偏远乡镇企业注册"重心下沉、窗口前移"

针对偏远乡镇群众交通不便的问题,奉新在上富分局设立企业注册窗口,前移为民服务的窗口,业务覆盖了上富、澡溪、东垦、甘坊、柳溪、百丈、仰山、石溪八个乡镇的企业。为进一步提升服务水平,分局窗口在节假日期间安排专人为群众提供注册咨询服务,极大地方便了偏远乡镇客商就近咨询、办理。2020 年上富分局窗口合计办理八个偏远乡镇企业注册业务 394 件,最大限度提高工作效能,缩短群众办事时间、降低了群众办事成本,真正做到便民利民,提升了群众满意度。

(四)信用修复"打补丁",助力企业重焕生机

宜丰县许氏木业有限公司,为 2019 年新办企业,在 2020 年新冠疫情期间,由于公司的刚性支出很大,周转资金严重不足。由于其关联的高安市瑞森木片加工有限公司是非正常户 D 级,造成该公司直接被判为 D 级企业,纳税信用等级过低,无法获取银行贷款。宜丰县潭山税务分局了解情况后,认真分析该企业信用扣分指标,及时与相关县局进行沟通,启动"纳税信用复评程序",两个工作日即完成了该公司信用等级复评工作,并重新评定为 M 级纳税信用。同时,税务部门积极与建行宜丰支行进行沟通,通过"银税互动",协助该公司办理了"税易贷"无抵押信用贷款 200 万元,帮助企业恢复正常生产。近年来,宜丰县税务局已通过纳税信用修复机制,对 10 多户纳税人进行了纳税信用等级复评,复评企业通过"银税互动"获得贷款 1600 万元,有力地解决企业融资难题。

(五)创新商业保险机制,为企业纾困减负

丰城在全省首创引入商业保险机制缴纳农民工工资保证金。通过商业保险履约保函缴纳农民工工资保证金共为 35 家企业纾困减负并盘活资金 7188.25 万元,该模式得到省、宜春市的高度认可并在全省推广。因治理拖欠农民工工资专项行动成绩突出,丰城市人社局荣获"全国农民工工作先进集体"荣誉。

(六)精准对接企业,建立"营商专员入企帮扶"制度

2020 年 3 月起,铜鼓县建立了"营商专员入企帮扶"制度,全县 9 个乡镇、44 个县直单位选派 151 名业务骨干点对点帮扶 140 家重点企业。在营商专员入企帮扶的成功经验上,铜鼓又将全县城区主干道所有个体商户、街边小店纳入了营商专员服务范围,全县 46 个县直单位选派 92 名干部帮扶 361 家个体商户、街边小店(同时全县 9 个乡镇均同步开展),实行了营商专员"每月对企业(个体户)开展一次实地走访,每月与企业(个体户)负责人交谈一次,每月为企业(个体户)反馈落实问题一次,每月向县营商办报送工作台账一次"的服务机制,同时县营商办每季度开展一次优秀营商专员表彰。2020 年至今,通过营商专员共收集企业和个体商户各类问题 333 个,销号问题 285 个,还有 48 个问题正在推进中。铜鼓县营商专员一对多精准帮扶个体商户、街边小店的工作机制,已在陕西省委组织部的公众号上作为典型经验推广。

二、江西与国际、国内营商环境最优地区差距明显

2020年,受江西省发展和改革委员会委托,中国社科院、江西省社科院组成联合调研小组对江西省营商环境进行评估,实地走访江西省11个设区市和赣江新区,暗访办事大厅、政府部门、中介机构等,召开政府部门座谈会和企业座谈会,实地走访企业并同企业负责人座谈,调研第一手数据并发放企业问卷。通过实地走访,对标对表世界银行营商环境指标,与国际、国内营商环境最优地区进行对比,发现江西营商环境差距明显(详见表8-10)。

表8-10　2020年江西与国内、国际营商环境最优地区对比表

世界银行营商环境指标	江西省平均数值	国内最优指标数值（地区）	世界最优指标数值（国家）
出口通关时间	0.22小时	接近0小时(香港)	0小时(荷兰等)
进口通关时间	14.29小时	接近0小时(香港)	0小时(荷兰等)
纳税次数	6次	3次(香港)	3次(巴林)
纳税时间	51.1小时	35小时(香港)	23小时(巴林)
新开办企业所需环节	3项	2项(香港)	1项(新西兰)
开办企业时长	2个工作日	1.5个工作日(香港)	0.5个工作日(新西兰)
获得电力时间	41个工作日	22个工作日(台湾)	7天(阿拉伯联合酋长国)
不动产登记环节	4项	3项(台湾)	1项(卡塔尔)
不动产登记时间	5个工作日	4个工作日(台湾)	1个工作日(卡塔尔)

(一)跨境贸易便利度有待提高

进出口通关时间较长。江西平均出口通关时间为0.22小时,其中通关时间最长的赣江新区,为0.55小时。平均进口通关时间为14.29小时,最长的抚州市为46.51小时。全球出口、进口时间最短的是荷兰、比利时等欧洲国家,时间均为0小时。

(二)纳税环节优化空间大

江西企业纳税次数为6次,包含增值税、企业所得税、土地增值税、房产税、

印花税(财产转让、日常购销)、个人所得税(雇主代扣代缴)。而全球纳税次数最少的中国香港、巴林,仅为3次。全省平均纳税时间为51.1小时,远远高于香港的35小时。全球最少的是巴林,仅为23个小时。报税后流程还有提升空间。全省报税后流程指数最高的是萍乡,为92.20,低于香港的98.90。全球供电可靠率最高的是所罗门群岛,高达100。

(三)开办企业效率有待提升

据调研,江西新开办企业所需环节为3项,分别是办理营业执照、税务开业登记和企业刻章备案。我国开办企业环节数最少的是香港,仅为2项。全球最先进的是新西兰,仅为1项。开办企业时间较长。南昌、鹰潭等八个设区市的企业设立登记等开办流程时长为2个工作日。我国开办企业时间最短的是香港,仅为1.5个工作日。世界上开办企业时间最短的是新西兰,仅为0.5个工作日。

(四)获得电力效率偏低

江西高压办电环节为4项,低压办电环节为3项。全球办电环节最少的是阿拉伯联合酋长国,仅为2项。获得电力所需时间较长。江西高压企业双电源客户获得电力的时间为41个工作日,低压小微企业客户获得电力的时间为6个工作日。全球最短的是阿拉伯联合酋长国,仅为7天。供电的可靠性一般。江西平均供电可靠率99.81%。我国供电可靠率最高的是香港,接近100%。全球供电可靠率最高的是阿拉伯联合酋长国,接近100%。

(五)登记财产环节偏多

江西企业不动产登记环节为4项。分别是网签备案、受理、审批、登簿缮证。全球不动产登记环节数最少的是卡塔尔,仅为1项。不动产登记时间偏长。江西不动产登记为5个工作日,不动产抵押为2个工作日。全球不动产登记时间最短的是卡塔尔,仅为1天。

三、优化营商环境的对策建议

(一)进一步营造高效务实的政务环境

1. 继续深化"最多跑一次"改革,提高行政审批效率。推进行政审批权相对集中改革,各部门实施的行政许可、非行政许可和其他公共服务项目,除特殊情况经省政府批准外,一律进入政务服务中心实行集中办理。对暂时难以实现"最多跑一次"的事项,各地政务服务中心要推行限时办结制,一次性告知两次办结,对承诺时限内未办结的项目,实行超时默认制。逐步推行"网上受理、网上审批、网上办结"。全面落实代办工作机制,安排专人指导、帮助申请人,及时解决审批疑难问题,变"被动式"服务为"主动式"服务,切实提升窗口服务水平。

2. 规范行政收费行为。坚决杜绝乱收费、乱罚款和乱摊派现象,全面清理所有不公正的企业收费项目,物价部门要向企业发放收费监督卡,详细列举收费项目和标准,实行一个窗口服务、一个标准收费。全面清理涉企中介机构收费项目,能取消的一律取消,能减少费用的尽量减少,实行涉企收费项目登记手册制度,凡手册没有登记的收费项目,企业有权拒交。

(二)进一步营造开放务实的投资环境

1. 加强政务诚信建设,完善政府守信践诺机制,营造良好的投资环境。规范地方政府招商引资行为,认真履行依法做出的政策承诺和签订的各类合同、协议,不得以政府换届、相关责任人更替等理由毁约,以维护政府诚信。因国家利益、公共利益或其他法定事由需要改变政府承诺和合同约定的,要严格依照法定权限和程序进行,主动与投资者协商,寻求谅解,达成新的协议,并依法补偿企业和投资人因此而受到的财产损失。

2. 优化政务服务,增强政府的服务能力。建立政府和企业之间的固定沟通渠道,对企业反映的政府职能缺位、越位、不到位的情况和由于政府部门间职责不清致使问题久拖不决的情况要及时处理并反馈,解决企业"投诉无门"的状况。

3. 加强机关作风效能建设,完善监督考评机制。要把优化营商环境纳入市县行政效能监察工作重点,紧紧围绕责任落实、任务分解、工作实效等内容,认真开展各项涉企政策督导落实。把营商环境优化增比进位指标列入各级党政领导班子和领导干部考核体系,并将评估结果作为绩效考核的重要依据,对于考核排名落后的,予以通报批评并免职。

(三)进一步营造普惠企业的政策环境

1. 合理降低企业税费负担。认真落实增值税、所得税、高新技术企业等税收优惠政策,简化优惠办理手续,对符合规定条件的企业享受优惠政策,除法律、法规、规章另有规定外,只需备案,无须税务机关审核批准。

2. 切实降低企业融资成本。进一步规范企业融资过程中担保、评估、登记、审计、保险等中介机构和有关部门收费行为。严禁在存贷款利率以外附加条件、支付费用,对必要的收费项目,要合理稳妥定价,并向社会公布。加快推行银行保函制度来替代现金方式缴纳保证金。严格落实存货、应收账款、知识产权(专利商标)、著作权等质押业务,提高固定资产抵押贷款折扣比例。提高中小微企业政策性担保机构融资担保能力,加大对中小微企业的金融支持力度。

3. 着力降低企业物流成本。适当增加发放城市道路通行证,对企业配送车辆及使用符合国家相关政策、标准及法律规定的低排放、新能源和清洁能源配送车辆,给予优先通行便利。借助第三方物流公司降低企业物流成本,鼓励企业物流外包。充分运用大数据系统优化运输体系,以"互联网+物流"的形式,降低因运输体系不良而产生的迂回成本。推进物流中心集疏运通道和重要产业集聚区物流通道建设,发挥国家交通物流公共信息平台的作用,统一协调物流信息标准,实现跨区域、跨部门、跨行业的信息资源交换共享和整合利用,提高物流效率。

4. 努力降低企业财务成本。进一步完善省、市、县三级企业还贷周转金制度,强制各市县设立政府倒贷基金。加大对重点企业资金周转的支持力度,防范企业资金链断裂风险传导。鼓励实体企业将土地、厂房等资产依规进行证券化或利用金融租赁、融资租赁等方式进行售后回租,以盘活存量资源。

(四)进一步营造规范有序的经营环境

鼓励引导民间资本进入法律法规未明确禁止准入的行业和领域,降低投资准入门槛,取消不合理的准入限制,规范设置和降低准入条件,明确进入途径、进入后的运行方式和监管办法,不得单独对民间资本设置附加条件,打破"中介性质、行政保护、行业垄断"的部门利益化格局,创造公平竞争、平等准入的市场环境。允许民间资本以控股形式参与教育、科技、文化、卫生、体育等事业单位的改制经营。

(五)进一步营造公平公正的法治环境

1. 规范行政执法行为,严厉查处破坏发展软环境的行为。健全涉企投诉快速受理和查处机制,对企业反映的发展软环境方面问题快受理、快调查、快处理、快反馈。加大执纪问责力度,对基层"三乱"、效率低下、工作不力、行政不作为、乱作为、政策不落实和向企业"吃拿卡要报"等破坏发展软环境的行为,要一查到底,严格问责,公开通报曝光。

2. 强化监督问责机制。整合群众监督、网络监督和纪检监察机关的监督力量,建立营商环境问题线索收集、筛选和查处结果反馈机制。彻底改变企业投诉中心政出多门,企业投诉督办无力的局面,以各级监察委员会为依托,设立自上而下统一的企业投诉中心,统一受理各类企业投诉,对投诉问题进行核实、定性,对于损害投资者利益,影响营商环境的单位和相关人员,应采取诚勉谈话、限期整改、通报批评、责令辞职、建议免职等方式予以问责,不仅追究当事人责任,还要追究分管领导和主要领导责任,做到有责必问、有错必纠、失职必查、渎职必究。

第九章

增创外贸竞争新优势

对外贸易是开放型经济体系的重要组成部分,是畅通国内国际双循环的关键环节,是国民经济发展的重要推动力量。"十四五"期间,世界经济处于后疫情时代的深度调整期,大国战略博弈不断加深,全球经贸格局与秩序面临重构,复苏艰难曲折,不稳定、不确定因素显著增多。但我国经济社会总体经受住了疫情带来的考验,经济长期向好的基本面没有改变。值得一提的是,近年来江西省主要经济指标增速连续多年稳居全国"第一方阵","一带一路"、长江经济带发展等政策在江西叠加,新时代支持革命老区振兴发展、鄱阳湖国家自主创新示范区、江西内陆开放型经济试验区、景德镇国家陶瓷文化传承创新试验区、赣江新区等区域战略在江西集成,江西省经济发展迎来了加速发展的重要"窗口期"和"机遇期"。

第一节　江西外贸发展历程和现状

改革开放 44 年,是江西对外贸易解放思想、深化改革、开拓创新、转变增长方式,实现高质量跨越式发展的 44 年。党的十一届三中全会确立的"改革、开放、搞活"重大战略决策,给江西对外贸易带来了思想观念的深刻变化,带来了体制机制的不断创新,带来了外贸发展新的生机和活力。在邓小平理论、"三个代表"重要思想、科学发展观和习近平新时代中国特色社会主义思想的指导下,江西对外贸易坚持以改革为动力,以大开放促进大开发、大发展,不断克服改革发展中遇到的各种困难,应对市场变化造成的各种挑战,进出口规模不断扩大,出口商品结构和市场结构发生了实质性的变化,市场竞争力显著增强,外贸发展步入了新的历史发展时期。

一、发展历程回顾

(一)江西对外贸易稳步发展阶段(1978—2000 年)

对外贸易是国民经济和对外开放的重要组成部分。党的十一届三中全会以来,江西对外贸易以深化改革为动力,以扩大出口创汇、提高经济效益为中心,立足全局抓外贸,抓好外贸促全局,认真实施"以质取胜"和"市场多元化"战略,大力调整优化出口商品结构和多元化市场结构;积极培植壮大"大经贸"经营主体,加强贸工农技结合,努力实现"两个转变"(即出口贸易增长方式转变和外贸管理方式转变),提高增长质量和水平,对外贸易呈现了较快发展、逐年增长的喜人态势。

1. 进出口规模不断扩大,外贸总量不断攀升。改革开放初期,由于经济基础较差、产业优势不突出、产品特色不明显、经济外向度不高等原因,江西外贸总量很小,基数很低,1978 年进出口额仅为 9100 万美元。其中出口额为 7100 万美元,进口额为 2000 万美元。到 2000 年,江西省进出口总额扩大到 16.24 亿美元,比 1978 年增长 16.8 倍,其中:出口 11.97 亿美元,比 1978 年增长 15.9 倍,进口 4.27 亿美元,比 1978 年增长 20.4 倍(详见表 9-1)。

表 9-1 1978—2000 年江西省对外贸易进出口情况   单位:万美元

年份	进出口总额	同比增长率(%)	出口额	同比增长率(%)	进口额	同比增长率(%)
1978	9100	—	7100	—	2000	—
1979	10000	9.89%	8600	21.13%	1400	−30.00%
1980	10864	8.64%	9274	7.84%	1590	13.57%
1981	21270	95.78%	19386	109.04%	1884	18.49%
1982	18084	−14.98%	16489	−14.94%	1595	−15.34%

续表

年份	进出口总额	同比增长率(%)	出口额	同比增长率(%)	进口额	同比增长率(%)
1983	24317	34.47%	21631	31.18%	2686	68.40%
1984	26413	8.62%	23384	8.10%	3029	12.77%
1985	31855	20.60%	25725	10.01%	6130	102.38%
1986	37416	17.46%	30527	18.67%	6889	12.38%
1987	48396	29.35%	40218	31.75%	8178	18.71%
1988	59850	23.67%	48938	21.68%	10912	33.43%
1989	62487	4.41%	46948	−4.07%	15539	42.40%
1990	71934	15.12%	58023	23.59%	13911	−10.48%
1991	76568	6.44%	50814	−12.42%	25754	85.13%
1992	96533	26.07%	64707	27.34%	31826	23.58%
1993	116740	20.93%	61409	−5.10%	55331	73.85%
1994	130457	11.75%	80014	30.30%	50443	−8.83%
1995	129044	−1.08%	101035	26.27%	28009	−44.47%
1996	111672	−13.46%	85243	−15.63%	26429	−5.64%
1997	133284	19.35%	111438	30.73%	21846	−17.34%
1998	124720	−6.43%	101870	−8.59%	22850	4.60%
1999	131387	5.35%	90611	−11.05%	40776	78.45%
2000	162399	23.60%	119736	32.14%	42663	4.63%

2. 出口商品结构不断优化,增长方式明显改善。改革开放初期,江西出口商品资源性、初级化和附加值低等结构性的问题较为突出,大部分以农副土特产品、矿产品和工业原料、粗加工产品为主。1979 年出口的 58 个大类 1193 个品种中,初级产品为 69.5%,工业制成品为 30.5%;农产品占 35.03%,工矿产品占 64.97%。到 2000 年,初级产品出口额占出口总额的 18.38%,工业制成品出口

额占出口总额的 82.62%；出口额在 5000 万美元以上的商品有服装、大米、棉布、铜材 4 种，1000 万美元以上的有金属制品、电子产品、机械设备、仪器仪表、生命科技产品等 17 种，工矿产品在出口中的比重不断提高，实现了出口原料由初级产品、粗加工制成品逐步向出口制成品和精深加工制成品的转变。

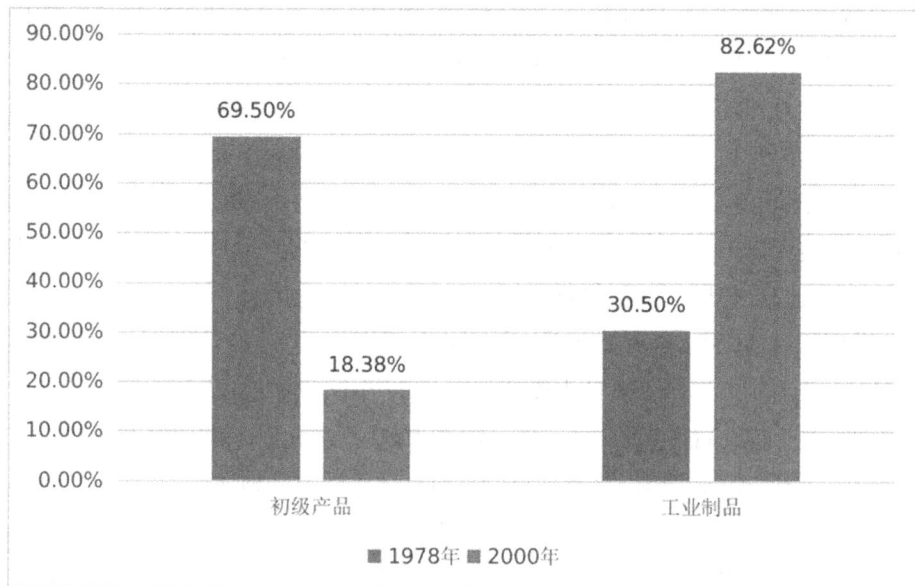

图 9-1　1978 年和 2000 年江西初级产品和工业制品在出口商品中的占比情况

3. 大经贸战略稳步推进，经营主体不断壮大。改革开放之初，江西只有 3 家专业进出口公司和外运、包装两家服务性公司，出口舞台主要依靠外贸专业公司唱独角戏，经营主体势单力薄。1979 年国家逐步扩大地方经营进出口商品范围和权限，全省先后成立了 8 家工贸、农贸、技贸结合的省级进出口公司，两家与地方财政挂钩的进出口公司。1987—1988 年又赋予 11 家大中型生产企业、10 家地市外贸公司进出口经营权，一举改变了由外贸专业公司独家经营进出口业务的格局。1984—1988 年全省相继成立了 17 家省级专业外贸公司。到 2000 年已累计批准 417 家各类企业进出口经营权，逐步形成了外贸、工贸、生产企业、外资企业、民营企业五路大军联手闯荡国际市场的大经贸格局和多形式、多渠道、多层次的外贸经营主体结构。

4. 国际市场不断拓展，市场格局日趋多元。1979 年以前，江西外贸以调拨沿海口岸出口为主、自营出口为辅,市场渠道狭窄,客户较少,信息不灵,经验不足,外销力量薄弱,仅对日本、德国、新加坡、荷兰等10多个国家和地区有贸易往来。为改变市场过于单一、集中的被动局面,江西采取多种灵活贸易做法,努力开拓国际市场。除充分利用一年两届广交会以及华交会重要对外窗口扩大成交外,采取多种形式大胆走出去。一方面在参加国外境外举办的国际博览会的同时,采取自办江西出口商品展销会和洽谈会的形式,开展贸易洽谈活动;另一方面有针对性地组织贸易小组出国考察和设立驻外机构,采取推销、展卖、寄售等方式,广揽客户、扩大销售,提高市场占有份额。到2000年,江西出口商品销往160多个国家和地区,出口额在100万美元以上的有77个国家和地区。其中:出口额1亿美元以上的有日本、美国等国家和地区;出口额3000万美元以上的有韩国、科特迪瓦、德国、印尼、巴拿马、阿联酋等国家和地区。

进口贸易从1981年开始起步,当年进口额为1884万美元,到2000年增加到41663万美元。进口138种主要商品来自57个国家和地区,其中初级产品占32.12%,工业制成品占67.88%。进口额在1000万美元以上的国家和地区有日本、美国、智利、英国、德国、韩国、加拿大、西班牙等国家和地区。

(二)江西对外贸易高速增长、快速扩张的阶段(2001—2010年)

进入新世纪以来,江西对外贸易坚定不移地以科学发展观为统领,以工业化为核心,以大开放为主战略,抓住中国加入世界贸易组织和全球新一轮产业结构调整的契机,充分利用国际国内两个市场、两种资源,加快"对接长珠闽、联结港澳台、融入全球化"。推进外贸增长方式转变,在新的历史起点上,实现了进出口贸易又好又快的跨越式发展。

1. 外贸发展增势强劲,进出口规模连创新高。2001年江西省进出口额为15.31亿美元,其中出口额为10.39亿美元,进口额为4.92亿美元,外贸依存度(占本省生产总值)仅为5.82%,在全国所排位次居23位。到2006年江西省进出口总额突破60亿美元,达到61.9亿美元;2008年突破100亿美元,达到136.18亿美元。到2010年,江西外贸进出口总额突破200亿元,达到214.53亿美元。其中出口额134.16亿美元;进口额80.37亿美元。外贸依存度上升到15.5%,比2001年增加了9.68个百分点。

表 9-2　2001—2010 年江西省对外贸易进出口情况　　　　单位:万美元

年份	进出口总额	同比增长率(%)	出口额	同比增长率(%)	进口额	同比增长率(%)
2001	153119	−5.71%	103930	−13.20%	64236	30.59%
2002	169468	10.68%	105232	1.25%	102230	59.15%
2003	252799	49.17%	150569	43.08%	153656	50.30%
2004	353195	39.71%	199539	32.52%	161934	5.39%
2005	405938	14.93%	244004	22.28%	244049	50.71%
2006	619356	52.57%	375307	53.81%	400413	64.07%
2007	944886	52.56%	544473	45.07%	589127	47.13%
2008	1361793	44.12%	772666	41.91%	530102	−10.02%
2009	1266456	−7.00%	736354	−4.70%	803700	51.61%
2010	2145300	69.39%	1341600	82.19%	49189	−93.88%

　　2. 贸易增长方式明显改变,外贸运行质量进一步提升。2001 年江西出口商品结构以一般贸易为主的格局虽有一定改善,工业制成品出口额占出口总额达到 84%,但仍约有 40%是粗加工制成品。一般贸易额比重偏大,占出口总额的 89.04%,而加工贸易是一条"短腿",仅占 10.95%,其他贸易方式只占 0.01%。到 2008 年贸易方式已由一般贸易为主向加工贸易、技术贸易和服务贸易等多种灵活贸易方式转变,加工贸易出口总额达 22.68 亿美元,其中进料加工 20.14 亿美元,来料加工 2.54 亿美元。随着承接沿海产业转移的步伐加快和"万商西进"桥头堡建设的不断推进,2005—2010 年,贸易方式进一步优化,一般贸易进出口平均占比为 67.55%,加工贸易平均占比为 23.84%,其他贸易总额占比约为 8.61%。至 2010 年,一般贸易进出口总额占比为 65.63%,加工贸易占比 22.81%,其他贸易占比 11.55%。外贸结构进一步优化,出口商品达 20 个大类 3000 多种,由劳动密集型产品、"两高一资"(高耗能、高污染和资源性产品)产品及附加值低产品向出口汽车及零配件、船舶、太阳能等机电和高新技术产品转变。2010 年,江西省机电产品和高新技术产品出口额达 55.3 亿美元,增长

97.2%,占出口总值的比重上升至41.2%,电子电器、新能源、计算机与通信技术已成为出口增长的强劲动力。

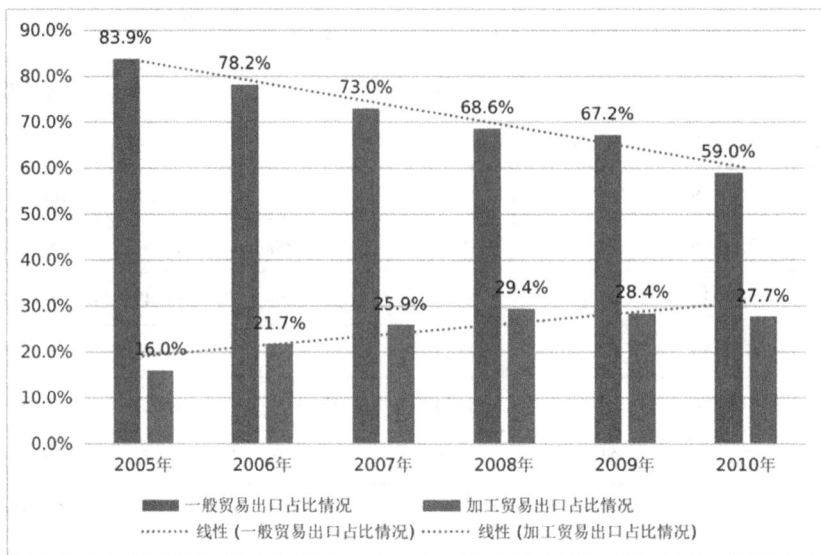

图 9-2 2005—2010 年江西省一般贸易和加工贸易出口值占出口总额比重情况

3. 外贸经营主体发生可喜变化,大经贸格局基本形成。2001 年江西外贸经营主体虽逐渐向"大经贸"转变,但在出口中外贸企业仍唱主角,占江西省出口总额的 86.03%,外商投资企业出口仅占 10.7%,而集体民营企业只占 2.9%。中国加入世贸组织后,随着进出口经营权全面放开,实行备案登记制,充分调动了企业踊跃发展外贸出口的积极性,转变了由过去被动"要我出口"为主动"我要出口"的经营理念,形成了生产企业、外商投资企业和外贸流通企业"三驾马车"齐头并进、出口队伍进一步扩大的可喜局面。至 2010 年,民营企业成为江西出口的主力军,出口 70.25 亿美元,占全省出口总额的 52.4%;外商投资企业出口 49.95 亿美元。外商投资企业、民营企业出口额占全省出口总额的近九成,外贸出口增长的内生动力不断增强。

4. 国际市场结构不断优化,新兴市场出口快速增长。2001 年江西出口商品销往 157 个国家和地区,其中出口额 100 万美元以上国家和地区有 55 个,出口额逾亿美元的有日本和美国等国家和地区。这些国家和地区约占出口总额的60%,仍存在市场结构不合理的问题。近几年来,通过认真实施互利共赢的开放战略,加大了市场开拓力度,到 2008 年已同世界 203 个国家和地区建立了贸易关系。其中出口额超亿美元的有欧盟 16.19 亿美元、美国 9.04 亿美元、东盟 7.39 亿美元、日本 5.41 亿美元、韩国 5 亿美元、阿联酋 2.11 亿美元、印度 2.09 亿美元、澳大利亚 1.53 亿美元等。

从 2008 年第三季度开始,受全球金融危机的影响,国际市场低迷,需求萎缩,外贸出口增速逐月下降。加上人民币汇率大幅波动,出口信用风险加大,企业利润缩水,竞争力减弱。外贸出口面临外患内忧的严峻形势,在省委、省政府的领导下,江西千方百计变压力为动力,使外贸出口出现危中见机、企稳回升的态势。短短 2 年时间,江西外贸出口规模发生了根本性改变,从 2009 年的 73.6 亿美元到 2010 年的 134.1 亿美元,全省出口总量在全国排位前移 3 位,首次跃升至全国第 14 位;在中部地区更是从 2008 年以前长期垫底迅速跃居前列,成为中部第二大出口省份。

(三)江西对外贸易稳中向好、稳中提质的阶段(2011—2020 年)(详见表 9-3)

表 9-3　2011—2020 年江西省对外贸易进出口情况　　　　单位:亿美元

年份	进出口总额	同比增长率(%)	出口额	同比增长率(%)	进口额	同比增长率(%)
2011	314.7	46.71%	218.8	62.92%	95.9	94.92%
2012	334.1	6.16%	251.1	14.76%	83.0	−13.45%
2013	367.5	10.00%	281.7	12.19%	85.8	3.37%
2014	427.3	16.27%	320.2	13.67%	107.1	24.83%
2015	424.0	−0.77%	331.2	3.44%	92.8	−13.35%
2016	400.3	−5.59%	298.0	−10.02%	102.3	10.24%
2017	443.4	10.77%	324.9	9.03%	118.5	15.84%
2018	481.9	8.68%	339.4	4.46%	142.5	20.25%
2019	508.9	5.60%	361.9	6.63%	147.0	3.16%
2020	580.3	14.03%	420.6	16.22%	159.7	8.64%

1. 稳中有进、稳中向好的"十二五"外贸发展

(1)外贸规模不断扩大。"十二五"期间,江西出口总额出现翻番,连跨200亿元、300亿元大关,从2010年的134.2亿美元提高到2015年的332.69亿美元,是"十一五"期间的2.5倍,年平均增速达20%,实现三年翻一番。进口总额在2014年首次突破100亿美元,达107亿美元。外贸出口总额占全国的份额从2010年的0.85%提升至2015年的1.46%,提高了0.61个百分点。2015年外贸出口总额在全国排名居第14位,较2010年前进1位。全省外贸依存度在2015年达到15.7%,比"十一五"末提高0.3个百分点。

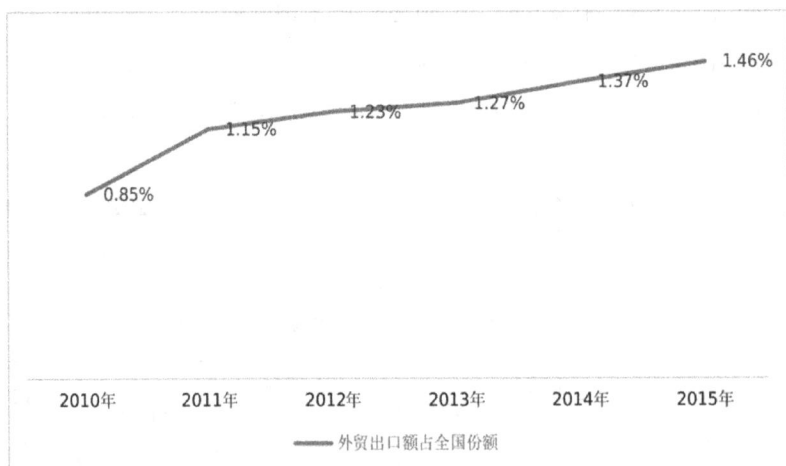

图9-3 2010—2015年江西省外贸出口额占全国份额情况

(2)外贸结构实现多重优化。外贸队伍不断壮大。2015年江西获得对外贸易经营资格企业14058家,比2010年增加了7870家;2015年,全省有进出口实绩企业达3409家,较2010年增加1168家,其中有出口实绩企业首次突破3000家,达到3079家,较2010年增加1102家;民营企业主力军地位进一步凸显,在全省出口中的比重远超国有企业和外资企业,由2010年的52.4%提高到2015年的74.2%。市场结构呈多元化发展。2015年,江西与全世界22个国家和地区发生贸易往来,比2010年增加16个,其中出口总值超过1亿美元的国家和地区达到51个,较2010年增加了18个;新兴市场开拓成效明显,对非洲、拉丁美洲和大洋洲出口增幅分别为23.8%、23%和23%。对"一带一路"主要国家出口突破100亿美元,占全省出口比重超过三分之一。商品结构不断优化。"十二

五"期间,江西机电产品保持快速增长,出口额首次突破 100 亿美元,出口占比大幅提高,从 2010 年的 33.8%提高至 2015 年的 42.3%。贸易方式结构更为合理。一般贸易出口占比从 2010 年的 59%提高至 2015 年的 83.7%,加工贸易出口占比由 2010 年的 25.4%下降至 2015 年的 14.1%。

(3)外贸发展基础和转型升级实现双促进。"十二五"期间,江西培育了南昌针织服装、鹰潭眼镜、上饶茶叶、赣州家具 4 个国家级外贸转型升级示范基地和 16 个省级出口基地、5 个服务外包示范园区,促进贸易与产业协调发展。培育了 17 个升级加工贸易梯度转移重点承接地。赣州市被商务部授予全国加工贸易承接转移示范基地。出口品牌建设更加受重视,到 2015 年江西共培育了 77 家省级出口名牌企业,合计出口 32.13 亿美元。

2. 稳中有进、稳中提质的"十三五"外贸发展

(1)外贸规模连创新高。"十三五"期间,江西货物贸易累计进出口 1.63 万亿元,比"十二五"时期增长 39.8%,贸易规模连跨 3000 亿元、4000 亿元两个台阶,由 2016 年的 2638.5 亿元增至 2020 年的 4010.1 亿元,年均增长 8.8%。外贸出口总额占全国的份额从 2015 年的 1.46%提升至 2020 年的 1.63%,提高了 0.17 个百分点。进口总额在 2019 年首次突破 1000 亿元,2020 年达到 1089.7 亿元。

(2)外贸结构持续优化。贸易伙伴日益多元。2020 年,江西与全世界 227 个国家和地区发生贸易往来;对东盟、美国、欧盟、韩国、日本等前十大贸易伙伴进出口均实现增长,合计进出口 3027.2 亿元,占全省外贸总额的 75.5%,较 2015 年提高 3.8 个百分点;对"一带一路"国家进出口 1170.9 亿元,占全省外贸总额的 29.2%。区域发展协同共进。"十三五"期间,南昌、赣州、吉安、萍乡、抚州等设区市进出口年均增速在 10%以上;赣南等原中央苏区振兴发展加速推进,进出口年均增长 10.3%,2020 年进出口 1993.4 亿元,占全省外贸总额的 49.7%。出口商品结构更加优化。"十三五"期间,江西外贸出口加快向产业链、价值链高端延伸,机电产品出口年均增长 13.8%,高新技术产品出口年均增长 25%。机电产品、高新技术产品出口占比分别从 2015 年的 42.3%、15.8%提高至 2020 年的 55.2%、33.3%。出口品牌建设成效凸显,企业自主品牌意识增强,全省共有 77 家省级出口名牌企业,2020 年合计出口 283.7 亿元。贸易方式结构更趋平衡。2020 年,全省一般贸易进出口 2825.8 亿元,占比 70.5%;加工贸易

进出口 1064.9 亿元,占比 26.6%,较 2015 年提高 6.8 个百分点。对外承包工程带动出口增长。"十三五"期间,江西省积极引导和支持企业加快"走出去"步伐,对外承包工程带动出口取得成效。2020 年,江西省对外承包工程出口 8.15 亿元,较 2015 年增长 90.9%。

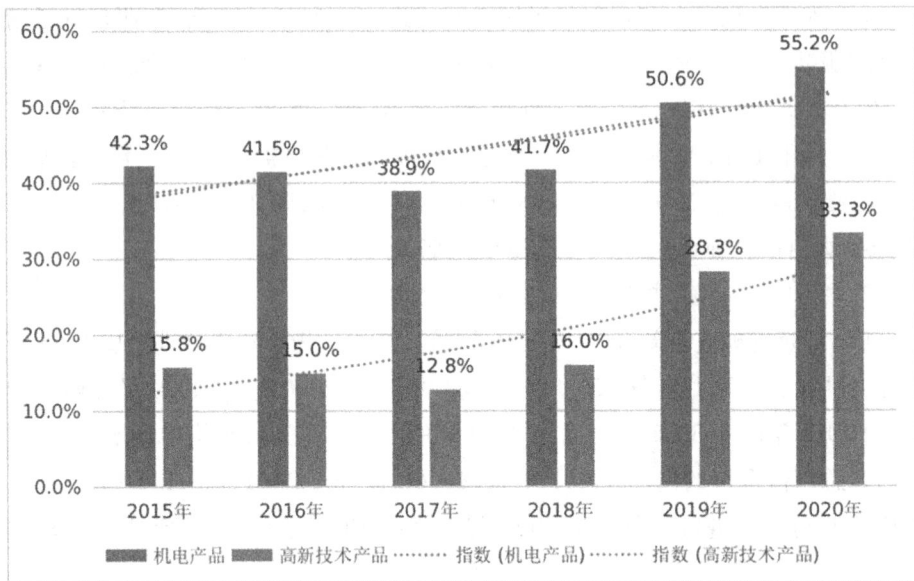

图 9-4 2015—2020 年江西省机电产品和高新技术产品出口占全省出口总额比重情况

（3）主体队伍不断壮大。截至 2020 年底,江西办理对外贸易经营者备案登记的企业达 26536 家,比 2015 年增加了 12478 家。2020 年,江西有进出口实绩企业达 5386 家,较 2015 年增加 1974 家;进出口超亿元的企业 730 家,较 2015 年增加 247 家;出口规模在 1000 万元以下的小微企业 2646 家,较 2015 年增加 992 家。"十三五"期间,民营企业成为江西外贸实现稳定增长的主力军,进出口年均增速 11.8%,高于同期江西外贸年均增速 3 个百分点,占比由 2015 年的 64.6% 提升至 74%。

（4）平台建设成效显著。"十三五"期间,江西省共培育了 12 个国家级外贸转型升级基地;认定了景德镇昌南新区文化出口基地、分宜工业园区文化出口基地、余江雕刻文化出口基地 3 家省级文化出口基地。宜春市获批为全国第二批开展二手车出口业务地区,成为全省唯一一个获批试点地区。打造江西数字外贸服务平台,为外贸企业免费提供线上洽谈、线上交易和线上培训服务。支持和引导企业"走出去"建立海外分支机构、零售网点、批发中心、售后维修网点、海外仓等海外营销服务网点近千个,涉及电力、汽车、消费电子、光伏、工程机械、生物医药、鞋类、纺织服装等行业,带动了相关产业的出口。

(5)外贸新业态新模式发展迅速。"十三五"期间,南昌、赣州、九江跨境电商综合试验区相继获批设立,南昌、赣州、九江、吉安被纳入跨境电商零售进口试点范围;开通运营南昌国际快件监管中心、南昌国际邮件互换局。跨境电商、国际快件、国际邮件3大新兴业态从无到有、全部运行,实现"买卖全球"。2020年全省跨境电商进出口额26.3亿元,同比增长323.7倍,规模上升至全国第13位,较2019年前移12位,邮快件年进出口超900万件。加快培育外贸竞争新优势,认定了江西省金控外贸股份有限公司等6家企业为省级外贸综合服务企业。

(6)外贸体制机制更加健全。"十三五"期间,江西出台《关于进一步扩大开放推动经济高质量发展的若干措施》《推进外贸高质量发展三年行动方案(2021—2023年)》《江西省优化口岸营商环境促进跨境贸易便利化工作实施方案》《江西省推广自由贸易试验区改革试点经验实施方案》《关于支持出口产品转内销10条政策措施》等多个促进外贸发展的政策性文件,特别是2020年疫情发生以来,各级出台一系列稳外贸支持政策措施,从复工复产、财税、金融、信保、参展、法律援助、防疫物资保障等全方位为外贸企业排忧解难。建立了江西省贸易便利化和口岸工作联席会议制度、江西省对外贸易会商协调机制,省、市、县三级帮扶机制,江西外贸企业复工复产情况调度机制及全省医用防护物资出口调度协调机制等,协调解决外贸产业链、供应链及外贸企业生产经营面临的突出困难,形成推动外贸发展的工作合力,营造良好的外贸发展环境。

二、对外贸易发展现状

"十四五"期间,世界经济处于后疫情时代的深度调整期,大国战略博弈不断加深,全球经贸格局与秩序面临重构,复苏艰难曲折,不稳定、不确定因素显著增多。但我国经济社会总体经受住了疫情带来的考验,经济长期向好的基本面没有改变。值得一提的是,近年来江西省主要经济指标增速连续多年稳居全国"第一方阵","一带一路"、长江经济带发展等国家战略在江西叠加,新时代支持革命老区振兴发展、鄱阳湖国家自主创新示范区、江西内陆开放型经济试验区、景德镇国家陶瓷文化传承创新试验区、赣江新区等区域战略在江西集成,江西省经济发展迎来了加速发展的重要"窗口期"和"机遇期"。2021年,江西省委、省政府全力以赴稳外贸,坚定不移抓创新,外贸发展实现"十四五"良好开局。

（一）取得的成效

1. 外贸规模再上新台阶。2021年,江西进出口实现2012年以来最快增速,以美元计价增速高达32.8%,规模为770.8亿美元,是"入世"时的47.7倍。进出口规模在2019年首次达到500亿美元,两年后,一举跨越600亿美元、700亿美元两大台阶。

2. 外贸模式实现新突破。2021年,江西4个综保区进出口合计457.7亿元,增长156.3%,占同期全省外贸总值的9.2%,比重提升4.8个百分点,拉动全省外贸增长6.9个百分点。2021年,江西一般贸易进出口3698.7亿元,增长30.7%,占同期全省外贸总值的74.3%,比重较上年同期提升4个百分点。

3. 外贸主体展现新气象。2021年,江西民营企业进出口占比超七成,有进出口实绩的企业6153家,增加767家。其中,民营企业5496家,进出口3638.3亿元,增长22.7%,占同期全省外贸总值的73.1%;外商投资企业、国有企业进出口分别为1139.7亿元、201.2亿元,分别增长25.9%、35.2%。

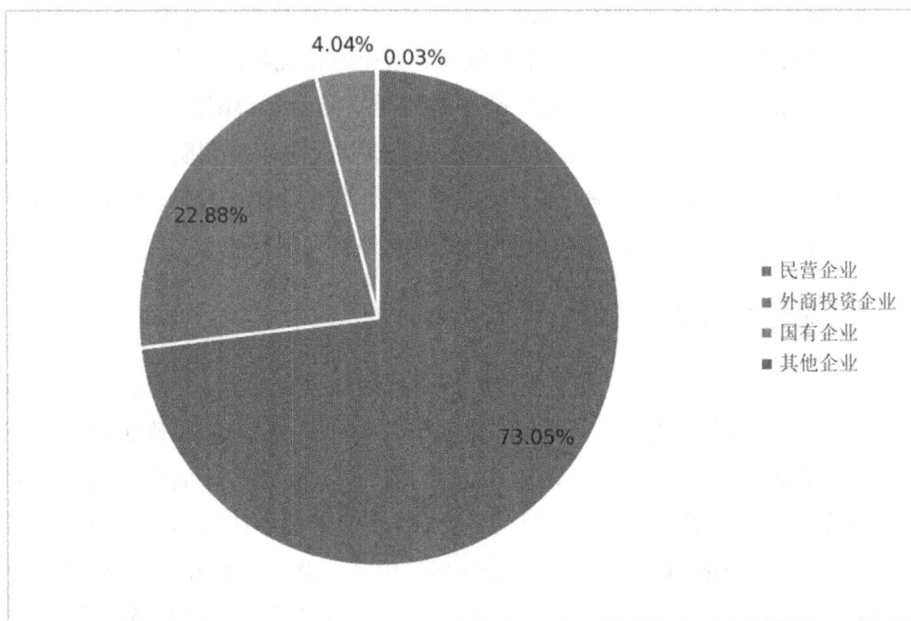

图9-5　2021年江西省进出口企业进出口值占比情况（按企业性质划分）

4. 出口产品多点开花。2021 年,江西机电产品出口 1838.1 亿元,增长 14.2%,其中自动数据处理设备及零件出口 227.9 亿元,增长 45.7%,太阳能电池出口 136 亿元,增长 16.7%,汽车及零件出口 71.8 亿元,增长 55%。纺织服装、家具、塑料制品等劳动密集型产品出口合计 901.3 亿元,增长 38%,其中纺织服装出口 365.1 亿元、增长 36.7%、家具出口 151.2 亿元,增长 28.1%。

5. 区域发展更加均衡。赣州、九江、宜春、新余、萍乡、鹰潭、景德镇、上饶 8 个设区市进出口增速高于全省平均水平,九江、赣州、宜春、萍乡、南昌、景德镇 6 个设区市出口增速高于全省平均水平,赣州、萍乡、九江、上饶、宜春、抚州、新余、鹰潭 8 个设区市进口增速高于全省平均水平。

6. 多元化布局成效显著。2021 年,江西与全球 224 个国家及地区有贸易往来。对东盟、美国、欧盟前三大贸易伙伴进出口分别为 797.3 亿元、691.2 亿元和 521.8 亿元,分别增长 22.6%、36.4%和 15.2%。同期,对"一带一路"国家进出口 1424.3 亿元,增长 21.5%,占全省外贸总值 28.6%,其中出口 1244.6 亿元,增长 20.8%,进口 179.7 亿元,增长 26.5%。

(二)存在的问题

在看到成绩的同时,我们也注意到江西对外贸易还面临着创新不足、人力紧缺、外贸结构短板凸显等问题。

一是创新能力不强。虽然和东部地区相比,江西综合要素成本较低,但也面临不断上升的压力,单纯依靠低成本比较优势不能保持可持续性发展。同时,江西目前相当一部分产业的科技含量不高,对资源、劳动力和投资驱动依赖性较强,产品平均附加值不高,缺乏有竞争力和影响力的品牌产品,企业创新投入不足,创新能力亟待增强,同质化竞争较为普遍。

二是人力资源紧缺。一方面,近年来江西积极承接沿海产业转移,以纺织服装、电子信息等为代表的特色外贸产业集群不断发展壮大,急需大量适龄劳动力。另一方面,目前江西省对外贸易已进入高质量发展阶段,跨境电商等新业态新模式蓬勃发展,对外贸人才的需求与日俱增。但江西省人口基数偏小,大量适龄劳动力前往沿海打工,疫情发生后人口流动更为严重;江西省高等教育水平低,人才培养相对滞后,很难吸引和留住相关人才。

三是外贸结构短板凸显。出口和进口发展不平衡,企业品牌建设滞后,生产型出口企业比重不高,区域发展不平衡;外贸龙头企业数量少,且出口受外部影响较大;对外贸易6种新业态新模式发展水平不一,总量规模较小等。

第二节　推动外贸结构优化升级

"十四五"期间,中国要以双循环推进高质量发展,外贸结构的不断优化将有助于提升国际竞争力。江西应抓住机遇,创新开拓方式,优化国际市场布局;发挥比较优势,优化省内区域布局;加强细分市场研究,加强分类指导,壮大外贸经营主体;创新要素投入,推进进出口商品优化升级;加快创新发展,促进贸易方式多元化,打造竞争新优势,实现外贸高质量发展。

一、创新开拓方式,推动国际市场布局优化升级

1. 开拓多元化国际市场。实施贸易畅通计划,巩固欧美、日韩高端市场,注重东盟、拉美、中东欧等新兴市场的开发。依托新亚欧大陆桥、中国—中亚—西亚、孟中印缅等国际经济走廊,深化与俄罗斯、中亚、西亚、东南亚、中东欧等国家合作。着力深化与共建"一带一路"国家的贸易合作,以非洲、拉美为切入点,积极开拓埃及、南非、巴西、秘鲁等新兴市场,扩大与周边国家贸易规模,引导企业开拓一批重点市场。支持省内龙头企业和优势产能、优势装备、适用技术"走出去",开展以能源资源为重点的国际产能合作。加强与国际国内知名会展企业的交流合作,积极承接国际性展会在江西省举办,助力企业开拓国际市场。大力实施"千企百展"工程,优化重点展会计划。举办江西省出口商品网上交易会,加强中国进出口商品交易会、中国华东进出口商品交易会、中国国际消费品博览会、中国国际高新技术成果交易会的参展组织工作。

2. 积极用好各类贸易协定。通过举办培训会、深入基层宣讲等方式,指导地方和企业利用已签署的自由贸易协定和区域贸易协定,深入挖掘关税减免等有利政策,用足用好政策红利,加快优势产业发展步伐,积极融入国内国际"双循环",吃透协定中的优惠政策和便利化规则,特别是用好RCEP原产地累积等规则,积极对标国际先进产业水平,不断增强市场竞争力,全力助推江西产品"走出去"。用好高能级开放平台,扩大"贸易朋友圈",推进"赣货出海",做到

"引进来+走出去"。支持企业以"代参展"模式参加 RCEP 国家线下展会,推动企业在 RCEP 重点地区建立境外营销服务网点,鼓励跨境电商企业在 RCEP 成员国建设海外仓,多措并举帮助外贸企业用好用足 RCEP 政策,深入推进内陆开放型经济试验区建设,推动江西省开放型经济高质量发展,加快打造全国构建新发展格局重要战略的支点。

3. 充分利用新技术新渠道。加大江西数字外贸服务平台宣传推广力度。充分运用第五代移动通信(5G)、虚拟现实(VR)、增强现实(AR)、大数据等现代信息技术,支持企业利用江西数字外贸服务平台、线上展会、电商平台等渠道开展线上推介、线上洽谈和线上签约等,线上线下融合开拓国际市场。巩固提升江西省在移动物联网、VR、大数据及云计算等细分领域的先发优势,运用数字技术和数字工具,推动外贸全流程各环节优化提升。发挥"长尾效应",整合碎片化订单,拓宽获取订单渠道。鼓励建设孵化机构和创新中心,支持中小微企业创业创新。

二、发挥比较优势,推动省内区域布局优化升级

1. 提升大南昌都市圈贸易质量。充分发挥资源、平台富集优势,重点对接长江经济带发展,以大南昌都市圈一体化建设为契机,强化南昌、九江两大开放门户引领作用和赣江新区全省发展引擎、创新高地定位,全面对标国际高标准贸易规则。一是加快境内外园区等开放载体建设。依托南昌、九江综合保税区等海关特殊监管区和南昌、九江两个国家一类口岸,主动融入长江大通关体制。加快建设中国(南昌)跨境电子商务综合试验区,加快建设南昌国际邮政互换局和南昌国际邮件快件监管中心,高质量布局建设跨境电商进口园、出口园和服务园等跨境电商园。二是合力打造都市圈外经贸公共服务平台。搭建会议展示平台。持续打响世界 VR 产业大会、绿色发展投资贸易博览会、世界赣商大会、赣港赣深会、赣台会等经贸交流活动品牌,支持建设一批为中小微企业进出口提供专业化服务的外贸进出口平台,打造都市圈对内对外开放、宣传推介的重要活动载体和国际知名会展品牌。支持在欧美、东盟、中东、中亚、非洲等国家(地区)建设江西商品展示中心及海外物流仓库。健全综合型开放服务平台。支持政府与中介机构、企业合作,加快构建"三位一体"的开放型经济综合服务体系和公

共服务平台。完善口岸服务平台。鼓励南昌、九江积极申报更多特定进口商品指定口岸,支持南昌和九江建设汽车整车、药品、粮食、肉类、水果等货物指定口岸。推进口岸互联互通,推进赣沪浙闽粤区域通关一体化。

2. 提升赣南和赣东北地区贸易占比。支持赣南地区和赣东北地区加快构筑效率高、成本低、服务优的国际贸易通道,深度融入共建"一带一路"大格局。积极对接长三角、粤港澳大湾区和闽浙城市群发展,建设粤闽浙产业集群的重要配套基地和延伸带。支持赣南地区和赣东北地区探索设立特色资源性商品交易平台,提升国际定价话语权。支持设立跨境电商综合试验区。着力扩大新能源、新材料、电子信息、有色金属、家具、陶瓷、眼镜、特色农产品、生物医药等产品出口。一是要通过建设对接融入粤港澳大湾区桥头堡,支持赣州打造双向投资新高地。围绕"一港一翼,两区多集群"进行布局,重点打造跨境电商产业。"一港"即赣州国际陆港,"一翼"即赣州黄金机场,"两区"即赣州综合保税区和龙南保税物流中心(B 型),"多集群"即结合赣州已发展起来的"两城两谷两带"(新能源汽车科技城、现代家居城,中国稀金谷、青峰药谷,赣州电子信息产业带、赣州纺织服装产业带)产业,布局多个跨境电商产业园区。以跨境电商综试区为主要载体,积极开展跨境电商招商引资。二是要充分发挥赣东北地区(包括上饶市、景德镇市和鹰潭市)的区位、交通、资源和生态优势及产业特色。支持 3 市在更高层次参与区域分工协作。上饶市要充分发挥高铁十字交汇优势,加快高铁经济试验区建设,谋划建设好赣浙边际合作(衢饶)示范区,做大做强光伏光学、汽车产业;景德镇市要加快国际国内交流和产业合作,依托产研一体、厂所融合的产业优势,加大航空研发制造力度,做大做强航空产业,加快向汽车制造全产业链迈进,重塑世界瓷都辉煌;鹰潭市要加快建设国家新一代无线移动通信网国家科技重大专项(03 专项)成果转移转化核心区和全国 5G 试点城市平台,打造世界铜都、国家智慧新城。

3. 扩大赣西地区对外开放。重点对接长株潭都市圈城市群和成渝地区双城经济圈,加快建设赣湘边区域合作示范区,争取设立综合保税区和跨境电商综合试验区,积极引进跨境电商平台,着力提升新能源、新材料、装备制造、中医药等优势产业和纺织、建材、工业陶瓷、电瓷、花炮、食品等传统产业国际竞争力。宜春、萍乡、新余 3 市要抢抓长江经济带、中部地区崛起等国家重大战略机遇,实施更加主动的区域开放战略。向西深度融入长株潭城市群,强化基础设施互联互通、产业发展协同协作、市场要素对接对流、生态环境联防联治、公共服务共建共享;加快推进萍宜新一体化,积极拓展与大南昌经济圈、长三角、海峡西岸城市群的合作。大力加强基础设施建设、产业投资合作、境外合作园区、人文交流合作。以江西内陆开放型经济试验区建设为契机,积极参与赣京、赣粤、赣湘等省际合作,深化教育、医疗、科技、商贸等领域合作。

三、加强分类指导,推进外贸经营主体优化升级

1. 开展招大引强。投资不足是江西的一块突出短板。江西发展相对滞后,与投资不足密切相关。当今世界经济正面临百年未有之大变局,江西要在危机中育新机、于变局中开新局,加快推进高质量跨越式发展,实现习近平总书记提出的"作示范、勇争先"目标定位,就必须始终把招大引强作为促进外贸发展的重要途径和抓手。要树立开放的理念。越开放越发展,越保守越落后。要树立选资理念,有针对性地开展招商引资和招商选资。要树立服务理念,要持续优化招商服务。

要打造高水平招商平台。瞄准重点区域招商引资。对接国家区域发展战略,承接粤港澳大湾区、京津冀、长珠闽、海西经济区产业转移,支持昌九对接长江经济带,赣南对接粤港澳大湾区,赣东北对接长三角和海西城市群,赣西对接长株潭城市群和成渝城市群。拓展对欧美日韩及东南亚华人华商较为集中国家招商,密切关注《区域全面经济伙伴关系协定》(RCEP)、《中欧投资协定》等重要经贸协议进展,及时推出相应对策和举措,根据需要组织高访团以加强交流对接。深耕港澳台招商,进一步梳理江西省与港澳台地区产业互补、项目合作情况,深挖潜力、拓展成果。打造提升重大经贸活动平台。积极举办世界 VR 产业大会、世界赣商大会、江西对接粤港澳大湾区经贸合作交流活动、中国景德镇国际陶瓷博览会、江西省与跨国公司(上海)合作交流会、赣台经贸文化合作交流大会、药交会等重大经贸活动,打造江西对接宣传、联接世界的窗口和洽谈项目的平台。充分利用中国国际进口博览会、中部投资贸易博览会、东盟博览会、厦洽会等国家级平台,宣传推介江西投资环境和项目,促进产业合作、项目对接和科技交流。积极推进中国外资并购年会等重大投资促进活动永久落户江西,拓

展江西对接联系世界的渠道,集聚发展资源,抢抓发展机遇。推进信息化招商平台建设。规划建设全省招商引资大数据平台,完善项目库、企业(客商资源)库、机构库和载体库,探索运用大数据系统开展智慧招商,促进全省招商引资部门与目标企业精准对接和服务。进一步完善江西招商引资网,推进建设 App 终端平台逐步开发产业招商地图,充分运用信息化手段,通过在线推介、视频会议、网上洽谈、"云签约"等方式,进一步丰富招商引资手段,打造"永不落幕"的招商平台,持续保持招商引资的力度和强度。大力发展总部经济,引进企业总部落户江西,积极动员上下游企业整体迁移江西,变加工车间为总部聚集地。加大对供应链企业的招商引资力度,吸引配套企业落户,加大供应链上下游产业对接,打造高端产业链产业体系和配套体系。

2. 培育龙头企业。建立健全外贸龙头企业精准服务工作机制,培育一批具有较强创新能力和国际竞争力的龙头企业,打造一批具有全球资源整合能力和全产业链要素高效配置的国际化经营企业。实施"赣出精品"建设工程,充分借助中国进出口商品交易会(广交会)、中国国际进口博览会等国内重点展会平台,推动外贸企业与商贸流通企业开展供需对接。支持外贸企业培育自主品牌,境内外重点展会展位向拥有自主品牌的外贸企业倾斜,在特色优势外贸产业中打造一批知名品牌。

3. 扶持中小微企业。加大创业金融支持,全面落实中小微企业扶持政策,积极探索灵活多样的担保和抵(质)押机制,完善贷款补偿机制,拓宽贷款扶持范围;实施新一轮企业技术改造升级工程,引导企业加大技改投入;推进智能化改造,加快运用数字化、网络化、智能化技术升级改造优势传统产业;全力打造大中小企业梯次并进的企业主体,推动一批小微企业尽快"小升规""企升高"。扶持中小微外贸企业做强特色优势,实现跨越发展,引导中小微企业"抱团出海"。推动中小微企业转型升级,走"专精特新"国际化道路,引导鼓励在服装、鞋帽、眼镜、家具、花炮、中医药等行业形成 10 家左右竞争力强的"小巨人"企业。对有资质无业绩的企业、供货外省出口企业进行全面摸排,分类施策开展帮扶,扩大自营出口。

四、创新要素投入,推动进出口商品结构优化升级

1. 夯实产业基础。大力实施产业链链长制,加快培育和发展壮大"2+6+N"重点产业,探索高质量承接境内外产业转移新模式,创新推动与沿海地区和欧美国家的产业链合作,重点对接粤港澳大湾区、长三角地区和海峡西岸城市群,积极承接电子信息、装备制造等产业集群式转移,加速培育江西省具有全球影响力和竞争力的先进制造业集群,推动产业链由加工组装向技术、品牌、营销升级。一要延伸中高端产业链。推动产业链向上游延伸、向下游拓展,使产业链的"主线"变得更长、"支线"变得更密,并连接成网,形成体系。借力新基建,以技术创新引领产业延伸、转型、升级,努力做好新基建产业链的投资者、研发者和建设者,不断优化产业链结构,实施供应链协同推进行动,深化开展上下游、企业间、企地间等合作,推动大中小企业、内外贸配套协作,将点状的产业分布拓展为链状的产业联动。二要补齐关键节点短板。梳理产业链上中下游关键流程和关键环节,从源头上将产业链的关键环节留在省内,维护产业链供应链安全稳定。针对产业链的薄弱环节,精准打通供应链堵点、断点,畅通产业循环、市场循环。实施开放合作行动,将眼光放至全国乃至全球,强化省内外、国内外区域交流合作,支持产业链企业引进先进技术、高端设备和成功治理经验,促进产业链贯通更加顺畅。

2. 优化出口产品结构。巩固精深加工农产品和劳动密集型产品等传统产品出口,推动产品高端化、精细化发展。着力提高机电产品、高新技术产品等高附加值产品出口比重。鼓励江西省战略性新兴产业开拓国际市场。鼓励企业采用国际先进环保标准,获得节能、低碳等绿色产品认证。扩大江西省具有较强国际竞争力的电子信息、新材料、新能源、汽车及零部件、装备制造等高新技术产品出口,着力提高机电产品、高新技术产品等高附加值产品出口比重。鼓励江西省战略性新兴产业开拓国际市场,加快形成新的出口增长点。支持传统大宗出口产业向中高端迈进,大力提高纺织服装、家具、医疗物资、眼镜等传统劳动密集型出口产品的质量档次和附加值,增强出口竞争力,巩固国际市场份额。提升农产品精深加工能力和特色发展水平,扩大高附加值农产品出口。支持外贸企业培育自主品牌,开展"江西出口名牌"企业认定,加快实现"江西产品"向"江西品

牌"转变。

3. 积极扩大进口。发挥《鼓励进口技术和产品目录》引导作用,帮助企业用足用好进口贴息政策,鼓励企业扩大先进技术、重要设备、关键零部件进口,促进产业转型升级。鼓励铜矿砂、铁矿砂等重要资源性商品进口,缓解资源瓶颈约束。支持有实力的企业开展境外资源能源开发和加工生产,鼓励有需求的半成品或成品回运国内。

五、提高贸易发展水平,促进贸易方式优化升级

1. 做强一般贸易。扩大一般贸易规模,提升产品附加值,增强谈判、议价能力。鼓励企业加强技术创新、产品研发、品牌培育、渠道建设,增强关键技术、核心零部件生产和供给能力。要从注重物美价廉向更加注重优质优价转变,更加注重提升出口商品的国际竞争力,向产业链中高端延伸。注重培育外贸产业集群发展,打造提升南昌市光电技术、汽车及配件、医疗器械等外贸产业集群,九江市纺织服装、有机硅等外贸产业集群,景德镇市陶瓷、直升机制造等外贸产业集群,萍乡市电瓷、烟花爆竹等外贸产业集群,新余市光电、钢铁、苎麻等外贸产业集群,鹰潭市铜、眼镜、灯具照明等外贸产业集群,赣州市家具、钨与稀土、农产品等外贸产业集群,宜春市生物医药、烟花爆竹等外贸产业集群,上饶市光伏、光学等外贸产业集群,吉安市电子信息、箱包、医药化工等外贸产业集群,抚州市蜜橘、变电设备等外贸产业集群。

2. 提升加工贸易。一要以工业园区、出口加工区、保税物流中心、加工贸易重点承接地为主要载体,加大招商引资力度,吸引国内外有实力、有技术、有品牌、有市场的企业来赣兴办加工贸易企业。二要鼓励加工贸易向产业链两端延伸,推动产业链升级。大力发展配套产业,延长产业链,实现加工贸易产业集群化,不断扩大加工贸易规模,进一步提高加工贸易占全省进出口总额比重;积极探索保税维修和再制造等加工贸易新业态。三要加强国家级加工贸易梯度转移重点承接地的平台建设,积极探索江西省与东部发达省份共建加工贸易产业园区,鼓励有条件的地方建设国家级加工贸易产业园,促进加工贸易转型升级。

3. 推进"三外"融合发展。在贸易融合上,要从就外贸抓外贸向更加注重外贸、外资、外经、内贸融合发展转变,更加注重"三外"联动、内外贸结合的深度融

合,形成了"内外一体""三外"良性互动的大经贸格局。要以强化改革创新、产品对标、渠道对接、主体引领、数字赋能、服务优化,提高统筹利用两个市场、两种资源的能力,促进内贸和外贸、进口和出口协调发展。

一要增强内外贸一体化发展能力。引导企业加强品牌建设。实施"赣出精品"建设工程,加大出口品牌宣传推广力度,支持出口转内销产品品牌做大做强,提升出口转内销产品的影响力。发展"同线同标同质"产品。推动内外贸产品"同线同标同质"(以下称"三同"),支持企业通过自我声明或第三方评价等方式满足"三同"要求。建立"三同"公共信息服务平台,向社会开放符合要求的企业及产品信息,加大宣传推广力度,树立和维护"三同"产品品牌信誉。鼓励"三同"企业加强市场推广,在商场、超市等设立"三同"产品专柜。推动内外贸数字化发展,坚定不移实施数字经济做优做强"一号发展工程",加快推动数字经济发展,开展制造业数字化转型行动。扎实推进跨境电子商务综合试验区建设,鼓励跨境电商平台完善功能,更好对接国内国际市场。引导和支持企业应用跨境电商拓展市场,推动更多企业实现数字化转型。促进跨境电商零售进口规范健康发展,丰富产品供给。复制推广服务贸易创新发展试点经验,提升服务贸易自由化、便利化水平。推进网络平台与传统外贸企业深度融合,重点加快特色产业、品牌企业、优质产品与传统电商、社交电商、专业电商、直播电商等的对接。

二要建设内外贸一体化发展高地。打造内外贸一体化发展平台。发挥国家级经济技术开发区、综合保税区、跨境电子商务综合试验区等开放平台和产业集聚区作用,积极探索内外贸融合发展的新模式、新举措,促进内外贸体制机制对接和一体化发展。"一区一策"引导综合保税区高质量发展,建设内外贸一体化发展市场。进一步加强江西省特色市场培育,支持符合条件的专业市场申报市场采购贸易方式试点,引导更多内贸主体开展外贸业务,吸引境外采购商常驻采购,提高市场外向度。充分借助中国进出口商品交易会(广交会)、中国国际进口博览会、中国国际服务贸易交易会等国内重点展会平台,推动外贸企业与商贸流通企业开展供需对接。打响中国景德镇国际陶瓷博览会、中国绿色食品博览会、中国国际麻纺博览会、江西"生态鄱阳湖·绿色农产品"博览会等省内重点展会品牌,增进国内外市场交流,促进内外贸一体化。

第三节　构建外贸发展新体系

从国内看,全方位高水平的对外开放、构建双循环新发展格局、新业态新模式的蓬勃发展为我国对外贸易带来了新契机。从省内看,习近平总书记重要讲话指示、经济快速增长和内陆开放型经济试验区为江西省对外贸易发展带来了新气象。这就要求我们必须把新发展理念贯穿外贸发展全过程和各方面,坚持创新驱动,将创新作为引领外贸发展的第一动力,将发展质量摆在更为突出的位置。加快推动由商品和要素流动型开放向规则等制度型开放转变,建设更高水平开放型经济体制,深入推进外贸科技创新、制度创新、模式和业态创新,培育外贸竞争新主体、新优势,打造外贸发展新平台新高地,进一步增强江西外贸发展动能;坚持系统观念,促进外贸与外资、外经,外贸与产业链、供应链、价值链协调联动,推进内外贸一体化发展,稳固传统市场,开拓新兴市场,推动各地发展特色外贸产业,进一步优化江西外贸发展格局;坚定走生态优先、绿色低碳的外贸发展道路,抑制高污染、高耗能产品出口,鼓励紧缺型资源类产品进口,进一步提高江西外贸可持续发展能力。

一、加强三项建设,筑牢外贸发展支撑体系

1. 加强外贸转型升级基地建设。支持国家级外贸转型升级基地加快发展,打造国内一流外贸基地,增强示范带动作用。加快省级外贸转型升级基地建设。鼓励地方优势特色产业抱团参加中国进出口商品交易会、中国华东进出口商品交易会、中国国际消费品博览会等境内外重点展会,开展集中布展和统一宣传,提升品牌影响力。支持基地加强上下游产业配套,打包宣传、抱团参展,扩大基地企业品牌影响力和产业竞争力。

2. 加强贸易平台建设。积极办好大型展会,推进进口贸易促进创新示范区的申报与建设工作。在持续优化江西数字外贸服务平台的基础上,整合省内优势商品和企业资源,打造面向多元化国际市场的线上商品展示和交易平台,为江西省企业提供线上展示、线上交流、品牌推介等服务。

3. 加强国际营销体系建设。支持和鼓励有实力的企业在东盟、美国、欧盟

等传统市场和"一带一路"国家、RCEP成员国等新兴市场布局一批配套服务功能完善的公共海外仓,为外贸企业提供通关、仓储配送、营销展示、退换货和售后维修等服务。推广"龙头企业+跨境电商+海外仓"发展模式,鼓励综合保税区、外贸转型升级基地、传统外贸企业、跨境电商和物流企业等参与海外仓建设,促进中小微企业借船出海,带动省内品牌、双创产品拓展国际市场空间。

二、创新业态模式,培育外贸发展新动能

1. 促进跨境电商持续健康发展。支持已获批的跨境电商综合试验区加快建设进度。鼓励各地结合实际,复制推广成熟经验做法,探索跨境电商新模式,加快跨境电商综试区发展,引进和培育一批跨境电商龙头企业,鼓励跨境电商平台、经营者、配套服务商等各类主体做大做强。

2. 发挥外贸综合服务企业带动作用。坚持培育和引进相结合,持续壮大外贸综合服务企业队伍,强化中小微外贸企业孵化功能。鼓励各地结合实际培育一批外贸综合服务企业,为中小微外贸企业提供通关、物流、仓储、融资等全方位外贸综合服务。

3. 开展市场采购贸易方式试点。重点培育和建设景德镇陶溪川、南昌洪城大市场等专业市场,支持符合条件的市场申报市场采购贸易方式试点。

4. 探索开展离岸贸易。充分利用江西内陆开放型经济试验区的政策优势,大力吸引跨国公司地区总部、总部机构在赣落户,通过总部集聚探索开展离岸贸易。

三、用数字化赋能,构建绿色贸易体系

1. 加快贸易全链条数字化赋能。加强数字贸易研究与推动工作,探索形成以数据驱动为核心、以平台为支撑、以商产融合为主线的数字化、网络化、智能化贸易发展模式。搭建云展会等线上平台,开展线上展示、线上洽谈、线上签约以及线上支付等。拓展中国(江西)国际贸易"单一窗口"功能,推动通关智能化。加快智慧港口建设,打造智能化高效跨境物流体系。推行贸易融资、跨境支付等金融服务线上化场景应用。利用区块链技术将生产、贸易、管理、物流、消费等环节有效衔接,提高贸易各参与方的互信程度,有效降低外贸交易风险和成本。

发展外贸细分服务平台。坚定不移地推动实施数字经济做优做强"一号发展工程",加快推动数字经济发展,吸引营销、支付、交付、物流、品控等外贸细分领域知名企业在赣落户。鼓励有条件的外贸企业与专业建站平台合作,通过自建行业性垂直平台和独立站,培育自主品牌、自有渠道、自有用户群。推进网络平台与传统外贸企业深度融合,重点加快特色产业、品牌企业、优质产品与传统电商、社交电商、专业电商、直播电商等的对接。

2. 推动贸易主体数字化转型。引导生产型外贸企业开展原料采购、研发设计、生产制造、品牌营销、渠道管理、售后服务等全价值链数字化转型。鼓励贸易型企业提升数字化服务水平,提供智能、精准、高效、专业、便捷的服务。支持外贸综合服务企业以信息化技术和系统平台为支撑,有效优化产业组织形式,提高外贸服务的数字化水平,为中小微外贸企业数字化转型提供有力支持。引导外贸企业在内部管理、组织架构、运营模式等方面提升信息化、智能化水平。支持贸易数字化服务商为外贸企业提供优质数字化转型服务,协同推进外贸企业数字化转型。

3. 大力发展绿色低碳贸易。鼓励企业采用国际先进环保标准,获得节能、低碳等绿色产品认证。积极推动高质量、高技术、高附加值的绿色低碳产品出口,控制高污染、高耗能、高排放产品出口。扩大绿色低碳产品、节能环保服务、环境服务以及节能减排关键原材料和核心技术进口。支持绿色低碳企业参加中国国际进口博览会、中国进出口商品交易会、中国华东进出口商品交易会等重要展会,帮助企业开拓国际市场。

4. 不断壮大绿色低碳产业。推动 VR、物联网、大数据、5G 等新兴技术与绿色低碳产业深度融合。培育一批绿色低碳外贸转型升级基地、绿色低碳加工贸易产业园。指导地方培育低碳贸易双循环企业和低碳大型骨干外贸企业,加大绿色低碳贸易主体支持培育力度。

四、创新体制机制,营造良好发展环境

1. 加强外贸法治化建设。加强财税、金融、产业、贸易等政策之间的互动衔接,进一步规范完善外贸政策支持体系。推进商务、海关、税务、外汇、市场监管等部门信息共享、协同执法的监管体系建设。

2. 加快制度性开放步伐。以制度创新为核心,复制推广自由贸易试验区、自由贸易港的成功经验,探索实施国际通行的货物、资金、人员出入境管理制度。深化"放管服"改革,加强事中事后监管,全面推进外贸行政审批和行政服务标准化,推动关联、相近类别审批事项全链条取消、下放或委托。建设若干内陆无水港,与沿海港口实现无缝对接。建设标准统一、布局合理、竞争有序、运行高效的口岸体系。对标国际国内一流水平,构建各类经营主体公平竞争、各类要素自由流动的市场环境。

3. 提升贸易便利化水平。充分发挥全省贸易便利化和口岸工作联席会议制度、全省对外贸易会商协调机制和省、市、县三级帮扶机制等机制作用,提升贸易便利化水平。构建高效跨境物流体系,推进赣欧班列、铁海联运融入"一带一路"建设,突出重点开行赣欧班列和铁海联运精品线路,保持赣欧班列常态化运行,铁海联运班列全面对接"海上丝绸之路"。全面对接沿海口岸,实现通关一体化。

第四节　加快服务贸易发展

当今世界正经历百年未有之大变局,新一轮科技革命和产业变革深入发展,国际力量对比深刻调整。我国已转入高质量发展阶段,服务贸易日益成为构建新发展格局、培育国际合作与竞争新优势的重要力量。

一、培育壮大服务贸易市场主体

培育具有国际市场竞争力的服务企业,引导服务企业积极融入国际产业分工合作。

一是培育壮大重点服务贸易龙头企业。支持大型服务贸易企业通过并购等方式做大做强,培育具有较强创新能力和国际竞争力的龙头企业。支持龙头企业提高国际化经营水平,加速融入全球供应链、产业链、价值链,提升国际市场竞争力。坚持招大引强,积极引进国际知名的服务企业,在引进资本的同时,积极引进先进技术,促进国际服务业经营管理理念和服务品种创新。灵活多样地引进服务性外资公司,鼓励和支持企业采用特许经营、管理合同、许可证协议、建立办事处或代表处等其他不同方式进入。鼓励和引导外资银行、保险公司、证券公司等来赣设立分支机构。制定服务行业企业名录,评选重点企业,培育龙头企业,建立联系帮扶制度,鼓励重点服务产业建立以龙头企业带动大企业、中小企业相互协作的产业战略联盟。

二是增强中小服务贸易企业国际竞争力。在数字贸易、文化贸易等新兴服务贸易行业或服务贸易细分领域,积极培育一批具有独特竞争优势的中小型服务贸易企业。强化"小巨人""独角兽"企业走出去支持力度,支持"专精特新"企业积极拓展国际贸易市场。

二、强化服务贸易对外合作

一是扩大服务贸易重点领域合作。加强与 RCEP 和"一带一路"国家地区在旅游、文化、中医药服务、电信计算机和信息服务、知识产权输出等重点领域合作。拓展与东南亚国家在建筑工程、运输服务、保险等领域合作。推动企业在"一带一路"重点国家的交通枢纽和节点城市,建立仓储物流基地和分拨中心,完善区域营销和售后服务网络。推动与有关国家扩大建筑服务资质、建筑服务市场准入等领域开放,提升建筑服务贸易水平,鼓励工程设计、施工建设、运营维护等建营一体化服务输出。鼓励境外经贸合作区、跨境经济合作区引进更多服务业和服务贸易项目。

二是聚焦重点地区的贸易合作。进一步突出赣港澳直通,打造赣粤港澳合作示范区,强化与港澳台服务贸易合作,加强与港澳台地区在文化、中医药服务、建筑、旅游等领域合作。积极开拓发达国家服务贸易市场,加强与美国、英国等国家在软件信息研发设计、环保项目咨询设计、旅游文化等领域合作;深化与日本、韩国等东南亚国家或地区在中医药康养、运输、文旅、建筑工程设计运营等领域合作。深化与赞比亚、埃塞俄比亚等非洲国家的对外承包工程业务。

三是进一步拓宽服务贸易发展平台。积极组团参加国际化、专业化大型会展。充分发挥"服贸会""上交会""京交会""瓷博会""药交会"等国家级、国际化、专业化平台,全面展示江西服务贸易创新发展的整体形象、品牌企业和亮点项目,推动企业开展国际交流与合作,开拓服务贸易多元市场。借助跨境电商综合试验区、综合保税区等外贸发展服务平台,推动优势产品扩大境外交易规模,强化货物贸易对服务贸易的支撑作用,带动金融、保险、认证等服务贸易多样化发展。鼓励文化产业基地、外贸转型升级基地以品牌展、特装展等方式参加各类重点展会,拓宽服务贸易营销渠道。

三、推动服务贸易结构优化升级

一是发展数字贸易。抢抓数字经济发展新机遇,大力发展数字贸易。完善数字贸易促进政策,强化制度供给和法律保障,支持数字产品走出去,支持数字贸易新业态新模式发展。借助数字经济,打造服务贸易新型发展平台,推进电子商务等新型贸易模式应用,丰富服务贸易交付方式。运用互联网、云计算、大数据等现代技术手段提升服务的可贸易性,着力扩大跨境交付服务贸易规模。提升数字贸易公共服务能力,加强统计监测,做大做强国家数字服务出口基地,形成数字贸易示范区。

二是推进服务外包高端化发展。壮大服务外包龙头企业,引导服务外包龙头企业积极拓展国际市场,提升国际市场份额。做大做强服务外包示范园区,壮大数字产业园、文化产业园,积极开展离岸外包业务。依托国家重点实验室、国家工程技术中心等国字号平台,重点发展检验检测、产品设计等服务外包项目。建设数字化制造外包平台,发展服务型制造等新业态,培育众包、云外包、平台分包等服务贸易新模式。

三是加快推进传统服务贸易转型升级。保持旅游、运输、建筑等传统领域的优势。提升文化旅游国际竞争力,依托汤显祖戏剧节暨国际戏剧交流月、南昌国际马拉松赛等大型国际节会赛事,建设国际旅游营销体系,打造国际化旅游系列品牌,提升"江西风景独好"文旅品牌的国际知名度和对国际游客的吸引力。建立健全江西旅游对外推广体系,优化产品结构,丰富供给。增强国际运输服务能力,借助中欧班列和西部陆海新通道,布局国际空运航线,扩大国际航线网络覆盖度,完善国际航空货运网络支持体系。加强国际贸易"单一窗口"应用推广,提升口岸通关及国际运输保障能力。做优建筑服务贸易,加强路桥房建等多领域的"江西建设"品牌建设力度,支持建筑企业对标国际先进企业,加快转型升级,发展智能建造,提高建筑绿色化、数字化、智能化水平,增强工程总承包和全过程工程咨询服务能力,鼓励企业投身"一带一路"建设,积极开拓国际市场,强化建筑行业商会、协会在建筑企业抵御市场风险方面的积极作用。

四是培育特色服务贸易发展优势。重点在现代金融业、物流业、旅游业、电子商务、信息咨询服务、医疗、文化等投入产出效率高的行业中培育和发展新型特色优势服务贸易。壮大文化教育贸易规模。积极响应国家"文化出海"号召，加快推进文化出口基地和对外文化贸易基地建设，壮大文化贸易企业，整合江西优秀的文化产品与资源，有针对性地参加赴"一带一路"国家和地区集中展示，努力扩大江西文化出口规模。加强赣菜、红色文化等特色服务领域的国际交流与合作，提升江西文化的国际影响力。拓展教育服务贸易，支持省内高校与国际教育培训机构合作，在国际上宣传或输出中国传统文化，推动汤显祖文学、戏曲等中华优秀传统文化"走出去"。鼓励中医药服务贸易发展。鼓励申报和建设国家中医药服务出口基地，打造江西中医服务的国际品牌，鼓励有条件的企事业单位积极开展中医药服务贸易，强化中医药服务贸易政策培训。组织省内部分中医药服务贸易机构参加国家专题培训，掌握中医药服务贸易形势、政策等，形成发展合力。推动中医药相关院校、医院、企业等机构在港澳地区以及"一带一路"国家和地区创新开展中医药服务，支持在境外建设中医养生保健机构、中医药中心、中医学院，弘扬传播中医药文化。大力发展金融保险服务贸易。促进"互联网+服务"向行业纵深发展，大力发展"制造+服务""文化/健康+旅游"等融合服务贸易，开展数字人民币跨境支付试点，探索提升跨境支付效率，推动新兴服务贸易加快发展。

五是优化服务贸易区域结构。依托江西构建"一核两带三区百点"联动协调的服务业发展新格局，打造分工协作、优势互补、均衡协调的服务贸易区域发展结构。要大力发展知识技术密集型服务产业，发挥南昌主导和引领的战略核心作用，支持南昌申报服务贸易创新发展试点城市。九江、赣州要充分利用制造业基础加强货物贸易与服务贸易融合，大力发展生产性服务贸易。宜春、萍乡、鹰潭、抚州等地要充分挖掘其丰富的文化旅游资源，加强旅游基础设施建设，突出地方文化特色，打造"江西旅游"品牌，提升海外知名度。此外，景德镇国家陶瓷文化传承创新试验区和新余、上饶、吉安的服务外包承接业务均大有潜力可挖。

四、完善服务贸易要素保障支撑

一是强化统筹协调机制。建立省级服务贸易工作联席会议制度,定期召开联席会议全体会议和全省服务贸易工作座谈会,加强对服务贸易工作的宏观指导,强化服务贸易发展统筹协调决策机制。加大对服务外包、数字贸易发展、文化旅游贸易促进等重大事项的协调推进力度。加强对服务贸易改革开放、创新、发展重大事项的统筹协调。搭建政府部门与行业企业间有效的沟通平台,在政策落实、企业联系与对外宣传等多方面推进服务贸易发展。成立服务贸易促进机构和行业协会,健全服务贸易促进和服务体系,形成推动全省服务贸易高质量发展的工作合力。

二是完善相关政策体系。加快制定服务贸易发展近期和中、长期规划,出台配套支持政策,加快制定服务贸易发展目标、任务和扶持政策,尽快出台相关财政、金融、外汇、投资、人才和监管便利化等举措,推动建立系统性、机制化、科学性、可持续的政策体系。积极整合国家和省内政策资源,充分发挥国家、省服务贸易发展专项资金、省级外经贸发展专项资金等作用,加大对特色、新型服务贸易企业或项目的支持力度。鼓励银行业金融机构创新符合监管政策、适应服务贸易特点的金融产品和服务,鼓励全省及国有担保机构加大对服务贸易企业的融资担保支持,改善服务贸易企业融资环境。探索出台具有江西地域特色的服务贸易地方性法规,对照国家出台的服务贸易相关标准体系,提高服务贸易的国际竞争力。

三是健全服务贸易促进平台。搭建联通粤港澳大湾区大数据的公共服务平台,支持建设"赣企出海+"综合服务平台、"一带一路"投资综合服务平台,支持建设公共技术、交易支付、交流合作、培训、信息服务、物流配送、知识产权海外预警、境外投资风险评估检测预警、服务贸易统计等公共服务平台体系,助力服务贸易企业发展。加强境外江西商协会、商务代表处、分支机构等建设,积极维护境外赣企合法权益。支持企业赴境外参加国际知名服务贸易展览展示活动,以及在境外举办服务贸易综合类展会和专业性展会。

四是强化人才智力支撑。加快建设服务贸易人才队伍,不断加强服务贸易高质量发展的智力支撑。加大人才培育与引进力度,加快服务贸易战略研究和智库建设,为服务贸易发展提供智力支撑。积极探索建立服务贸易企业与职业学校、高等院校、培训机构合作机制,建设实训基地,实行人才定向培养、联合培养。打造劳动力供需对接平台,促进职业学校与服务贸易企业合作。加强跨境电子商务、专利信息和知识产权国际化等高级服务贸易人才的培养和储备。加强国际合作,引进海外中高端人才,为企业"走出去"培养本土化人才。强化人才激励机制,构建更加灵活有效的人才使用机制,畅通人才流通渠道。

五是加强数据监测和共享。按照国家有关服务贸易统计制度,结合江西实际,在进一步明晰服务贸易有关概念和分类的基础上,完善服务贸易统计体系,充分激发企业上报相关数据的积极性,及时和全面掌握有关数据,增强对服务贸易工作的分析与研判,为科学决策提供依据。加强部门间的数据交换和信息共享,完善服务贸易统计监测体系和重点企业联系制度,逐步提高统计的准确性、时效性和全面性。创新现行服务贸易统计监测方式方法,完善服务贸易统计监测评估体系。加强对地方商务主管部门、园区和企业的系统操作培训。制定服务贸易发展意见和考核方案,落实相关部门责任分工,形成领导高位推动、部门协调配合、县(市、区)加快落实的良好工作格局。

第十章

江西加快实施"走出去"战略

"走出去"对于一国经济发展起到重要作用,后疫情时期我国"走出去"面临着全球经济增速放缓和地缘政治风险不断等多重风险与挑战。对于江西省来说,对外开放发展区位优势明显,同时大力推进"走出去"战略的实施,长江经济带、长江中游城市群等国家战略以及赣江新区等国家平台的建设,为江西开放型发展提供了重要的政策支撑。近年来进出口总额与对外直接投资增长迅速,江西省迎来了对外开放重要的战略机遇期。

第一节　江西省"走出去"发展现状

党的十六大报告明确指出,坚持"引进来"和"走出去"相结合,全面提高对外开放水平。党的十七大报告深入提出,坚持对外开放的基本国策,把"引进来"和"走出去"更好结合起来,扩大开放领域,优化开放结构,提高开放质量,完善内外联动、互利共赢、安全高效的开放型经济体系,形成经济全球化条件下参与国际经济合作和竞争新优势。"走出去"战略对我国参与国际经济技术合作和竞争,在激烈的国际竞争中掌握主动权,都具有非常重要的长远战略意义。"走出去"战略增强了我国经济发展的动力和后劲,促进了我国经济的长远发展。自"走出去"战略实施以来,江西对外更加开放,对内更加放宽、对下更加放权,坚定不移全面扩大对内对外开放,着力培育发展高水平开放型经济,加快推动高质量跨越式发展。

一、江西"走出去"发展政策基础

江西省"走出去"开放具有良好的政策支撑。1992 年是江西"走出去"发展的转折点,年初,国家实施沿长江开放开发战略和修建京九铁路,7 月 15 日,中共江西省委、江西省人民政府下发《关于进一步扩大对外开放加速经济发展的决定》,提出对外更加开放、对内更加放宽、对下更加放权。基本部署为:第一,抓好三个基点,即抓紧实施国家开放九江的重大部署,用好用活中央赋予内陆省会城市开放的政策,将昌九工业走廊建设成为外向型、技术密集型、效益型、工农结合、城乡一体的新兴工业带。第二,全方位开放。即景德镇形成以外向型经济为主导的开放城市,与九江、南昌连成开放三角带;赣州地区成为全省对接粤闽开放体制的试验场,走向港澳台市场的重要通道;上饶地区主动参与长江三角洲的深层次开发;宜春、吉安、抚州地区和萍乡、新余、鹰潭市从本地实际出发开展对外开放布局。第三,利用外资,形成全社会招商引资的大气候。江西对外开放由赣东赣南边际地区拓展到全省腹地,由部分行业扩大到三大产业,形成全省全方位对外开放的新格局。

1996 年,江西省外经贸厅发布《江西省外经贸系统进口管理暂行办法》,按照建立社会主义市场经济体制的要求,改革和完善进口管理体制,文件作出以下决定:第一,对一般配额进口管理,将少数关系国计民生及国内市场垄断性强、价格敏感的大宗原材料列入目录管理核定公司经营;第二,对特定进口商品自动登记管理(如粮食、酒、原油等);第三,积极引进国外先进技术设备(部分机电进口实行特定登记管理);第四,"进料加工""三来一补"进口管理;第五,建立完善审批程序,做到盈利积极做,微利大胆做,无利不亏兼顾做,克服旧式外贸体制机制的弊病,变传统的收购制为服务型的代理制,促使工贸结合的贸易方式,使全省外贸变压力为动力,变困难为机遇,企业观念更新,管理加强,潜能得以发挥,有效抑制一般贸易大滑坡的态势。

2000 年 12 月召开的全省计划会议进一步提出,要抓住中国加入世贸组织和西部大开发的机遇,进一步扩大对内对外开放,坚持省外、境外、国外"三外"并举的引资方针,开展多种形式的招商引资和横向经济联合活动。

2020 年国务院批准设立江西内陆开放型经济试验区。江西主动融入共建"一带一路",积极参与长江经济带发展,对接粤港澳大湾区建设、长三角一体化发展,以体制机制改革为重点,挖掘区域合作潜力,推动资源要素自由高效流动,加快构建内外并举、全域统筹、量质双高的开放格局。

二、江西省"走出去"现状

(一)江西省进出口贸易快速发展

2021年江西省外贸进出口总额达4980.4亿元,同比增长23.7%。其中,出口3671.8亿元,同比增长25.8%;进口1308.6亿元,同比增长18.3%。对主要贸易伙伴进出口均实现较快增长。从进出口产品类别来看,2021年江西有色金属业进出口479.3亿元,同比增长61.1%;纺织服装鞋帽制造业进出口450.6亿元,同比增长35.7%;钢铁业进出口279亿元,同比增长64.3%。电子信息业进出口1349.1亿元,月度进出口增速连续3个月在36%以上。总体来讲,2021年江西省进出口总额在全国占比由0.86%提升至1.27%,江西省外贸依存度达16.8%、位列中部第1,外贸进出口成为促进双循环的主力军。

(二)江西省贸易结构不断优化升级

江西省在进出口总量不断扩张的基础上,贸易结构不断优化,传统贸易转型升级的步伐加快。2021年,江西省文化产品出口额为266.40亿元,占全省出口额的7.3%,同比提高1.7个百分点,增长63.7%;从具体出口产品来看,机电产品、高技术产品占比分别达到50.1%与26.1%,太阳能电池、汽车出口额与十年前相比分别增长314%与145%,改变了江西省传统贸易发展对于劳动密集型、资源型产品的依赖。同时,江西积极探索并引入跨境电商、海外仓、外贸综合服务等外贸发展新业态,引导更多传统贸易企业应用跨境电商业务,扩大自身业务规模。2021年全年,江西省企业通过海关跨境电商平台进出口规模达到496亿元,同比增长17.9倍,跨境电商平台新业态的引入,大幅拉动江西省进出口贸易增长。

(三)江西省对外直接投资及对外工程承包规模不断扩大

2021年,江西省对外直接投资额9亿美元,较2012年增长了150%;对外承包工程完成营业额41.2亿美元。同时,对外承包工程完成营业额41.2亿美元,较2012年增长124%,总量由全国第14位上升到第9位、前移了5位。中国江西国际经济技术合作有限公司、江西中煤建设集团有限公司、江西省水利水电建设集团有限公司、中鼎国际工程有限责任公司、江西省建工集团有限责任公司、江联重工集团股份有限公司 6 家工程承包企业入选 2021 年"全球最大国际承包商 250 强",数量居全国第 3 位、中西部省份第 1 位。

(四)江西省国际产能合作区域不断拓展

1. 积极对接国际贸易规则,参与"一带一路"建设

首先,从贸易协定角度来看,江西充分利用区域全面经济伙伴关系协定(RCEP)、中欧投资等多双边经贸协定,强化与 RCEP、欧盟的经贸合作,制定详细行动方案,推动全省实现更高水平对外开放。推进与澳大利亚、东盟等国家和地区的合作。2022 年上半年,江西对 RCEP 贸易伙伴进出口 1114.5 亿元,同比增长 60.9%。其中出口 847.6 亿元,同比增长 73.1%;进口 266.9 亿元,同比增长 31.4%,江西省充分利用 RCEP 区域贸易协定释放的红利效应,外贸企业充分享受关税减免等优惠待遇,后疫情时期稳住外贸大盘,企业表现出较强的韧性特征。

其次,江西省积极参与"一带一路"建设,不断拓展国际合作新空间。"一带一路"建设的融入,能够促进江西省依托长江黄金水道及毗邻东南沿海的优势,东侧实现与海上丝绸之路连接,西侧又能够实现与丝绸之路经济带的融合发展,构建内陆进出口贸易集散中心。同时,"一带一路"政策的融入,又会成为江西省传统文化传承和优势产能输出的重要支点,促进江西省优势产业抢占全球价值链的中高端。2021 年,江西省对"一带一路"国家合计进出口 1424.3 亿元、同比增长 21.5%,占全省外贸总值的 28.6%,其中出口 1244.6 亿元、同比增长 20.8%,进口 179.7 亿元、同比增长 26.5%;2022 年前七个月,江西对"一带一路"国家进出口 1345 亿元,同比增长 79.8%,近五年来江西省对"一带一路"国家的进出口总额平均年度增速为 8.7%。江西省通过积极参与"一带一路"建设,充分分享贸易便利化与新兴市场发展红利,促进自身比较优势充分发挥和优质产能输出。

2. 对外合作伙伴国数量不断增加

首先,江西主动对接发达国家,重点推进与美、德、日等国家合作,加强汽车、航空、生物医药等领域合作,大力开展电子信息、节能环保等行业的跨国投资并购;建设境外科技研发基地。与此同时,江西省贸易伙伴数量不断增加,目前江西省与 227 个国家和地区建立贸易联系,东盟、美国、欧盟成为主要贸易伙伴,而对外投资合作从早期以承包工程和劳务输出为主,到承包工程、对外投资的双轮

驱动,对外经济合作领域不断拓展,形成了以非洲为主,亚洲、美洲并重的发展格局。

其次,江西围绕中非十大合作计划,重点推进与埃塞俄比亚、肯尼亚等 10 个国家的合作,加强工业、农业、基础设施、矿产资源等领域的合作,建设赤道几内亚赣粮农业示范园等境外经贸合作区。巴西与江西的经贸合作逐年加深,2020 年江西对巴西的出口总额比 2018 年增长了 65.5%。

(五)积极打造国际产能合作平台

首先,江西大力推进内陆开放试验区建设和多元化开放平台建设。2020 年 4 月,国务院正式批准设立江西内陆开放型经济试验区,这是具有里程碑意义的重大国家战略,对于企业"走出去"和优秀产能的引入起到了重要促进作用。江西省有 19 个国家级开发区和 40 个省级开发区,吸引了全省 80% 外来投资。

其次,江西省通过重大国际合作平台的打造和国际会议的举办,提升本省出口企业国际知名度,促进国际贸易合作与交流的开展。首先,江西持续打造一批国际化、常态化、综合性投资贸易合作平台,引入品牌展会、国际峰会、高峰论坛等经贸活动,提升江西国际知名度和美誉度。其中,世界绿色发展投资贸易博览会两年举办一次,是全国第一个以绿色发展为主题的投资贸易博览会;世界 VR 大会每年在南昌举办一次,搭建虚拟现实平台,引导各类资源向中国汇聚。除此之外,江西省每年承办的国际贸易博览会还包括中国绿色食品博览会、中国景德镇国际陶瓷博览会、赣台经贸合作文化交流会、世界赣商大会等。

最后,江西省大力推进综合保税区建设和发展,充分发挥区位贸易优势和政策优势,截至 2020 年 4 月,经国务院批准,江西省先后建设赣州综合保税区、南昌综合保税区、九江综合保税区以及井冈山综合保税区。保税区的建设对提升江西省贸易便利化水平,降低贸易企业成本,促进全省开放型经济发展,具有重要的意义。

第二节 江西"走出去"面临的挑战

近年来,江西在"走出去"方面取得了比较显著的成绩,但目前也碰到了一些发展瓶颈,主要是与江西合作的国家还有待进一步扩展,"走出去"的业务范围还有待进一步拓展,货物进出口贸易规模还有待进一步扩大,文化产品国际影响力有待提升。

一、国际合作的国家有待进一步扩展

目前,江西主要出口的国家(地区)是美国、东盟、欧盟、越南、韩国、印度、日本、马来西亚、印度尼西亚,总体来说,江西主要出口的国家还不是很多,主要集中在美国、东盟和欧盟,在当前中美贸易战、俄乌冲突等国际大环境下,江西对美国、欧盟的出口依赖性较强,不利于后期出口的增长(详见表10-1)。

表 10-1　2021 年江西对主要国家(地区)的出口值及其增长速度

国家(地区)	出口值(亿元)	比上年增长(%)
美国	664.4	36.6
东盟	660.4	21.9
欧盟	475.7	21.1
越南	195.6	38.4
韩国	169.2	25.3
印度	154.1	94.2
日本	152.9	18.0
马来西亚	107.0	7.6
印度尼西亚	85.2	45.2

在 65 个"一带一路"国家中目前江西只与 26 个"一带一路"国家开展对外投资合作业务,主要是菲律宾、越南、新加坡、印度、柬埔寨、哈萨克斯坦、吉尔吉斯斯坦、蒙古、伊拉克、孟加拉国、泰国、印尼、马来西亚、阿富汗、格鲁吉亚、土耳其等中东欧、中亚、东南亚、非洲等国家和地区。江西对外承包工程合作主要是在赞比亚、巴基斯坦、埃塞俄比亚、阿尔巴尼亚等国家,其范围还不够广(详见表10-2)。

表 10-2　全国与"一带一路"国家合作情况

区域	国家名称	合作领域
东盟（10 国）	新加坡、马来西亚、印度尼西亚、缅甸、泰国、老挝、柬埔寨、越南、文莱、菲律宾	经贸、工程、卫生、科技、环境保护、防灾减灾、农林业、减贫、知识网络、人才培训、文化、数字经济、科技、金融投资等方面
西亚北非（18 国）	伊朗、伊拉克、土耳其、叙利亚、约旦、黎巴嫩、以色列、巴勒斯坦、沙特阿拉伯、也门、阿曼、阿联酋、卡塔尔、科威特、巴林、希腊、塞浦路斯、埃及的西奈半岛	基础设施建设、人才培养、矿业开采、加工冶炼、装备制造、农业开发、家电生产、航空服务、医药卫生、数字经济、金融服务、减贫、卫生、教育、科技、环保、气候变化、青年妇女交流、文化旅游等方面
南亚（8 国）	印度、巴基斯坦、孟加拉国、阿富汗、斯里兰卡、马尔代夫、尼泊尔、不丹	基础设施建设、运输、贸易、投资、技术、能源开发、旅游、渔业开发、农业合作、公共卫生、扶贫、环境与疾病控制、气候变化、反恐、人文交流等领域
中亚（5 国）	哈萨克斯坦、乌兹别克斯坦、土库曼斯坦、塔吉克斯坦、吉尔吉斯斯坦	基础设施建设、能源、农业、新兴产业、人文、数字经济、环境、教育、科技等领域
中东欧（23 国）	俄罗斯、乌克兰、白俄罗斯、格鲁吉亚、阿塞拜疆、亚美尼亚、摩尔多瓦、波兰、立陶宛、爱沙尼亚、拉脱维亚、捷克、斯洛伐克、匈牙利、斯洛文尼亚、克罗地亚、波黑、黑山、塞尔维亚、阿尔巴尼亚、罗马尼亚、保加利亚和其顿	人文艺术、旅游、农业、气候环境、教育等领域
东亚（1 国）	蒙古国	矿产资源开发、基础设施建设、金融服务、教育、卫生、文化、人文等领域

二、"走出去"业务范围有待进一步拓展

我国"走出去"领域从最初的基础设施建设、经贸合作、承包工程、劳务合作等方面,近些年逐渐扩展到能源、卫生、科技、环境保护、防灾减灾、农林业、减贫、知识网络、人才培训、文化、旅游、数字经济、科技、金融投资等诸多领域。受全球疫情影响,2021 年江西全年对外承包工程新签合同 147 份,比上年下降 5.2%;合同金额 36.1 亿美元,下降 7.6%。江西在国际合作的领域还比较局限,主要是经贸合作、承包工程、劳务合作,在科技合作方面虽然有所涉及,但是合作范围还不够广、程度还不够深。在产业合作方面,新技术、新业态产业占比还有待提升。在农林业合作领域,江西目前农产品品牌国际知名度还不够,还没有集中形成具有江西特色的农产品品牌。

三、货物进出口贸易规模还有待进一步扩大

近年来江西货物进出口规模虽然有较大幅度的提升,但是从总量来看,2021 年江西占全国比重比较低,只占 1.27%。从出口值指标来看,2021 年加工贸易仅占全国的 0.56%,加工贸易出口值比上年同期下降 7.5%,而全国平均增速是 9.9%;高新技术产品出口值只占全国的 1.51%,比上年同期下降 1.5%,而全国平均增速为 17.9%。在进口方面,加工贸易和高新技术产品也呈现出不同幅度的下降趋势,分别下降 5.4%、8.3%,而全国的平均增速分别达到 13.3%、14.7%。由此可见,江西的货物进出口贸易规模还不够大,增长速度还有待进一步提升,尤其是高新技术产品的规模还需进一步扩大(详见表 10-3)。

表 10-3   2021 年全国和江西货物贸易进出口总值及其增长速度

指 标	江西		全国	
	金额 （亿元）	比上年 增长（%）	金额 （亿元）	比上年 增长（%）
进出口总值	4980.4	23.7	391009	21.4
出口值	3671.8	25.8	217348	21.2
其中：一般贸易	2935.0	30.9	132445	24.4
加工贸易	586.1	−7.5	53378	9.9
其中：机电产品	1838.1	14.2	128286	20.4
高新技术产品	955.7	−1.5	63266	17.9
进口值	1308.6	18.3	173661	21.5
其中：一般贸易	763.7	29.7	108395	25.0
加工贸易	420.1	−5.4	31601	13.3
其中：机电产品	542.9	−9.2	73657	12.2
高新技术产品	458.9	−8.3	54088	14.7

四、江西文化产品国际影响力有待提升

从江西省与周边 7 个省份新发明的文化制造产品出口情况来看,江西新发明文化制造产品出口量较少,文化产品出口结构有待升级。2020 年,全国文化制造业规模以上企业新产品出口额为 3285.71 亿元,江西文化制造业规模以上企业新产品出口额为 308.27 亿元,占全国的比重仅为 9.38%;而广东的出口额为 1276.59 亿元,占全国的 38.85%。可见,2020 年江西文化制造业规模以上企业新产品出口占全国比重偏低,远低于广东文化制造业规模以上企业新产品出口。因此,江西文化制造企业中新产品对外输出量偏少,国外市场占有率有待进一步提高(详见表 10-4)。

表 10-4　2020 年江西与周边省份文化新产品出口总量比较

地区	新产品出口总量(亿元)
全国	3285.71
浙江	321.22
安徽	72.97
福建	212.70
河南	22.67
湖北	23.15
湖南	27.699
广东	1276.59
江西	308.27

　　通过对近五年江西文化贸易进出口情况的分析,2021 年,江西在文化贸易出口总值方面有大幅度提升,但总量依旧不大,还有提升的空间,主要是因为江西在文化贸易进出口方面,多数为陶瓷文化的输出,其他优秀文化很少进行对外交流活动,例如江西源远流长的中医药文化、傩舞傩戏、油画、杂技等优秀文化还少有在国外广泛传播。"数字+文化"的新贸易方式还没有全面使用推广,运用数字技术的能力较弱(详见表 10-5)。

表 10-5　2017—2021 年江西文化贸易进出口情况

年份	进出口(亿元)	同比增长(%)	出口(亿元)	同比增长(%)	进口(亿元)	同比增长(%)
2017	138.25	40.59	137.67	41.48	0.58	−43.71
2018	133.44	−3.48	132.36	−3.85	1.07	83.56
2019	170.44	27.73	168.65	27.42	1.79	66.91
2020	163.84	−3.87	162.77	−3.49	1.07	−40.41
2021	267.64	63.35	266.40	63.66	1.24	16.26

第三节　强化对外开放重点地区合作

习近平总书记指出,以高标准、可持续、惠民生为目标,巩固"互联互通"合作基础,拓展国际合作新空间。江西对外开放具有左右逢源的地理优势,有党中央亲切关怀的政策优势。江西要利用地理优势和政策优势不断拓展开放空间,提升对外开放水平,全力推动江西由内陆腹地变为开放前沿,打造内陆双向开放新高地。

一、突出与"一带一路"国家合作

突出与"一带一路"国家合作丝绸之路经济带方向,依托新亚欧大陆桥、中蒙俄、中国—中亚—西亚、中国—中南半岛等国际经济合作走廊,推进与俄罗斯等10国的合作。以21世纪海上丝绸之路为方向,依托中巴、孟中印缅等国际经济走廊,推进与印度尼西亚等10国的合作,加强基础设施、矿产资源、轻纺建材农业开发等领域的合作;建立俄罗斯、斯里兰卡等境外江西商会。按照"企业主体、政府引导、开发区参与、金融支持"的原则,结合拓展"走出去"区域布局和实施国际经贸合作计划,以现有重点项目为基础,在马来西亚等国家建设10个涉及制造业、农业和商贸物流等领域的省级境外经贸合作区,带动江西省优势产业和富余产能集群式、链条式"走出去",并鼓励符合条件的申报认定国家级境外经贸合作区。

积极培育和发展境外(江西)商会,在境外不断扩大示范商会。依托江西省"走出去"企业的境外办事处,在更多国家和地区建设海外示范企业办事处。加强商务部国际官员研修(江西)基地建设,精心组织实施对外援助培训项目,打造江西与发展中国家经贸、科技和文化交流平台。加强省级对外劳务合作服务平台建设,做好人才储备,逐步向高端劳务发展。鼓励境外江西商会与我国驻所在国使(领)馆经商处(室)、金融机构、重要商协会、华人华侨组织和投资促进机构等建立交流合作机制,推动江西更广泛参与全球商贸战略布局。

二、深入推进与 RCEP 国家合作

不断拓展和深化与 RCEP 成员国的经贸合作,与 RCEP 成员国要素流动更

加自由,资源配置更加高效,市场融合更加深入,合作平台更加广阔,营商环境更加良好,合作关系更加紧密,与 RCEP 成员国经贸合作再上新台阶。引导和鼓励企业以 RCEP 实施为契机,进一步提升贸易和投资发展水平,扩大国际合作朋友圈,加速转型升级步伐,促进产业升级,增强参与国际市场竞争力。加强与 RCEP 国家和地区对外劳务合作,拓展工程承包市场,鼓励省内企业开展航空航天、装备制造、电子电器等领域的跨国并购,引导知名品牌、先进技术向江西集聚。建立 RCEP 国别商品税率对比清单,加深企业对 RCEP 重点国别关税减让的理解掌握。结合江西产业发展特点,加强市场分析研判,对接 RCEP 市场需求,引导和支持企业线上线下参加中国进出口商品交易会、中国华东进出口商品交易会、中国—东盟博览会、中国—东盟农业国际合作展等境内重点展会以及 RCEP 成员国重点展会,开拓 RCEP 成员国市场,打响"赣货通全球"品牌,巩固精深加工农产品、医疗器材和纺织、服装、鞋帽、箱包等传统产品出口优势,提高汽车及零部件、电子信息、新材料、新能源、家用电器等机电产品、高新技术产品出口占比。

三、加强与欧美发达国家合作

美国和欧盟是江西货物进出口贸易的主要国家,从表 10-1 可以看出,2021 年江西对美国和欧盟出口额占出口总额的 37%,江西对欧盟出口的商品第一大类就是机电产品,近三年受疫情影响,江西对欧美国家出口防疫物资的规模持续扩大。在数字经济席卷全球的大环境下,必须进一步主动对接发达国家,重点推进与欧美发达国家的合作,加强汽车、航空、生物医药等领域合作,大力开展电子信息、节能环保等行业的跨国投资并购;建设境外科技研发基地;建立境外江西商会,注重学习借鉴发达国家的管理经验和做法,增强政府在开放环境下事中事后监管能力,并为国家参与国际经贸规则的制定贡献江西智慧。加强省内高校、高职院校与发达国家的合作办学,选派优秀教师和优秀学生到国外去培训学习,提升教师的国际视野,将江西的文化输出到欧美国家的同时,引进欧美发达国家的先进教育理念。

四、扩大与西亚、非洲、拉美等国家合作

积极开拓西亚、非洲、拉美等新兴市场,综合考虑市场规模、贸易潜力等因

素,同时借助"一带一路"倡议红利,增加与第三世界国家的经贸与投资项目合作。积极推进与赞比亚、埃塞俄比亚、肯尼亚、赤道几内亚等传统非洲市场合作,重点在基础设施、农业、劳动密集型制造业、矿产资源等方面开展深度合作,推动建设矿产资源开采利用和生产加工基地、境外农业和经贸合作示范区。加强与巴西、阿根廷、智利等南美国家和沙特、阿联酋等中东亚国家在新能源、矿产资源等领域开展合作,支持晶科能源等企业在境外设立生产基地,开拓市场,提升市场占有率。

五、深化与港澳台地区合作

瞄准大湾区世界级制造业产业集群、战略性新兴产业集群和国际金融枢纽建设,积极布局承接产业基地和配套体系建设,促进产业互补联动发展。充分发挥港澳台作为 21 世纪海上丝绸之路建设支点作用,积极参与打造粤港澳大湾区,并辐射和对接东南亚国家,运用好泛珠三角"9+2"合作机制,依托香港、澳门与世界各国和地区经贸交往传统优势,推动赣港澳三地企业联手赴第三国开展投资,合作打造江西企业境外融资中心以及实施"走出去"战略的中转站和"桥头堡",发挥香港特别行政区"超级联系人"作用。把对接融入粤港澳大湾区与推进江西内陆开放型经济试验区建设结合起来,进一步补齐开放短板、激活开放元素,加快打造内陆双向开放新高地。充分发挥江西生态环境良好和交通便利的优势,坚持高质量"引进来"和高水平"走出去",不断创新招商方法和拓展招商领域,加强与粤港澳大湾区在先进装备制造、现代金融、文化旅游、商贸、现代物流等领域的交流合作,吸引更多世界 500 强、国内龙头企业来江西投资。

第四节　稳步拓展"走出去"业务

面对竞争日趋激烈的国际化局面,江西还要进一步拓展"走出去"业务,主动参与国际竞争和产能合作,推动对外承包工程高质量发展,促进对外劳务合作质效提升,创新文化贸易模式,拓展发展新空间,加大金融服务力度。

一、进一步推进对外承包工程

推动对外承包工程高质量发展,提升对外投资服务实体经济能力。不断健全走出去综合服务体系,为企业提供专业、法律、维权、安全等方面帮助。打造江西建设品牌。加强对标意识,补齐短板弱项,提升企业海外经营业绩和综合竞争力,打造以高质量、可持续、绿色环保等为内涵的"江西建设"品牌。开拓对外承包市场。围绕"一带一路"六大经济走廊,推进江西与"一带一路"国家和地区的多领域合作。落实中非合作"八大行动",巩固提升与非洲国家合作。务实推进与欧美日等发达国家合作。创新对外承包方式。鼓励企业以投资、建设、运营一体化等多种方式实施项目,逐步提高"建营一体化""投建营一体化"等业务模式的占比,提升江西承包工程企业产业链参与度及其在国际分工中的地位。推动项目可持续发展。实施对外承包可持续发展工程,引导和支持企业做好项目前期可行性工作,增强合规管理能力,完善安全管理制度、验收质量和环保标准,推进绿色和新型基础设施项目建设。

二、提升对外劳务合作质量效益

进一步培育壮大经营主体,引导劳务企业不断提升经营管理水平,增强国际市场开拓能力,拓宽外派劳务渠道。支持外派劳务企业和承包工程企业合作,通过项目带动和项目分包,促进对外劳务合作发展。利用职业教育培训资源优势,加大医护、计算机、海员、空乘等中高端劳务培育力度,提高劳务人员专业技能和综合素质,扩大技能型、知识型劳务外派规模,形成多层次、多领域的外派劳务人员结构。拓展对外劳务合作市场。完善双边合作机制,巩固日本、新加坡等传统市场,拓宽合作领域。支持企业做好风险管控,构建突发事件应急处置机制。完善对外劳务合作和对外援助平台。用好现有对外劳务服务平台,打造中高端劳动培训基地。加大外派劳务人员合法权益保护,畅通外派劳务纠纷处置渠道。探索中高端劳务发展新模式,与有实力且外派经验丰富的中高端劳务企业合作共建,对口高端劳务业务。鼓励省内职业教育院校与外派劳务机构合作,建设中高端劳动培训基地,提高劳务人员专业技能和综合素质。规范外派劳务市场秩序,保障外派劳务人员合法权益。

三、提升"走出去"产业层次

发挥好江西对外投资合作企业协会作用,带动江西企业抱团发展,化竞为合、分工合作、优势互补,带动上下游产业协同发展,集群式"走出去"发展。持续扩大装备制造、电子信息、纺织服装、有色金属、钢铁、石化、汽车等主导产业外贸规模。

（一）大力提升制造业"走出去"水平

以江铃集团等 10 家制造业企业为龙头，重点推进汽车及零部件、钢铁、建材、绿色照明等产业开展国际产能合作，鼓励企业设立境外科技研发基地，提升江西省制造业发展水平；鼓励企业开展跨国并购，并将知名品牌、先进技术等优质资源向省内适度转移；在东南亚、中亚和非洲建设加工制造型经贸合作区，促进江西优势产业和富余产能集群式"走出去"。

（二）持续扩大农业"走出去"范围

以正邦集团等 10 家农业产业化企业为龙头，重点在俄罗斯及一些非洲国家和地区开展规模种植、畜牧养殖、粮食仓储加工、温室农业大棚等合作，加强粮食、油料、木材、水果、蜂蜜、牛羊肉和乳制品加工等方面的合作。以多个农业示范中心和赤道几内亚示范农场等项目为依托，建设农业产业型境外经贸合作区。

（三）深入推进矿业"走出去"领域

以省地矿局等地质勘探单位为技术支撑，以江西铜业集团公司等 10 家矿业企业为龙头，在俄罗斯及非洲、中亚、西亚、南美等地区，重点开展铜、铁矿石、镍等矿产资源的开发合作，建立境外生产加工基地和资源利用型经贸合作区，积极开展水电、火电等能源的开发合作，有序推进风能、太阳能等新能源合作。

（四）优化建筑业"走出去"合作模式

围绕"一带一路"六大经济走廊建设和中非"三网一化"合作，以江西国际经济技术合作公司等 10 家对外承包工程企业为龙头，重点加强房屋建筑、交通水利通信、工业安装等领域的合作；实施"建营一体化"，推动工程承包与技术服务和管理运营相结合。大力推进"贷款换资源""工程+融资""工程+投资"等合作模式，促进对外承包工程转型升级；鼓励企业在同等条件下优先选用江西产品和服务，提高承包工程综合效益，打响"江西建设"国际品牌。

（五）强化服务业"走出去"配套能力

以江西省旅游集团公司等 10 家服务业企业为龙头，重点加强旅游产业和文化创意产业合作；推进商贸物流、中医药、电子商务等服务业"走出去"，增强江西企业参与国际合作的整体配套能力；在东南亚、中业、非洲、中东欧建设商贸物流型经贸合作区。

四、加快推进对外文化贸易

（一）提升重大经贸活动平台功能

积极举办世界绿色发展投资贸易博览会、世界VR产业大会、世界赣商大会、江西对接粤港澳大湾区经贸合作交流活动、中国景德镇国际陶瓷博览会、江西省与跨国公司(上海)合作交流会、赣台经贸文化合作交流大会、药交会等重大经贸活动,打造江西连接世界的窗口和洽谈项目的平台。充分利用中国国际进口博览会、中部投资贸易博览会、东盟博览会、厦洽会等国家级平台,宣传推介江西投资环境和项目,促进产业合作、项目对接和科技交流。

（二）培育重点文化贸易主体

鼓励企业用好各类出口平台和海外营销渠道,加大对创意陶瓷、传统雕刻等具有江西特色的重点企业和项目的扶持。鼓励海外资本和民间资本来赣投资,采取合资、合作、重组、并购等方式开展合作,培育一批产品优特、主业突出、核心竞争力强的文化企业。支持符合条件的文化出口企业开展管理体系认证、产品认证、境外专利申请、国际市场开拓、电子商务、境外广告和商标注册、文化贸易培训、境外收购技术和品牌等工作,扶持一批本土文化贸易企业做大做强。引进一批投资规模大、带动作用强、示范效应好的外向型文化企业和机构,进一步扩大和提高文化出口的规模和质量。

（三）积极实施文化企业"走出去"战略

鼓励有实力的文化企业开展对外文化贸易,培育一批竞争力强的外向型骨干文化企业,打造一批具有国际影响力的江西文化品牌和文艺精品。支持文化宣传单位在海外实施公司化运作、本土化战略、全媒体发展。依托海外华校、孔子学院、文化交流中心,开展人文交流。大力开展文化艺术交流,配合丝绸之路经济带、海上丝绸之路建设,推动文艺院团、非物质文化遗产、文博项目等赴海外、境外演出和展览。鼓励文化企业、机构等开展对外合作。组织企业参加境内外优质展会,先后组织并支持全省重点文化贸易企业参加中国(北京)国际服务贸易交易会、中国(上海)国际技术进出口交易会、海峡两岸文化创意产业展、东盟博览文化展等重点展会;还组织企业赴澳大利亚、新西兰、西班牙、法国、德国等地开展招商推介,帮助企业开拓国内外市场。鼓励和引导银行业金融机构加大对文化企业和项目"走出去"的融资支持力度,积极创新金融服务产品,在授信额度、贷款条件、审批流程、抵押质押和对外担保、财务顾问等方面给予优惠和支持,推进江西符合条件的文化企业上市融资。充分发挥出口信用保险的政策性保险作用,完善支持文化贸易企业"走出去"的保障机制,扩大承保规模,增强文化贸易企业的抗风险能力。积极推动社会投资机构与文化贸易企业合作发展。推动各类文化贸易企业向园区集聚,补齐上下游文化产业链,进一步做大规模和总量。通过科学规划、政策引导、合理规范,使基地和园区成为文化贸易企业的孵化器、文化企业快速成长的助推器、文化产业集约发展的大平台。

(四)不断加强知识产权保护

江西近年来不断加强文化企业、产品知识产权保护,严厉打击侵权、盗版等行为。支持文化企业开展涉外知识产权维权工作,加强对外文化贸易公共信息服务,及时发布国际文化市场动态和国际文化产业政策信息。引导文化出口企业提升知识产权创造、运用、保护和管理能力。鼓励企业积极参与有关国际技术标准制定。

五、大力发展"走出去"新业态

(一)加快发展跨境电商

加快国家级跨境电商综试区建设,探索创新跨境电商相关环节的技术标准、业务流程、监管模式等。扶持和培育一批外贸综合服务企业,加强其通关、物流、退税、金融、保险等综合服务能力。鼓励本地跨境电商企业加强与国际物流公司、国外线上线下销售平台合作,以直购模式和保税备货模式开展跨境电商业务。推进南昌、赣州、九江、景德镇、上饶跨境电商综试区创新发展,以及南昌、赣州、九江、吉安等跨境电商零售进口试点城市建设,鼓励各地复制推广成熟经验做法,促进跨境电商高质量发展。办好中国(江西)跨境电商发展大会和中国陶瓷产业贸易数字化大会,加大跨境电商产业链龙头企业引进培育力度,推进跨境电商产业园建设,引导江西跨境电子商务产业规模化、标准化、集聚化、规范化发展,营造优质跨境电商生态圈。

(二)创新服务贸易发展

深耕服务贸易重点领域,引导江西中医药、文化产品等优势产业服务贸易发展,促进产品、技术、服务的"全产业链出口",打造"江西服务"品牌。积极融入全球服务贸易市场网络布局,提升传统服务贸易竞争力,加快发展知识密集型服务贸易,培育特色服务贸易竞争新优势。鼓励和支持各地培育和壮大外贸综合服务企业,为企业提供与跨境电商相关的报关、检验检疫、出口退税、收付汇、出口信用保险等外贸综合服务。依托南昌、赣州、九江、井冈山综合保税区,加大加工贸易承接力度,发展保税维修、加工和物流等业务。

(三)积极发展保税贸易

推进以综合保税区为起点的物流线路建设,完善和延伸保税仓储、配送分拨、中转通关、分拣包装、出口加工、产品展示、国际采购、入区退税等保税和物流增值服务。重点吸引以欧洲、中西亚为目标市场的外向型加工制造企业入区落户,发展精加工产品出口业务。支持洪城大市场、景德镇陶溪川等符合条件的专业市场纳入国家市场采购贸易试点。

加快贸易数字化发展。深入实施"物理围网+电子账册+智慧卡口"数字化综合监管模式,探索形成以数据驱动为核心、以平台为支撑、以商产融合为主线的数字化、网络化、智能化贸易发展模式,推动企业提升贸易数字化和智能化管理能力,大力提升外贸综合服务数字化水平,推进数字化综合监管制度创新。

六、加大金融保险支持"走出去"力度

支持企业用好中长期出口买方信贷、海外投资和国际工程承包贷款等金融产品和服务,为企业化解和分担因疫情导致的拓展国际市场的压力。加强与开发性、政策性金融、保险机构的对接,争取其加大对江西企业走出去支持力度。鼓励有关机构与江西省发展升级引导基金合作,为企业走出去项目设立专项基金。加大对企业购买各类保险保费的支持力度,防范境外风险。

第十一章
推动开放平台创新发展

开放型经济平台,能够对区域经济发展起到聚集与辐射作用,带动一个地区经济快速发展,它也是江西开放型经济发展中不可或缺的重要环节。加速江西开放型经济高质量发展,就必须提升开放平台品质,完善开放平台功能,全面提升全省开放平台基础设施保障水平,进一步加强信息化体系建设、监管设施和监管体系建设,加大专业人才和管理团队的培育和引进力度;要充分发挥国家级新区、经济技术开发区、高新技术开发区、综合保税区等各类开放平台的集聚作用,有的放矢地推动各开放平台加快发展。要充分发挥铁海联运、国际快件、公路口岸等已有开放平台的功能和作用,围绕跨境电商发展加快建设电子口岸公共信息平台、跨境电商快速通关系统等平台和系统,加快培育开放型经济的新业态、新增长点。

第一节　江西省开放平台发展现状

截至 2021 年底,江西省共有各类开发区 107 个,其中国家级新区 1 个(赣江新区),国家级经开区 10 个(该数量居全国第 5 位,中部第 2 位),国家级高新区 9 个(该数量居全国第 5 位,中部第 2 位),海关特殊监管区域 4 个,跨境电子商务综合试验区 5 个。此外,有全国加工贸易承接转移示范地 1 个,国家级加工贸易梯度转移重点承接地 5 个,国家科技兴贸创新基地 6 个,国家外贸转型升级示范基地 12 个。

一、经济技术开发区

经济技术开发区是中国最早在沿海开放城市设立,实行某些较为特殊的优惠政策和措施,以外来投资拉动为主,产业以制造加工业为主的经济区,后扩大到全国各省。1984 年,国务院批准在沿海 12 个城市设立了首批 14 个国家级经开区。随着对外开放的深入,国家级经开区布局不断向内陆扩展。截至 2021 年 9 月,我国共有国家级经济技术开发区 230 个。江西省国家级经济技术开发区情况详见表 11-1。

表 11-1　江西省国家级经济技术开发区情况一览表

名称	审批时间	面积 (平方公里)	主导产业
南昌经开区	2000.4	158	电子信息、汽车及零部件、医药
九江经开区	2010.3	140	新能源、电子电器、汽车及零部件
赣州经开区	2010.3	219	新材料、新能源汽车、电子信息
井冈山经开区	2010.3	46.5	电子信息、机械、生物医药
上饶经开区	2010.11	100	光伏、光学、汽车
萍乡经开区	2010.12	180.2	新材料、装备制造、医药、食品
南昌小蓝经开区	2012.7	185.43	汽车及零部件、食品饮料、生物医药
宜春经开区	2013.1	61	机电、医药、新材料
龙南经开区	2013.3	40	新材料、电子信息、轻工
瑞金经开区	2013.11	43	电气机械器材、食品、服装纺织

二、高新技术产业开发区

高新技术产业开发区是各级政府批准为发展高新技术而设置,促进科研、教育和生产结合的智力密集和技术密集经济区域。1988 年,北京市新技术产业开发试验区率先批准成立。1991 年以来,作为在知识与技术密集的大中城市和沿海地区建立的高新技术产业开发区事业蓬勃发展,截至 2021 年 9 月共有 169 个国家级高新技术产业开发区。江西省国家级高新技术开发区情况详见表 11-2。

表 11-2　江西省国家级高新技术开发区情况一览表

名称	审批时间	面积（平方公里）	主导产业
南昌高新技术产业开发区	1999.11	286	生物医药、电子信息、新材料
新余高新技术产业开发区	2010.11	100	新能源、钢铁装备、新材料
景德镇高新技术产业开发区	2010.11	50	航空、家电、化工
鹰潭国家高新技术产业开发区	2012.8	43	铜基新材料、绿色水工、智能终端
抚州高新技术产业开发区	2015.2	60	汽车及零部件、生物制药、电子信息
吉安高新技术产业园区	2015.9	100	电子信息、精密机械、绿色食品
赣州高新技术产业园区	2015.9	125	钨新材料、稀土、食品
丰城高新技术产业园区	2018.3	4.28	精品陶瓷、新型能源、机械电子、再生金属、生物食品
共青城高新技术产业园区	2018.3	2.93	现代纺织产业、电子信息、新能源新材料、高端智能制造

三、国家级新区和各省市所属新区

国家级新区是由国务院批准设立,承担国家重大发展和改革开放战略任务的综合功能区。1992 年 10 月 11 日,上海浦东新区成立,当时为副省级市辖区,浦东的积极示范效应展现后,更多新区相继成立,截至 2021 年 9 月全国共有 19 个国家级新区。2016 年 6 月 6 日,国务院批复设立赣江新区,这是第 18 个国家级新区。包括南昌经济技术开发区、南昌临空经济区和九江市共青城市、九江市永修县的部分街道、乡镇,规划范围 465 平方公里,2017 年常住人口约 70.2 万人,地区生产总值 582.3 亿元,规模以上工业营业收入 1982.8 亿元,财政总收入 101.2 亿元,固定资产投资 1070.8 亿元,是中部地区发展基础较好、发展潜力较大的区域,具备加快新型工业化和新型城镇化融合发展的优越条件。此外,各设区市还根据本地经济社会发展情况设立了市属新区,如南昌市的红谷滩新区、九江市的八里湖新区、赣州市的蓉江新区、宜春市的宜阳新区、鹰潭市信江新区、抚州市东临新区、吉安市庐陵新区、景德镇市昌南新区等。

四、江西内陆开放型经济试验区

2020 年 4 月 6 日,国务院批复设立江西内陆开放型经济试验区,定位为内陆双向高水平开放拓展区、革命老区高质量发展重要示范区、中部地区崛起重要支撑区。并确定集中力量打造南昌、赣州、九江、上饶四大开放门户。

五、跨境电子商务综合试验区

中国跨境电子商务综合试验区是中国设立的跨境电子商务综合性质的先行先试的城市区域,旨在跨境电子商务交易、支付、物流、通关、退税、结汇等环节的技术标准、业务流程、监管模式和信息化建设等方面先行先试,形成可复制、可推广的经验。2015 年 3 月 7 日,国务院同意设立中国(杭州)跨境电子商务综合试验区,到 2022 年 1 月 22 日,国务院同意设立六批 132 个跨境电子商务综合试验区,其中江西省设立了南昌跨境电子商务综合试验区、九江跨境电子商务综合试验区、赣州跨境电子商务综合试验区、景德镇跨境电子商务综合试验区、上饶跨境电子商务综合试验区 5 个跨境电子商务综合试验区。

六、海关特殊监管区域

海关特殊监管区域是经国务院批准,设立在中华人民共和国关境内,赋予承接国际产业转移、连接国内国际两个市场的特殊功能和政策,由海关为主实施封闭监管的特定经济功能区域,主要分为综合保税区、保税区、保税港区和出口加工区。截至 2021 年底全国共有海关特殊监管区域 168 个。江西省在南昌、赣州、九江、吉安设立四个保税区,这些保税区是由原出口加工区转化而来的(详见表 11-3)。

表 11-3　江西省海关特殊监管区一览表

保税区	批准设立时间	面积(平方公里)	经济运行现状
南昌综合保税区	2016.2	1	南昌综合保税区着力于发展电子通信、生物医药、商贸物流和保税服务四大主导产业,重点发展展示贸易、名品折扣、跨境电商、信息服务和检测维修等业态,打造昌九地区的信息产业基地和多业态综合一站式体验式消费中心,打造南昌开放型经济新平台。高新片区已落户富港电子(南昌)有限公司、鑫陇科技(南昌)有限公司、荣晶(南昌)科技有限公司、合顺(南昌)光电科技有限公司、友联达光电科技(江西)有限公司、南昌欧菲光多媒体新技术有限公司等企业 35 家,以光电产业制造为主,按照"网内网外互动、区内区外协同"的理念,为加速"引爆"综保区,南昌综保区空港片区引进了与德智能制造科技园、移动云计算数据中心、跨境商品展示交易中心、中江保税仓、驰盛现代物流园、国微标准厂房等项目落户。2020 年度综合保税区发展绩效评估结果大幅上升 30 位,首次挺进中西部 A 类区行列。2021 年南昌综合保税区进出口总值达 212.6 亿元,首次突破 200 亿元大关。其中进口 89.4 亿元,出口 123.2 亿元,均创新高。

续表

保税区	批准设立时间	面积（平方公里）	经济运行现状
赣州综合保税区	2014.1	4	赣州综合保税区大力推进智能终端、进境粮谷、跨境电商等特色产业。进境粮谷方面，围绕构建"1+N"粮谷产业体系，加快项目建设落地，已引进美优生物、驿路粮谷、播恩生物、菁山农业、日田农业等粮谷加工项目落地。智能终端方面，已落户锐晶科技、蓝芯、海富莱等企业18家。跨境电商方面，成功开通"1210""9710"业务模式；高标准规划建设集跨境电商产业孵化、展示交易、商务办公、商业配套于一体的自贸小镇。引进跨境电商企业40余家，跨境商品品类超600余种。多多国际云仓、菜鸟国际中心仓已相继入驻。2021年，赣州综合保税区实现外贸进出口120.28亿元，迈上百亿元台阶，是2020年外贸进出口总量的3.8倍。
九江综合保税区	2018.9	4.5	九江综合保税区集保税区、出口加工区、保税港区、保税物流园区功能于一体的海关特殊监管区域，可以发展加工装配、仓储物流、国际中转、研发制造、检测维修、转口贸易等国际业务，利用昌北国际机场、铁路、港口等基础设施优势，发展空港联运、保税多式联运，重点支持电子电器、高端装备制造、新能源新材料、节能环保及新能源汽车加工制造业和跨境电商、仓储物流等现代服务业。九江综合保税区按照"境内关外、高度放开、区港联动、协调发展"的模式，全面打造开放层次高、优惠政策多、功能条件齐、通关效率高的特殊开放区域，承接自由贸易试验区的各项新政策。2021年新签约项目6个，投资金额达12.87亿元，实现进出口额73亿元。

续表

保税区	批准设立时间	面积（平方公里）	经济运行现状
井冈山综合保税区	2020.4	2.25	井冈山综合保税区围绕建设赣中地区加工制造中心、保税物流中心、电子产品检测维修基地和跨境电商基地"两中心、两基地"，聚焦"保税加工、保税物流、保税服务"三大主业，打造发展最集约、特色最鲜明、服务最优、效益最好的"四最"综合保税区。区内现有 20 万平方米的标准厂房 13 栋、4.8 万平方米仓库 5 栋，以及 7000 平方米的查验场地；现有企业 33 家，其中加工制造类企业 6 家，跨境电商类企业 19 家，检测维修企业 1 家，保税物流（综合服务）类企业 6 家。2020 年，井冈山综合保税区实现进出境贸易额 3.14 亿美元，同比增长 393%；实现进出区贸易额 6.7 亿美元，同比增长 136%，全国排名前移近 20 位。

七、国家科技兴贸创新出口基地

国家科技兴贸出口创新基地是在商务领域围绕建设创新型国家的战略任务，加强贸易与产业结合，推动自主创新的具体体现。2021 年底，经商务部和科技部认定，江西共有南昌高新技术经济开发区（光机电一体化）、江西省新余经济技术开发区、赣州经济技术开发区、江西省井冈山经济技术开发区、鹰潭市（新材料）、上饶市信州区（光机电）6 个科技兴贸创新出口基地。

八、国家外贸转型升级示范基地

国家外贸转型示范基地是国家和地方重点扶持和发展的集生产和出口功能为一体的产业集聚体，是培育信息、营销、品牌、质量、技术、标准、服务等出口竞争新优势的重要载体，是促进外贸发展方式转变和优化出口商品结构的重要抓手。示范基地分为专业型、企业型、综合型三类。截至 2021 年底江西有江西省上饶市茶叶基地、江西省鹰潭市眼镜基地、江西省赣州市家具基地、江西省南昌市针织服装基地、景德镇市陶瓷基地、萍乡市芦溪县电瓷基地、江西省南昌小蓝经济技术开发区国家外贸转型升级基地(汽车及零部件)、江西省萍乡市湘东区国家外贸转型升级基地(工业陶瓷)、江西省九江经济技术开发区国家外贸转型升级基地(电子电器)、江西省乐平工业园区国家外贸转型升级基地(精细化工)、江西省龙南市国家外贸转型升级基地(电子信息)、江西省樟树市国家外贸转型升级基地(金属家具)。

九、江西海峡两岸产业合作区

2020 年 2 月,国台办、国家发改委、工信部、商务部等四部委以"一区三园"模式联合批准在江西设立海峡两岸产业合作区,主要包括:南昌产业园(南昌高新技术产业开发区)、赣州产业园(赣州经济技术开发区、定南工业园区)、吉安产业园(井冈山经济技术开发区)。两年多来合作区取得了积极成效,截至 2022 年 9 月,合作区共落户台资企业 83 家,实际进资 11.6 亿美元,2021 年实现营业收入约 110 亿元,较 2020 年增长 21.9%。

十、口岸平台

4 个国家一类口岸,即昌北航空口岸、九江水运口岸、赣州港陆路口岸和向塘国际陆港,7 个功能性口岸。

十一、其他开放平台

有全国加工贸易承接转移示范地 1 个,即江西赣州加工贸易承接转移示范地;全国承接产业转移示范区,即江西赣州承接产业转移示范区;国家级加工贸易梯度转移重点承接地 5 个,即南昌市、赣州市、吉安市、上饶市、宜春市。

十二、重大活动平台

主要有世界绿色发展投资贸易博览会、世界赣商大会、世界 VR 产业发展大会、中国景德镇国际陶瓷博览会、江西樟树全国药交会、赣港经贸合作交流会、赣京经济合作交流会、赣深经贸合作交流会、赣台经贸文化合作交流大会、江西省与跨国公司(上海)合作交流会、中国赣菜美食节等(详见表 11-4)。

表 11-4　江西省开放型经济重大活动平台

序号	活动平台	活动内容
1	世界绿色发展投资贸易博览会	2009 年,江西成功举办了首届世界低碳与生态经济大会暨技术博览会。随后,又分别于 2011 年和 2014 年举办了第二届和第三届世界低碳大会,2016 年第四届世界低碳大会更名为世界绿色发展投资贸易博览会。2018 年第五届世界绿色发展投资贸易博览会以"迈入高质量绿色发展的新时代"为主题,开展论坛讨论、展览展示、投资合作、贸易促进等系列活动。
2	世界赣商大会	举办世界赣商大会是重振"江右商帮"历史荣光的有力举措。世界赣商大会打造成为江西省委、省政府支持赣商创业创新发展的重要战略平台,成为江西经济和江西人经济发展成果的展览展示平台,成为海内外赣商联络感情、共谋发展的对话交流平台,成为促进赣商回归的投资合作平台,成为推进江西对内对外双向开放的国际化平台。
3	世界 VR 产业发展大会	世界 VR 产业大会先后举行开幕式、主旨演讲、主论坛、产业对接会和平行论坛等一系列活动。大会由工业和信息化部、江西省人民政府联合主办。
4	中国景德镇国际陶瓷博览会	景德镇国际陶瓷博览会是为展示景德镇瓷器产品及宣传景德镇陶瓷文化而定期举办的一种商贸活动。第一届博览会于 2004 年 10 月举办。2021 年中国景德镇国际陶瓷博览会以"打造更大体量的产品交易平台、更具实效的投资促进平台、更高品位的人文交流平台、更加出彩的开放合作平台"为目标,策划了"一会、两展、两发布、十大活动",共有 30 多个国家和地区的客商团组、800 多家企业线上线下参展。
5	江西樟树全国药交会	樟树药交会为"中国药都"——樟树市举办,1958 年经国务院批准的三个药交会之一,樟树药交会的到会人数、成交(订单)金额及在全国药商中的影响力历来是三个药交会之首。樟树药交会已由单一的药材药品交易逐渐转变为由商贸、文化、学术交流融于一体的综合性展会,成为全国医药厂商展示企业形象、开展技术交流、促进产品交易的有效载体。

续表

序号	活动平台	活动内容
6	赣港经贸合作交流会	对江西进行整体宣传推介,包括江西重点产业集群、环境优势和发展潜力等,以深度对接并融入粤港澳大湾区。我们以"三请三回""三企"入赣为主线,邀请粤港澳大湾区行业龙头企业代表、重点商协会代表、有投资合作项目及合作意向的重点企业代表等参会,开展互动交流。现场集中签约一批质量较高、近期可落实的投资合作项目。
7	赣深经贸合作交流会	赣深两地不断深化合作内容,拓宽合作领域,提升合作水平,取得丰硕成果。2018 年以来,双方新签约投资合作项目 240 余个,投资总额超1400 亿元。
8	赣台经贸文化合作交流大会	"赣台会"由国务院台湾事务办公室和江西省人民政府共同主办,江西省人民政府台湾事务办公室和吉安市人民政府具体承办。大会以"开放合作·融合发展"为主题,按照精准发力、务求实效的要求,同时举行三项专题活动,分别为海峡两岸产业合作区暨青年发展论坛、全国台湾同胞投资企业联谊会常务理事会和赣台农业专题推介会。
9	江西省与跨国公司(上海)合作交流会	2021 年 11 月 3 日下午,江西省在上海成功举办 2021 江西省与跨国公司(上海)合作交流会,该活动已连续六年举办。会上举行了项目签约仪式,共达成签约项目 34 个,合同总金额 34.88 亿美元。福特汽车、麦格纳、林德、阿斯利康、爱立信、爱特思、雀巢、赛默飞世尔等世界500 强参会。
10	中国赣菜美食节	赣菜美食文化节及展销会,汇聚各类特色赣菜美食,吸引八方吃货,也吸引了大批餐饮商家的响应,各式各样赣菜名菜、名小吃一应俱全,人们可以一站式品尝到萍乡及省内其他各市的特色美食。

第二节 推动开发区转型升级

一、提升开发区自主创新水平

加快构建以企业为主体、产学研相结合的开发区技术创新体系,强化企业技术创新主体地位,鼓励企业创建技术中心、工程(技术)研究中心、重点(工程)实验室、院士工作站、技术创新示范企业等,提高企业研发机构比例,形成高层次人才和实用技能人才配备有序的创新团队。促进科技成果向现实生产力转化,为传统产业转型升级提供重要支撑。支持企业通过引进技术,加强消化吸收再创新能力,在关键核心技术上取得突破,切实提高企业核心竞争力。加快发展科技服务业,搭建成果转化平台,活跃技术市场,推进专利技术在园区的转化,促进园区产业转型升级。

发挥企业主体作用,依托龙头企业,围绕重点产业和关键技术,实施重点创新产业化升级工程,打造有本土特色的创新中心;以智能制造为主攻方向,加快推进信息技术与制造技术、互联网与制造业的融合创新,提高研发、生产、管理、服务等环节信息化管控水平,推动传统产业转型升级。

二、促进开发区产业转型升级

根据各开发区资源禀赋、产业基础和环境容量等确定重点发展产业,全面实施"2+6+N"产业跨越式发展五年行动计划,积极创建制造业高质量发展国家级示范区,培育发展先进制造业产业集群。深入实施新兴产业倍增工程,开展科技型企业梯次培育行动,支持开展境内外产业集群式转移试点。深入践行绿色发展理念,严守生态保护红线,积极稳妥化解过剩和淘汰落后产能,大力发展绿色低碳循环经济,推进传统产业转型发展、绿色发展。

做优做强做大优势产业。拓展虚拟现实、移动物联网、人工智能、分享经济的应用范围,加快5G基础设施建设和应用拓展,做优做强做大江西航空、电子信息、装备制造、中医药、新能源、新材料等优势产业。大力发展数字经济,支持上饶、鹰潭、抚州争创国家数字经济示范区。深化"互联网+先进制造业",实施"万企上云"计划、智能制造"万千百十"工程,推进大数据开放共享。优化引进为先进制造配套的金融保险、商贸物流、电子商务、技术研发、会计审计、信息科技等服务业;积极引进检验检测、知识产权服务、融资租赁、商业保理、会展业以及基于互联网的平台经济、文化创意、工业设计等新兴业态。

三、推进区域合作园区建设

打好"对接粤港澳"、融入"一带一路"两张牌,利用国际国内两个市场、两种资源,以开放促进开发区经济升级,突出开发区开放主阵地作用,努力把开发区打造成新兴产业聚集区、创新驱动策源地和对外开放标志性区域。强力推进赣江新区、江西互联网金融产业园、赣闽合作产业园、赣湘边区经贸合作产业园、赣粤产业合作示范区、赣浙(玉山)边际生态产业示范区、赣津合作产业园、赣州"三南"园区一体化暨赣粤电子信息产业带等特色园区建设和跨省合作对接,发挥开放龙头的示范带动作用。加强国外发达地区开发区与江西开发区结对共建,采取飞地经济、联合共建、委托管理等多种方式,探索建立国际合作园区和飞地园区,推动建立"国别+产业"园区,如"中法绿色能源产业园""中英绿色金融产业园""中加绿色建筑科技产业园""中德高端制造产业园"等。

第三节 着力强化进出口平台建设

一、打造更高水平对外开放平台

以内陆开放型经济试验区建设为契机,聚焦江西特色优势和发展需要,争创江西国际农产品贸易中心,支持发展世界电子贸易平台(e-WTP),推动设立江西国家大数据综合试验区、革命老区高质量发展综合示范区、中国科学院先进技术研究院(江西)、江西国家数字经济创新发展试验区、江西国家康养旅游示范区、江西国家中医药综合改革示范区等平台,通过江西联合股权交易中心推出"全球海外留学回国人员创新创业板"。推广赣江新区绿色金融改革创新试验区建设做法,推动南昌、九江、赣州、上饶争创绿色金融改革创新试验区。

二、提升重大经贸活动平台

深化"联海""联江""联边"等区域合作交流。大力开展"三请三回"和"三企"入赣,提升赣深赣港会、瓷博会、药交会等活动实效,重点抓好世界 VR 产业大会、世界绿色发展投资贸易博览会、世界赣商大会、中国中部投资贸易博览会、中国国际农产品交易会等重大招商活动,积极参加中国国际进口博览会、中国绿色食品博览会、中国景德镇国际陶瓷博览会等国家级重大经贸活动,加快发展会展经济,扩大江西的知名度和美誉度。

三、探索经贸服务平台新模式

大力促进"互联网+"产业发展、"大众创业万众创新"中的制造服务深度融合、服务到服务跨界融合等新型服务行业的外资引入,鼓励扶持科技研发、创意设计、营销策划等智慧产业及海外高层次人才、团队领军的创新创业项目。适度引进外资,推进融资租赁、商业保理等新型金融行业健康发展,加快形成产业集聚、发展有序、功能互补、有力服务地方经济的发展格局。探索"互联网+大数据+外贸综合服务"平台新模式,为中小企业对外贸易提供全链条服务。

四、建设高水平海关特殊监管平台

加快南昌、赣州、九江、井冈山综合保税区建设。推进综合保税区与江西国际内陆港,航空口岸互联互通及一体化发展。大力发展临港经济新业态,发挥口岸聚集功能,助推南康家具等产业发展。依托进境木材监管区和获批指定口岸,推进进口木材交易集散中心、进口肉类和进口汽车等区域性商贸中心建设。做好口岸服务保障,推动赣南蔬菜、奉新猕猴桃、广昌莲子、赣南脐橙产业对外贸易快速发展,打造赣南脐橙、奉新猕猴桃、广昌莲子等国际化品牌。

第四节　打造国际化、便利化口岸环境

一、加快拓展水运通道

持续打通水上通道,支持加密长江水运内支线航班,加强九江港、赣州国际陆港、上饶港、宜春港等与东南沿海港口的合作,推进开行九江至上海和重庆的江海直达班轮,开行国际直航航线。加强加密九江与武汉、安庆、南京等地的班次,增加与长三角主要港口货运航线,推动江海直达、江海联运、通江达海;推进

与深圳盐田港、广州港等口岸对接合作,实现与大湾区重点港口的协同发展、互联互通。

二、贯通陆上经济走廊

打通路上通道,强化赣州、南昌、上饶与深圳、广州、厦门、宁波等沿海港口的合作,大力发展铁海联运,开通或加密"五定班列"。建设中欧班列集散中心,增加服务赣欧班列双向对开、常态运行,支持赣欧班列开行中亚五国、中东欧等国家精品线路。继续开行好成都、昆明、海南等内贸班列,打造"粤(闽)—赣—欧"国际贸易新通道,新开通西安、河北香河、郑州等地专列线路。用好用活各项政策,加大中欧、中亚班列的开行力度,加大与俄罗斯等国家的合作,深入对接融入"一带一路"。加强与海关等部门的对接沟通,强化工作力度,加快实现江西省港口与厦门、广州、宁波、上海、满洲里、阿拉火山、二连浩特、霍尔果斯等沿海沿边口岸的全面直通。整合全省及周边的出口货物资源,加强运营,统筹全省资源通过内陆港进出,做旺做强中欧班列(江西)集散中心。

加快构建南昌"米"字形、其他区域中心城市"十"字形高速铁路枢纽,填补赣西北、赣东南快速铁路空白,形成全省"五纵四横"高铁网架构。推动构建"十纵十横"高速公路主骨架,推进普通国省道与高速公路、农村公路互联互通。

三、打造空中经济廊道

打通空中通道,支持南昌昌北国际机场增开加密南昌至香港、北京等重要枢纽城市航班,深化与日韩、东南亚、非洲、欧洲等地的联系,支持新增航线、加密航班,加快昌北国际机场智慧航空物流中心建设。探索空域和航空资源改革、开放第五航权,逐步形成南昌与东亚、东南亚国内主要城市"3 小时航空交通圈"与全球主要城市"12 小时航空交通圈"。增强航空枢纽功能。构建通达全球航空运输网络体系,推动南昌临空经济区、赣州临空经济区创建国家航空港经济综合实验区。

四、构建现代国际物流网络

打通网上通道,在通信网络基础设施上加快与东盟、"一带一路"国家(地区)互联互通,争取在江西建立"一带一路"区域贸易数据中心,做优做实江西数字外贸平台,促进跨境电商、国际邮件、国际快件加快发展。支持将南昌打造成为国际综合交通枢纽,推进建设"一带一路"重要航空货运基地、赣江新区多式联运中心、向塘铁路公路物流枢纽。支持九江建设江海直达区域性航运中心,推进九江港水运口岸扩大开放,提高基础设施支撑能力,深化昌九两港一体化发展。将赣州建设为对接粤港澳大湾区的先行区和国际货物集散地,积极争取赣州国际港列入国际陆海贸易新通道的重要节点,推进赣州无水港二期工程和赣江货运码头建设,大力发展铁海联运,打造枢纽型对外开放综合体。支持上饶打造长三角沿海港口的内陆港,发挥上饶的门户区位优势,向东发展铁海联运。

第五节　推进国家内陆开放型经济试验区建设

一、国内内陆开放型经济试验区建设现状

2012 年 9 月和 2016 年 8 月,国务院先后同意宁夏、贵州设立省域范围的内陆开放型经济试验区。凭借这项国家战略,近年来,宁夏和贵州试验区结合本省实际,在基础设施先行、产业支撑、平台聚力、特色创新等方面先行先试,走出了一条可借鉴、易复制的内陆开放型经济发展新路子,对于促进地方经济发展取得了良好的成效。

（一）基础设施先行

宁夏打通立体化陆、空、网开放大通道,截至 2021 年底,银川河东国际机场开通运营国际航线 8 条、国内航线 98 条。稳定运营宁夏至中亚、西亚国际货运班列,累计发运 182 列 7649 车次,宁夏产品源源不断地进入中亚、西亚、欧洲市场。开辟了网上丝绸之路,中阿技术转移综合信息平台系统上线运营以来,采集收录中阿技术供需数据 70 多万项,相继在 5 个阿拉伯国家建立了技术转移中心。

贵州打造内通外联大通道,成为西部重要枢纽。贵州大力发展交通设施建设,从"三不沿"到"三临近",从过去的"西部腹地"跃升为"西部枢纽"。截至2021 年底,贵州高速公路出省通道达 17 个、铁路出省通道达 14 个;通航机场实现全省市(州)全覆盖,形成"一枢纽十支"民用运输机场布局。贵州高铁运营里程达到 1432 公里,高速公路通车里程突破 7000 公里,全省民航旅客吞吐量突破

3000万人次。2019年12月全线通车的成贵高铁,结束了成都与贵阳两座西南中心城市没有直连铁路的历史,打通了川渝黔与粤港澳大湾区的铁路客运大通道。贵州成为西部地区"一带一路"重要陆海连接线和西部地区连接华中华南的枢纽。

(二)产业支撑

宁夏通过功能分区,打造"一核两带多园"空间布局。"一核"是以银川为中心,坚持发展以"高、轻、新"为特征的先进装备制造、现代纺织、葡萄酒、新一代信息技术、新能源、新材料、生产性服务业等行业,全力打造全区高端制造业核心区、国家制造业创新中心和国家级现代能源化工基地。"两带"指沿黄城市带和清水河城镇产业带。重点发展特色食品及民族用品、新材料、民族医药产业、特色农产品加工等优势特色产业。"多园"是指打造若干重点突出、特色明显、功能互补的工业园区。

贵州抢占先机,大力发展大数据产业。贵州把发展数字经济作为后发赶超的突破口、转型发展的新引擎。强力推进大数据引领发展战略,打造全国大数据交易中心。以振华电子集团为电子信息产业发展的基础,引进华为、阿里巴巴、腾讯、浪潮、苹果等一批国内外优秀的企业落户,极大地提升了贵州大数据电子信息产业的发展速度和层次。形成了智能通信终端、新型显示设备、高性能服务器、电子元器件、锂离子电池、光伏隔膜电池、人工智能、物联网、云计算等产业介入发展的格局。2016年设立试验区以来,贵州省工业总产值年均增长56%以上,数字经济增速连续4年位居全国第1。

(三)平台聚力

宁夏主动融入"一带一路"建设,打造各类特色平台。石嘴山精细化工和银川羊绒制品等出口基地成为国家级外贸转型升级示范基地,银川经济技术开发区成为国家新能源科技兴贸出口创新基地,银川综保区成为国际物流中心。在对外交流上,宁夏成功举办多届中阿经贸论坛和中阿博览会,吸引中阿技术转移中心、商事调解中心等一批多双边合作机构落地宁夏。主动走出去建设贸易口岸和境外产业园区,由宁夏主导建设的中国—沙特(吉赞)产业园、中国—阿曼(杜库姆)产业园被列入国家发改委20个产能合作示范区、商务部16个重点推进境外经贸合作区。

贵州打造"1+8"平台为支撑,即以贵安新区为核心,以贵阳高新区、贵阳经开区、安顺高新区、遵义经开区、双龙航空港经济区、贵阳综保区、贵安综保区、遵义综保区 8 个平台为重点的国家级开放创新平台。"5 个 100 工程"为载体的开放型经济,即重点打造 100 个产业园区、100 个高效农业示范园区、100 个旅游景区、100 个示范小城镇、100 个城市综合体。加快引导产业园区转型升级,成为全省对外开放的重要平台和载体。

(四)特色创新

宁夏特色创新主要集中在三个方面。一是利用自身特色优势,打造清真食品和穆斯林用品产业集聚地。以国际化、品牌化为标准,打造中国(吴忠)清真产业园,建设集研发、生产、认证、交易、物流配送于一体的清真食品和穆斯林用品产业集聚区。二是充分发挥全国唯一一个回族自治区的优势,以中国—阿拉伯国家博览会为推手,搭建丝绸之路经济带沿线国家"向东看"和中国"向西看"的新平台,取得了经济效益。三是试行金融支持脱贫攻坚先行先试政策,将国家支持资金、财政扶贫资金与金融产品和富民主导产业"有效嫁接",开创了"信用+产业+金融"的盐池模式。此外,还成立了扶贫信用担保公司,形成了 6 亿元的担保基金,有力地支持了宁夏的脱贫攻坚工作。

贵州特色创新主要集中在四个方面。一是以"大旅游""大生态""大健康"为依托,完善资产收益脱贫攻坚机制,形成并推广"资源变资产、资金变股金、农民变股东"的"三变"经验和"秀水五股"模式,打赢脱贫攻坚战。二是以大数据为引领,发展数字经济,实现弯道超车、跨越式发展。三是以打造国家生态文明试验区为契机,推动绿色、循环、低碳发展,打造美丽中国的"贵州样板"。四是充分发挥旅游业特色资源,按照"一市(州)一特"的差异化、主题化发展要求,实施特殊政策,聚焦"多彩贵州风"引客入黔,实现旅游业井喷式发展,试验区建设以来旅游总收入年均增长 40% 以上。

二、江西内陆开放型经济试验区建设重点

(一)促进贸易和投资自由化、便利化

加快建设具有国际先进水平的国际贸易"单一窗口",推动数据协同、简化和标准化,实现物流与监管等信息全流程采集和监管单位信息互换、监管互认、执法互助。深化现代农业、高新技术产业、现代服务业对外开放,引导外资更多投向航空、电子信息、中医药、装备制造、新能源、新材料、节能环保、数字经济等

重点领域。

（二）降低综合物流成本

加快建设赣州商贸服务型国家物流枢纽，支持南昌、九江、鹰潭等地参与国家物流枢纽网络建设。建设若干内陆无水港，与沿海港口实现无缝对接，将沿海港口管理体系和港口功能内移，支持开行内陆无水港至沿海港口的集装箱铁水联运班列，逐步缩小内陆企业与沿海企业进出口货物物流成本差距。

（三）支持省际产业合作

支持江西与长三角、粤港澳大湾区、闽三角等共建产业合作试验区，实施跨区域合作与开发管理体制，以"飞地经济"方式推动长三角、粤港澳大湾区、闽三角与江西产业合作，打造省际合作的标志性工程和先行示范平台。

三、江西内陆开放型经济试验区建设成效

自 2020 年 4 月试验区获批以来，在江西省委、省政府的正确领导下，试验区建设在开放通道、平台建设、科技创新、文化交流、营商环境等方面都取得了新的成效，截至 2021 年底，全省货物贸易进出口总值 4980.39 亿元，增长 23.7%，创 10 年来最快增速，江西正在努力走出一条以开放促创新、促改革、促发展的新路子。

（一）主要做法

1. 统筹协调。成立了由省委书记、省长任组长的试验区建设领导小组及办公室，统筹推进试验区的顶层设计和督促落实；印发了试验区建设领导小组及其办公室工作规则，组成试验区建设工作专班。

2. 政策集成。以省委、省政府名义出台了《江西内陆开放型经济试验区建设实施方案》，并印发了实施方案，细化分解出 220 条具体任务，明确责任单位和完成时限。经省委常委会审议通过，印发了试验区建设行动计划、试验区建设 2021 年工作要点，打出政策的"组合拳"。

3. 先行先试。鼓励各地在突破行政区划限制的跨省边际合作、破解内陆省份物流成本高的"三同"试验、联通内陆沿海省份的"关港联动"模式等方面先行先试。

4. 搭建平台。江西省全力支持对接"一带一路"、粤港澳大湾区建设，四大口岸引领开放，支持赣州国际陆港和黄金机场实现临时开放，开放口岸由 2 个变

4 个,支持昌北机场航空枢纽建设。四大综保区优化升级,"一区一策"促进 4 个综保区高质量发展。

5. 督促落实。完善试验区建设组织结构,从省到 11 个设区市均成立了试验区建设领导小组办公室,出台贯彻落实方案,规划落实试验区建设事项。对工作推进滞后或成效不明显的地方和单位,进行督促整改,确保各项任务落地生效。

6. 优化环境。江西省出台促进跨境贸易便利化 24 项改革创新措施,全力优流程、降成本、压时间、提效率。通关时间大幅压缩,物流成本大幅降低,作业流程大幅优化,使通关效率持续位居全国前列,居中部六省第 1 位。

(二)取得的成效

1. 体制机制创新不断深化。江西省以体制机制改革为重点,着力推动贸易和投资更加便利,积极复制推广 240 项自贸区改革试点经验,已全面实施 217 项。加快推进国际贸易"单一窗口"建设,为 3000 余家企业提供 24 小时服务,节省企业申报时间 60% 以上。深化"通关与沿海同样效率"专项行动,全省各业务现场实现 7×24 小时全天候通关。

2. 开放型经济规模不断扩大。2021 年,全省外贸进出口总值达到 4980.4 亿元;比 2020 年增长 23.7%;出口总值突破 3671.8 亿元,同比增长 25.8%;进口 1308.6 亿元,同比增长 18.3%;利用省外项目资金 9540 亿元,同比增长 9%;实际利用外资 157.8 亿美元,同比增长 8.1%。

3. 主导产业对外开放步伐加快。近年来,江西省装备制造、电子信息、纺织服装、有色金属、钢铁、石化、汽车等主导产业外贸规模不断扩大,2020 年电子信息产业进出口规模达到 1420.9 亿元,装备制造进出口规模达到 929.5 亿元。从 2021 年 1—4 月份主导产业发展情况来看,有色金属、纺织服装、钢铁、石化等传统产业升级步伐加快,进出口、出口同比增幅均超过 44%;装备制造、太阳能电池等新兴产业进出口同比增幅均超过 28%,尤其是新能源汽车产业出口 26710.5 万元,同比增长 5150.6 倍;而电子信息产业、锂电产业进出口总额同比均出现下降,分别同比下降 18.3%、24.9%(详见表 11-7)。

表 11-7　2021 年 1—4 月江西主要产业外贸情况

单位:万元,%

主要产业	进出口		出口		进口	
	规模	同比增长	规模	同比增长	规模	同比增长
电子信息业	3551564.3	−18.3	2281364.2	−18.8	1270200.1	−17.4
装备制造业	3309888.3	28.0	1987578.1	71.1	1322310.3	−7.1
有色金属业	1340022.6	54.3	546152.4	63.4	793870.2	48.6
纺织服装	1038130.3	60.5	1014699.8	63.1	23430.5	−4.3
钢铁业	858091.1	45.7	592043.5	54.2	266047.6	29.7
石化产业	806194.7	50.0	647887.3	44.9	158307.3	75.0
汽车业	250869.9	56.3	225922.0	82.2	24947.9	−31.7
太阳能电池	391108.4	40.4	390730.2	40.5	378.2	8.7
锂电产业	206245.3	−24.9	184569.7	37.3	21675.6	−84.5
新能源汽车	26710.5	5150.6	26710.5	5150.6	0	—

4. 开放平台作用进一步凸显。2021 年,全省 4 个综合保税区合计进出口总量为 457.7 亿元,同比增长 156.3%;全省跨境电商规模居全国第 5 位,同比增长近 10 倍。同时,新增 6 家国家外贸转型升级基地,口岸功能进一步提升。

四、推进江西内陆开放型经济试验区建设路径

(一)进一步创新体制机制

创新信贷融资模式,推进信贷转让市场建设,增强对重大项目、重点领域的支持力度。创新贸易转型升级政策,支持跨境电子商务发展,跨境电商企业可享受专项资金扶持。创新对外投资合作方式,鼓励有实力的企业采取多种方式开展境外基础设施投资和能源资源合作。创新开放平台运营管理体制。推广"开发区+主题产业园""管委会+公司+基金"等运营模式,加快开放园区社会化、市场化建设运营进程。

（二）进一步推进开放型经济高质量发展

深入实施"5020""三企入赣""三百工程""三请三回""产业链招商"等招大引强"五大行动计划"，以项目建设助推先进制造业、现代服务业发展升级。持续拓展海外市场，积极用好 RCEP 等多双边经贸协定，借助广交会、服贸会等国家级平台，推动优质产品、服务走出去；积极支持承接境外工程项目，稳妥有序开展对外投资，推动对外经济技术合作。以内陆开放型经济试验区为抓手，积极申报设立自贸试验区，高标准建设国家级经开区、综合保税区、跨境电商综试区、外贸转型升级基地等开放平台，高水平办好赣商大会、瓷博会和对接粤港澳大湾区、长三角地区经贸合作活动，提升开放平台能级。

（三）进一步培育开放型经济新动能

践行创新发展理念，打破惯性思维，培育新模式新业态，壮大新动能。大力发展会展经济，实施会展业发展三年行动计划，推进"一城一展""一产一会"，积极引进大型全国性展会，促进会展产业加快发展。大力培育外贸新模式，加快推进跨境电商综试区建设和跨境电商零售进口试点，培育一批外贸综合服务企业，探索开展市场采购贸易等试点。大力发展口岸经济，结合打造南昌国际航空货运枢纽，拓展国内国际货运航线，引进物流、金融、加工企业，建设口岸经济集聚区；加快粮食、肉类、汽车整车、冰鲜水产品等指定口岸建设，着力推动口岸与贸易、物流、金融、供应链等业态融合发展。

（四）进一步拓展开放型经济大通道

以口岸"三同"试点为抓手，重点打造南昌国际航空货运枢纽、九江水运区域航运中心、赣州国际陆港和商贸服务型国家物流枢纽，形成内外一体、高效便捷的集疏运体系。

（五）探索建立内陆开放型经济试验区先导区

选取南昌、赣州、九江、上饶四大门户城市及相关县区为先导区，采取特殊的政策优惠试点，促进人才、技术、资本等要素自由流动。

第六节　推进赣江新区高质量发展

一、赣江新区基本概况

2016 年 6 月 6 日,国务院批复设立江西赣江新区,同年 10 月 20 日赣江新区正式挂牌,成为中部地区第 2 个、全国第 18 个国家级新区。包括南昌经济技术开发区、南昌临空经济区和九江市共青城市、九江市永修县的部分街道、乡镇,规划范围 465 平方公里,其中南昌境内 267 平方公里、九江境内 198 平方公里(详见表 11-8)。

表 11-8　赣江新区四大组团情况

名称	区位	面积(平方公里)	主导产业
南昌经济技术开发区	位于南昌市北郊	158	汽车及零部件制造、新能源、新材料、节能环保
南昌临空经济区	位于梅岭之麓、赣江之滨	223	航空物流、高端制造、生物医药、电子信息产业
永修组团(永修县)	南昌和九江之间,距南昌 38 公里、九江 80 公里	—	有机硅新材料、现代都市农业、生态旅游、高端装备制造、电子信息和现代服务业
共青组团(共青城市)	位于江西省北部,北倚世界著名的避暑胜地庐山,东邻中国第一大淡水湖鄱阳湖	310	电子电器、新能源、新材料、文化创意、旅游休闲、电子商务、纺织服装

截至 2016 年末,赣江新区常住人口约 70 万人,地区生产总值 582.3 亿元,规模以上工业营业收入 1982.8 亿元,财政总收入 101.2 亿元,固定资产投资 1070.8 亿元。赣江新区成立以来,相继获得国家绿色金融改革创新试验区、国

家大众创业万众创新示范基地、国家级人力资源服务产业园等"国字号"名片，成为江西高质量跨越式发展的新引擎。

2019年5月，省委、省政府印发了《〈关于完善赣江新区管理体制的实施方案〉的通知》(赣字〔2019〕33号)，对新区区划范围、管理体制、运行机制进行了调整。主要表现在以下方面：

一是区划调整。新区划分为直管区和统筹区两部分。

二是管理体制调整。新区管委会全面管理直管区社会民生、经济发展等各项事务，实行管委会—乡镇(功能区)两级扁平化管理，行使县和设区市两级管理权限和部分省级经济社会事务管理权限。

三是运行机制调整。新区党工委管委会直接领导直管区乡镇(功能区)，新区各部门直接对口省直相关部门的业务指导和行业管理。涉及直管区的社会事务，接受南昌市、九江市政府及县(市、区)政府的委托，履行承担相关工作职责。

二、赣江新区发展成效

(一)综合实力稳步提升

2021年，赣江新区地区生产总值比上年增长10.1%，固定资产投资比上年增长14%，规上工业增加值比上年增长11.5%，社会消费品零售总额比上年增长19.3%，新区地方财政一般公共预算收入完成72.8亿元，同比增长8.4%，同口径增长20.1%，一般公共预算收入增幅位列全省第一位；新区新设外商直接投资企业28家，同比增长7.7%；实际利用外资10.5亿美元，同比增长10.18%。从2016年至2021年，新区地区生产总值由成立时的582亿元提升至986亿元，年均增长13%。社会消费品零售总额从172.83亿元增长到350.38亿元；规上工业营业收入从1982.78亿元增长到2674.59亿元，省级以上科研平台由成立前的20家增至69家，高新技术企业从成立前的55家增至354家。

(二)产业结构转型升级

三次产业比重由2016年的3.7∶72.4∶23.9调整为2.3∶64.5∶33.2。先进制造业提质增效，2020年规上工业营业收入达到2263.83亿元，年均增长14.9%。2020年全区规上工业企业数达到599家，较2016年增加121家。2020年规上服务业企业数达到190家，较2016年增加97家。

（三）重大项目建设快速推进

2016 年以来，共推动重大重点项目 525 个，总投资 3385.1 亿元，其中，产业项目 357 个，总投资 2720.7 亿元，基础设施项目 115 个，总投资 488.4 亿元，社会事业项目 53 个，总投资 176 亿元。

（四）科技创新步伐不断加快

R&D 经费投入占 GDP 比重达到 2.95%，发明专利拥有量增长超过三倍，每万人发明专利拥有量达到 21.2 件，位居全省地市第一，是全国平均水平的 1.59 倍。省级以上研发平台由成立前的 11 家增至 44 家，拥有国家级科技企业孵化器 3 家、国家级众创空间 7 家、国家级星创天地 1 家、省级孵化器 3 家、省级众创空间 9 家、科技成果转化服务平台 4 个。

（五）开放型经济发展取得新突破

构建以南昌综合保税区、南昌昌北国际机场、龙头岗综合码头、昌北铁路物流基地为一体的国际多式联运体系，并在北京、上海、深圳以及美国、德国、英国等地区设立招商引资和招才引智中心。2020 年出口总额达到 164.8 亿元，实际利用外资年均增长 14.4%。

（六）生态文明开启新局面

新区单位生产总值能耗、用水量和二氧化碳排放量持续下降，主要污染物排放总量达到省级下达的控制性目标，80% 左右的河流断面水质常年保持在 Ⅲ 类以上。滨湖立体生态廊道加快构筑，城镇环保基础设施建设和运行水平稳步提升。绿色金融改革创新积极推动，常态化国际国内高水平活动落地召开，国内外绿色发展知名度和吸引力大幅提升。

（七）体制机制实现新突破

全力打造"四最"营商环境，深入开展降成本优环境专项行动，大力推进行政审批制度改革，实现了省市县三级扁平化管理和"一颗印章审批"。率先推行投资项目承诺制和建设项目模拟审批制。治理体系和治理能力现代化加快推进，"放管服"改革为突破口，大力推进政务服务"一网通办"，网上办结率达 80% 以上，企业开办时间压缩至 1.5 个工作日。"互联网+审批服务"全面推广，率先实现全过程电子证照。一批改革成果在省内外多地复制推广，共青组团基金小镇荣获"年度中国最具影响力基金小镇"。

三、赣江新区发展中存在的问题

（一）综合实力有待增强

经济总量与其他国家级新区相比仍有较大差距，位居国家级新区的中游水平（第13位），在全省发展引擎效应还未凸显（详见表11-9）。

（二）产业层次有待提升

产业总体仍处于全球价值链的中低端，主导产业的规模化、专业化、特色化不足，产业聚集度不高，支撑产业高质量发展的创新生态体系有待完善，合理化企业梯度还未形成。

（三）城市功能有待完善

教育医疗资源供需不平衡不充分矛盾比较突出，公共服务水平与人民美好生活需要相比还有差距。

（四）要素保障有待夯实

新区发展面临的土地、资金、人才等要素不足的问题日益突出，要素保障机制亟待创新。

（五）改革创新有待深化

体制机制改革力度还不够大、步伐还不够快，真正在全国叫得响、在全省可复制、可推广的创新经验还不多。

表 11-9   全国 19 个新区 GDP 排名

排名	名称	GDP（亿元）	备注
1	浦东新区	15353	—
2	滨海新区	6715	—
3	西海岸新区	4369	—
4	两江新区	4207	全域口径
5	天府新区	4150	全域口径
6	湘江新区	3674	全域口径

续表

排名	名称	GDP(亿元)	备注
7	江北新区	3638	—
8	福州新区	2718	测算
9	金普新区	2576	—
10	南沙新区	2132	—
11	舟山群岛新区	1704	—
12	赣江新区	969	测算
13	滇中新区	929	—
14	长春新区	870	—
15	哈尔滨新区	853	—
16	西咸新区	653	—
17	兰州新区	300	—
18	雄安新区	215	2019 年数据
19	贵安新区	139	2020 年数据

四、赣江新区发展路径

(一)建设特色片区

始终把直管片区开发作为新区建设的主战场、主阵地,努力实现"周周有变化、月月展新貌"。推动中医药科创城形象快速展现,新建 100 万平方米标准厂房、100 万平方米租售并举人才公寓和 30 万平方米研发楼宇。新增 12 平方公里征地拆迁工作强力推进,完成征地拆迁面积 4135 亩,房屋征收 796 栋。同时,大力推进开发性 PPP 模式,引进中国金茂等集中连片开发商,吸引社会资本共同打造白马庙片区 5G 健康小镇。国家级技能人才培养综合园区扎实推进,儒乐湖新城建设加快推进,进一步完善儒乐湖新城建设推进机制,编制了儒乐湖新城年度土地出让计划和市政路网建设计划,努力加快政府投资和社会投资项目建设步伐,持续彰显新区特色风貌。

（二）完善功能布局

聚焦彰显国家级新区城市风貌,推动城市布局更加合理、功能更加完备、环境更加优美,增强城市承载力、吸引力。构建昌九智创走廊、新型城镇走廊和滨湖生态走廊。昌九智创走廊,依托福银高速、京九铁路,串联科创和智能制造载体,集聚发展光电信息、生物医药、新能源新材料、现代轻纺等产业,联动发展商务服务、科技服务等,打造智造科创走廊。新型城镇走廊,以昌九大道、赣新大道为主轴,联动南昌、九江都市区一体化发展,串联区县中心城区,推动新型城镇化建设,打造新型城镇走廊。滨湖生态走廊,依托鄱阳湖滨湖控制带与赣江河湖水系,加大生态空间和农业空间保护力度,统筹流域上下游、干支流生态建设,因地制宜发展休闲农业、康养旅游等产业,打造滨湖生态廊道。

（三）实施智慧管理

以城市管理智慧化,推动新区社会治理体系和治理能力现代化。全省率先布局 5G 基站、物联网、大数据中心等新基础设施,以中医药智慧工厂、区块链技术应用、创新研发等为特色亮点的智慧化建设加快实施,让群众畅享高效便捷的智慧城市服务。推进智慧工地建设,加快"BIM+智慧工地"管理系统建设。加快打造智慧园区,提升城市智能化、科学化和精细化管理水平。

（四）加快重点领域改革

全速推进用地改革,出台中医药科创城混合产业用地管理办法,实现创新型企业在单宗土地上研发、办公、生产的一体化集成。纵深推进绿色金融改革,完善绿色金融标准体系,开展绿色票据试点,制定了全国首个绿色票据标准,加快绿色金融创新案例在省内外复制推广。深化政务服务改革,将设区市分散在各级各部门事业单位承担的社会事务和公共服务事项进行优化集成,由新区政务服务中心集中办理,全省率先上线"一照含证"平台系统,满足 30 项许可事项并联审批。

（五）构建现代化产业体系

打造"1+3"产业体系。"1"即生物医药产业,聚焦中医药、生物医药、大健康等领域,依托中国（南昌）中医药科创城为契机,做优做强做大中医药产业。"3"即电子信息、高端制造、现代服务业。电子信息,聚焦 5G 产业的基础设施、移动终端、平台(智慧交通、智慧城市、智慧医疗)等重点领域,大力推动电子信息产业发展。高端制造,聚焦智能制造系统解决方案、增材制造、医药装备制造等重点领域,加快承接优质高端智造产业企业落地。现代服务业,聚焦绿色金融、创意设计、大健康等重点领域,为赣江新区产业发展提供服务支撑。

(六)加强创新平台建设

围绕产业链部署创新链,紧扣中医药种植、研发、生产、装备制造全链条,布局了以中药大科学装置预研中心、中国中医科学院健康研究院、中药制造工艺与装备国家技术创新中心为引领的中医药创新平台。加快培育省级以上科技创新平台和国家级众创空间。持续推动科技成果产业化,近期,重点推进高性能植入式柔性脑电极、3D 打印可降解骨骼、氧化钒智能玻璃涂料、中医药有效成分高效提取技术等 6 项科技成果正在加快推进产业化。深入推进科技研发投入攻坚行动,推出"科技政策 2.0 版"。

(七)加大人才引育力度

创新人才培引机制,优化人才工作生活环境。增强科技人才支撑,打造优质人才服务环境,修订人才引进和培育实施办法,制定高层次人才医疗保健服务实施办法和子女入学实施办法,打通人才住房、子女教育、健康保障绿色通道。高标准打造高层次人才服务中心,建设集综合服务、休闲健身、项目洽谈等功能为一体的"人才之家"。

参考文献

1. 习近平谈治国理政:第三卷[M].外文出版社,2020.

2. 张蕴岭.中国对外开放:战略与实践[M].社会科学文献出版社,2008.

3. 张二震.开放发展[M].江苏人民出版社,2016.

4. 梁勇.砥砺奋进江西改革开放40年[M].江西人民出版社,2018.

5. 伍再谦.江西商务60年(1949—2009)[M].江西人民出版社,2010.

6. 王水平.江西商务发展"十三五"规划汇编[M].江西人民出版社,2016.

7. 王水平.开放发展江西篇章[M].中共中央党校出版社,2016.

8. 张琳.中国对外贸易[M].中国社会科学出版社,2021.

9. 余淼杰.中国对外贸易的奇迹:40年开放强国之路[M].格致出版社,2018.

10. 王微微."一带一路"倡议背景下中国对外贸易发展研究[M].中国经济出版社,2021.

11. 江西省地方志编纂委员会.江西省志·商务志:1991—2010[M].江西人民出版社,2022.

12. 张勇,姜玮,梁勇.江西蓝皮书:江西经济社会发展报告(2016)[M].社会科学文献出版社,2016.

13. 张勇,姜玮,梁勇.江西蓝皮书:江西经济社会发展报告(2017)[M].社会科学文献出版社,2017.

14. 张勇,梁勇.江西蓝皮书:江西经济社会发展报告(2018)[M].社会科学文献出版社,2018.

15. 张小平,梁勇.江西蓝皮书:江西经济社会发展报告(2019)[M].社会科学文献出版社,2019.

16. 张小平,田延光.江西蓝皮书:江西经济社会发展报告(2020)[M].社会科学文献出版社,2020.

17. 王国强,田延光,蒋金洪.江西蓝皮书:江西经济社会发展报告(2021)[M].社会科学文献出版社,2021.

18. 王国强,蒋金法,肖洪波.江西蓝皮书:江西经济社会发展报告(2022)[M].社会科学文献出版社,2022.

19. 中共江西省委办公厅 江西省人民政府办公厅.关于进一步扩大开放推动经济高质量发展的若干措施[N].江西日报,2018-8-30.

20. 江西省发展改革委.江西省国民经济和社会发展第十四个五年规划和二〇三五年远景目标纲要[N].江西日报,2021-2-18.

21. 中共中央国务院印发长江三角洲区域一体化发展规划纲要[N].人民日报,2019-12-2.

22. 何丽君.新形势下坚持开放发展的内在逻辑与实践路径[J].当代世界与社会主义,2016(2).

23. 胡海峰.开放、发展与深入:经济高质量发展与开放型经济新体制互动研究[J].河南社会科学,2020(2).

24. 金碚.关于"高质量发展"的经济学研究[J].中国工业经济,2018(4).

25. 戴翔.高质量开放型经济:特征、要素及路径[J].天津社会科学,2019(1).

26. 杨占锋,段小梅.中国开放型经济发展的绩效评价与反思[J].改革与战略,2018(9).

27. 裴长洪,刘洪愧.习近平新时代对外开放思想的经济学分析[J].经济研究,2018(2).

28. 高建昆.论新时代对外开放体系的高质量发展[J].学术研究,2019(12).

29. 周志莹.开放型经济高质量发展指标测度及跨区域比较——以南京等八城市为例[J].江苏大学学报(社会科学版),2021(6).

30. 易炼红.奋力迈出建设富裕美丽幸福现代化江西 共绘新时代江西物华天宝人杰地灵新画卷的坚实步伐[N].江西日报,2019-1-28.

31. 程晖.赣江新区:打造江西高质量跨越式发展核心引擎[N].中国经济导报,2021-12-2.

32. 殷琪惠.江西内陆开放型经济试验区建设取得阶段性成效[N].江西日报,2022-3-1.

33. 郭斯华,郭新宇.江西内陆开放型经济试验区建设探讨[J].企业经济,2020(5).

34. 刘万华.开放发展具有丰富深刻的内涵[J].红旗文稿,2016(1).

35. 王水平.以开放发展新理念引领开放发展新时代[J].理论视野,2016(6).

36. 谭吉华,龙转.开放发展新理念及其实现途径初探[J].党政研究,2016(5).

37. 麻智辉.环鄱阳湖城市群发展战略构想[J].江西社会科学,2006(3).

38. 肖金成,马燕坤,洪晗.我国区域合作的实践与模式研究[J].经济研究参考,2020(4).

39. 丁孝智,王海飞.改革开放以来广东开放型经济新格局构建[J].华南理工大学学报(社会科学版),2018(5).

40. 王德生.国内外开放型经济战略分析[J].竞争情报,2017(6).

41. 王睿儒.国际经济转型经验对我国构建双循环的启示[J].甘肃金融,2021(3).

42.《加快提升广西开放型经济水平对策研究》课题组.国内外提升开放型经济建设的经验和启示[J].广西经济,2013(12).

43. 张雨.开放型经济转型发展的国际经验及其借鉴[J].国际贸易,2016(4).

44. 秦兵.日本的产业发展及对中国的启示[J].东北亚经济研究,2022(5).

45. 李锦秀.福建省开放型经济发展现状及面临的机遇与挑战[J].对外经贸,2015(9).

46. 奚萍子.皖江城市带开放型经济发展现状与对策研究[J].铜陵学院学报,2021(3).

47. 庄惠明,王斐兰,曾靓.新中国成立70周年福建开放型经济的回顾和战略转型[J].福建商学院学报,2019(5).

48. 苏娜.湖北建设中部地区开放型经济高地的战略思考[J].湖北社会科学,2011(11).

49. 李晓斐.温州、宁波、杭州开放型经济发展比较研究[D].广西大学,2017.

50. 邱询旻.美国、德国、日本经济模式比较研究与择优借鉴[J].财经问题研究,2003(3).

后记

　　推进江西内陆双向高水平开放,是江西建设内陆开放型经济试验区的一项重大举措,也是促进江西经济高质量跨越式发展的一个重要方面。党的十九大以后,中国经济发展进入新时代,国际国内发展形势出现了新变化,中国处在世界百年不遇的大变局之中,开放型经济发展面临着新形势新任务,对江西开放型经济进行深入研究,对于推进江西高质量跨越式发展具有重要意义。

　　本书由麻智辉全程策划,提出选题和框架,拟定提纲,并负责全书的统稿、定稿。各章撰写分工如下:

　　麻智辉:第一章,第六章,第七章

　　杨锦琦:第五章

　　李家强:第二章,第九章

　　薛飞:第四章,第八章

　　郑雅婷:第三章,第十章

　　麻骏斌:第五章,第十一章

　　在课题研究和本书的写作过程中,陈德明博士提出了许多宝贵意见,江西人民出版社邓丽红编辑给予了大力支持和帮助,在此表示诚挚的谢意。由于作者水平有限,缺点和错误在所难免,敬请广大读者批评指正。

2022 年 9 月